KB027277

2019 개정 누리과정을 반영한

아동관찰 및 행동연구 2판

| 전정민 · 김정미 · 박성애 · 유혜정 · 이은주 공저 |

Child observation & Behavioral Research

학지사

머리말

영유아보육 현장에서 아동관찰 및 행동연구는 왜 필요할까? 요즘 대두되고 있는 아동의 문제행동에 대한 책임은 비단 의사, 치료사 등의 전문가들에게만 있는 것이 아닐 것이다. 아동의 정상적인 발달에 영향을 주는 부모와 교사 또한 관심을 가져야 하며, 문제행동에 대한 이해와 지식 또한 필요하다. 따라서 아동과 밀접한 관계에 있는 부모와 교사는 문제행동의 개선과 예방을 위해서 문제행동을 조기에 발견하고, 문제행동의 발생 원인과 유형을 찾을 수 있어야 하며, 적절한 진단방법과 중재방법에 대해 이해할 필요가 있다. 그러나 대부분의 부모나 교사는 아이들의 상태를 진단하고 평가하는 일에 대해 어려움을 토로한다. 이상행동을 보이는 아동에 대해 무관심하거나 필요 이상으로 진단을 내려 주위 사람들을 당황하게 하기도 한다. 따라서 부모나 교사는 아동의 발달영역별 특징을 알아야 하며, 아동의 심리와 행동을 이해할 수 있어야 한다. 왜냐하면 아동들이 보여 주는 행동을 통해서 그 속에 담겨 있는 내면을 바라볼 수 있어야 하기 때문이다.

이 책은 아동을 보호하고 교육하는 모든 기관의 교사 및 예비교사를 비롯하여 아동을 상담하고 발달을 진단하는 전문가, 부모들에게도 아동관찰 및 행동연구의 필요성과 발달영역별 검사 도구와 방법을 제시하여 실제 적용해 볼 수 있도록 이론과 실제를 모두 다루었다. 특히 현장에서 적용하고자 하는 교사 및 예비교사가 민감한 관찰자가 되어서 도움이 필요한 아동들에게 적절하게 대응할 수 있도록 지식과 기술에 대한 이해와 도움을 주고자 했다. 이러한 필자들의 마음이 전달되기를 바란다.

이 책은 6부 14장으로 구성되어 있다.

제1부는 아동관찰 및 행동연구의 기초로, 아동관찰 및 행동연구에 대한 이해 부분이다.

제2부는 아동관찰 및 행동 연구의 유형 부분으로 관찰연구, 실험연구, 조사연구, 사례연구, 포트폴리오 평가와 발달영역별 검사에 대한 내용으로 구성되어 있다. 특히 발달영역별 검사에서는 아동이 정상적인 발달을 하고 있는지의 여부를 판단하기 위한 아동검사의 실행에서 널리 쓰이고 있는 대표적인 검사들에 대해 살펴보고, 검사를 실시할 때 고려해야 할 사항에 대해 알아본다.

제3부는 아동행동연구 방법의 이해 부분으로 아동연구의 절차와 사례에 대한 내용으로 구성되어 있다.

제4부는 아동관찰 및 행동연구의 활용과 관련된 내용으로 구성하였다. 아동관찰 유형의 실제 부분으로 (유아교육기관의) 실내·외 환경과 일과운영 및 아동관찰 그리고 학부모 면담으로 구성하였다.

제5부는 아동관찰 및 행동연구의 실제편으로 연령별 교육과정에 따른 평가 부분으로 구성하였다. 특히 누리과정에 기초한 유아평가와 표준보육과정에 기초한 영아평가는 현장에서 아동을 보육하는 교사들에게 많은 도움을 줄 것이다.

마지막 제6부는 행동수정이론에 대한 부분으로 행동수정이론과 행동수정기법으로 구성하였다. 아동의 문제행동을 수정하기 위해 널리 사용되고 있는 행동수정 기법의 이론적 배경에 대해 알아보며, 행동주의 이론이 탄생하기까지의 대표 학자들의 이론에 대해 살펴본다. 그리고 행동수정의 정의와 실행방법에 대해 이해하고 행동수정의 필요성에 대해서도 탐구해 본다. 또한 바람직한 행동은 증가시키고 문제행동은 감소 혹은 제거시키며 그에 따른 대체행동을 발달시키고 촉진시키는 구체적인 행동수정 기법을 안내한다.

이 책의 제1장, 제2장, 제5장은 김정미, 제3장, 제4장, 제6장, 제8장은 전정민, 제7장과 제13장, 제14장은 유혜정, 제9장은 이은주, 제10장, 제11장, 제12장은 박성애가 집필하였다.

이 책의 초판을 내고 2년 만에 미흡한 부분을 수정하고 보완하여 개정판을 발행하게 되었다. 이번 개정판에서는 '2019년 개정 누리과정'을 반영하여 현장에서 보다 효율적이고 체계적인 방식으로 교육과정을 운영할 수 있게 하였으며, 교사와 유아가 함께 만들어 가는 교육과정의 중요성에 대한 내용을 담았다. 또한 공동 집필자 간의 기술 형태와 양식을 비교적 통일하기 위해 정리하는 작업을 거쳤으며, 이 책을 통한 실제적인 활용을 위해 현장에서 교육하는 교사들의 경험을 충분히 담고자 하였다.

개정판을 내면서도 여전히 부족한 부분이 눈에 띄지만, 다음 개정을 통해 다시 보완하고 발전시킬 것을 약속드린다. 집필자들의 자그마한 노고의 결과가 유아교육 현장으로 발돋움을 하는 학생들에게 유용하게 쓰인다면 그보다 기쁠 수는 없을 것이다.

마지막으로 개정판이 나오기까지 수고와 인내로 기다려 주시고, 도움을 주신 학지사 김진환 사장님을 비롯한 관계자 분들께 진심으로 깊은 감사의 말씀을 드린다.

2020년 3월

저자 일동

차례

제6부 행동수정의 이해

제1부

아동관찰 및 행동연구의 기초

제1장 _ 아동관찰 및 행동연구에 대한 이해

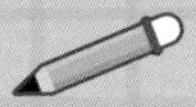

제1장

아동관찰 및 행동연구에 대한 이해

학습목표

1. 아동관찰 및 행동연구의 필요성에 대해 안다.
2. 아동관찰 및 행동연구의 역사에 대해 안다.
3. 아동관찰 및 행동연구의 윤리 문제와 제한점에 대해 안다.

학습개요

아동을 평가하는 방법에서 관찰을 중요하게 생각하는 이유는 발달 특성상 미성숙한 존재인 아동들은 자신의 감정이나 느낌을 정확하게 전달하거나 거부하기 어렵고, 짧은 주의집중 시간으로 인해 관찰자가 보고자 하는 내용을 제대로 볼 수 없기 때문이다. 아동관찰 및 행동연구는 아동관찰과 관련한 기초적 지식 습득 및 행동의 여러 측면을 실제 상황에서 관찰하고, 이론적 지식을 응용해 볼 수 있는 기회를 가져 아동의 성장과 발달 과정을 이해하는 능력을 기르는 데 목적이 있다. 아동관찰에서 중요한 요소 중 하나는 교사이다. 관찰을 통한 연구결과에 집착하다 보면 윤리적으로 문제가 생길 수 있다. 이것이 아동들을 대상으로 하는 연구에서 고려해야 하는 윤리적 문제나 제한점들을 살펴봐야 하는 이유이다.

주요용어

아동관찰, 행동연구, 윤리적 기준

1. 아동관찰 및 행동연구의 필요성

아동들의 발달은 연속적이며 무한한 잠재 가능성을 가지고 있다. 발달에 있어서 개인마다 차이는 있지만 전 생애를 통해 발달의 변화가 급속도로 이루어지는 아동기에 정상적으로 발달이 이루어지고 있는지 살펴볼 필요가 있다. 아동들이 일상생활에서 보이는 꾸밈없는 행동들을 자세히 탐색하고 분석하는 과정을 통해 아동들의 행동을 이해하는 방법이 관찰이다. 관찰을 통해 아동들이 그런 행동을 하는 타당한 이유를 찾을 수 있으며 분석한 자료로 예측 가능한 행동을 예견할 수 있다. 잘못된 행동은 소거하거나 감소시킬 수 있으며 잘한 행동에 대해서는 강화를 통해 능력을 최대한 발휘하도록 할 수 있다. 관찰(observation)은 아동기 발달 특성을 과학적으로 살펴볼 수 있는 평가방법인 것이다. 이러한 관찰법을 아동교육 현장에서 사용하는 이유를 여러 학자의 연구를 통해 다음과 같이 살펴볼 수 있다(이은해, 이미리, 박소연, 2006; 황해익, 송연숙, 정혜영, 유수경, 2013; 황해익, 최혜진, 정혜영, 권유선, 2016).

첫째, 아동은 대부분 누군가가 나를 관찰하고 있다는 것을 의식하지 않고 자유롭게 활동을 한다. 예를 들어, 바람에 흔들리는 나뭇잎과 대화를 하고, 바닥에 누워서 하늘에 떠 있는 구름을 보면서 혼잣말을 하는 행동을 하면서도 누군가가 나의 모습을 보고 이상하게 생각하지는 않을지 염려하거나 고민하지 않는다. 교사의 지시에 의한 행동이 아니기 때문에 관찰자는 아동의 행동을 관찰하면서 왜 그런 행동을 하는지 행동을 통해 무엇을 표현하려고 하는지, 또 무엇을 말하고 싶어 하는지 알 수 있다.

둘째, 아동이 자신의 감정과 생각을 정확한 언어로 구사하기에는 많은 어려움이 있다. 따라서 교사들은 아동의 행동, 생각, 학습 등에 대한 정보를 얻기 위해 그들이 말로 표현하는 언어뿐만 아니라 눈짓, 몸짓, 슬픔이나 기쁨 등의 다양한 표정 등 행동으로 표현하는 비언어적인 정보도 함께 수집해야 한다.

셋째, 아동의 지속 가능한 주의 시간은 비교적 짧다. 자신의 흥미나 관심을 집중시키는 놀이에 대해서는 몰입하는 능력이 크지만, 그 외 제시된 상황에 장시간 집중하기는 쉽지 않다. 주의 지속 시간이 짧은 아동에게는 검사나 면접 방법보다는 관찰이 비교적 적합할 수 있다.

넷째, 아동은 부자연스러운 상황에서는 자신의 능력을 최대한 발휘하기 쉽지 않다. 특히 검사나 면접과 같은 인위적인 상황을 아동이 능숙하게 대처하지 못할 가능성이 높다. 이는 성인들이 시험이나 면접 상황에서 긴장하고 당황하여 실수하거나 말을 더듬는 경우와 거의 같다고 볼 수 있다. 따라서 자연스러운 상황에서 아동의 행동을 관찰하는 것이 아동의 발달을 정확하게 진단하기 위한 바람직한 방법이다.

다섯째, 아동을 대상으로 하는 관찰은 조작을 하지 않아도 되기 때문에 다른 어떤 수집방법보다 윤리적이다. 자연스러운 상황에서 기록한 관찰 내용들은 아동에 대하여 깊이 있고 철저하며 총체적인 자료들을 제공해 줄 것이다.

이렇게 수집된 자료들은 아동교육 현장에서 교육과정을 계획하고 수립 및 실행하는 데 있어서 효율적으로 활용될 수 있을 것이다.

이렇듯 아동에 대한 관찰 및 행동연구는 아동의 발달과 행동에 관한 과학적 지식을 축적시키며 아동들이 다양한 환경과 상황 속에서 어떻게 발달하고 성장하는지를 보여 줄 수 있다(이순형 외, 2014; 이은화, 조은진 역, 1995).

연구란 어떤 일이나 대상을 둘러싸고 있는 현상을 깊이 있게 조사하고 생각하여 이치나 진리를 밝히기 위해 과학적인 방법을 사용하여 지식을 얻는 과정이다. 아동연구는 아동을 대상으로 과학적 방법을 사용하는 연구이다. 과학적 연구는 객관적이고 체계적인 검증방법을 통해 지식을 획득한다. 정확한 정보를 발견하기 위해 개인의 신념이나 직관, 경험 등에서 얻어진 정보를 줄이기 위해 문제를 개념화하고 자료 수집, 결론 도출, 연구 결론과 이론을 개정하는 절차로 이루어지는 과학적 방법을 사용한다(Santrock, 2001). 아동의 경우도 마찬가지이다. 아동의 경험에 따른 지식은 실증 자료로 검증됐을 때에만 연구로서 가치가 생긴다. 검증되지 않은 개인의 경험에 따른 지식은 타인에게 신뢰될 수 없고 타당한 지식의 근원이 아니므로 아동들의 문제를 해결할 수 없다. 타당한 지식을 제공받는 것은 과학적으로 또는 경험적으로 얻어진 지식과 그에 근거한 이론을 통해서만 가능하다(이은해, 1996). 특히 아동에 대한 일반적인 정보는 유아교육기관에서 아동들을 양육하고 교육하는 데 있어서 기초적인 지식이 될 수 있다. 표준화된 성장과 발달에 대한 지침은 아동들의 건강과 성장, 발달 및 학습에 가이드라인을 제시한다. 이는 특정한 상황에 있는 아동들의 행동과 발달을 이해하고 평가할 수 있으며 발달상에 문제가 있는 아동에게 개별화된 프로그램을 제시하여 문제를 해결하거나 치료하는 데 도움이 될 수 있다.

아동관찰 및 행동연구는 아동의 전인적인 성장과 발달에 도움을 주는 것뿐 아니라 직접적으로 상호작용하는 교사, 부모, 아동 관련 전문가들에게 실제적인 지식을 제공하고 있다. 아동의 발달 수준이나 행동 특성에 대한 이해가 전제되어야 교사는 아동을 위한 교육 계획을 세울 수 있다. 그림 그리는 것을 두려워하고 힘들어하는 아동에게 억지로 그림을 그리게 하거나 색을 칠하게 하는 것은 그림 그리는 동기를 만들어 주기보다 부정적인 결과를 가져올 확률이 더 크다. 관찰을 통해 아동이 좋아할 만한 요소가 무엇인지 찾고 잘하는 것에 초점을 두어 칭찬해 주고 자신감을 가질 수 있도록 눈높이를 맞추어서 교수하는 것이 필요하다. 관찰을 통해 아동의 강점과 단점, 또래와의 관계, 기호도, 흥미, 학업능력 등을 파악하여 아동에게 적합한 지도방법을 강구할 수 있을 것이다. 또한 교사는 자신의 수업과정을 녹화하여 살펴봐야 한다. 아동을 이해하고 민주적으로 상호작용할 수 있는 의사소통 방법, 효율적으로 수업을 진행해 나갈 수 있는 교수방법 등을 개발하여 효과적으로 지도할 수 있도록 해야 한다.

부모 역시 자녀를 출산하고 양육하는 과정에서 획득한 개인의 직관과 경험에 의해 얻은 지식을 자녀들에게 적용한다. 그러나 부모의 개인적인 경험은 내 자녀가 아닌 일반 아동에게 적용하기에는 무리가 있다. 부모-자녀 간의 경험은 개인적인 경험의 결과이기 때문에 다른 가족들에게도 동일하게 적용하여 일반화하기가 어렵다. 과학은 경험을 통해 가정된 가설을 객관적으로 검증해야 하기 때문이다.

유아교육기관에서 관찰한 아동의 다양한 상황에서의 기록은 아동발달에 대한 전반적인 정보를 제공하고 행동 유형을 파악하고 학습 수준을 파악하는 중요한 자료가 된다. 이러한 관찰을 기본으로 교사는 개별 아동의 특성과 기질을 부모에게 전달해 주어 바람직한 부모-자녀 관계를 수립하도록 도울 수 있다 (황해익 외, 2014).

이상을 정리하면 아동관찰 및 행동연구의 필요성은 다음과 같이 제시할 수 있다.

- 아동관찰 및 행동연구는 객관적이고 체계적인 검증방법을 통해 획득한 과학적 지식을 제공한다.
- 아동관찰 및 행동연구는 아동의 전인적인 성장과 발달에 도움을 준다.
- 아동관찰 및 행동연구는 직접적으로 상호작용하는 교사, 부모, 아동 관련 전문가들에게 실제적인 지식을 제공한다.
- 표준화된 성장과 발달에 대한 지침은 아동들의 건강과 성장, 발달 및 학습에 가이드라인을 제시한다.
- 유아교육기관에서 관찰한 아동의 다양한 상황에서의 기록은 아동발달에 대한 전반적인 정보를 제공하며, 행동 유형을 파악하고 학습 수준을 파악하는 중요한 자료가 된다.

2. 아동관찰 및 행동연구의 역사

19세기 말 과학적인 아동연구가 시작되기 전부터 아동에 대한 관찰과 이해를 기본으로 부모와 교사들은 아동을 양육하여 왔다. 다윈(Darwin)이 자신의 아들인 도디의 초기발달을 관찰한 후 일기로 간행하였던 것이 진화론의 시발점이 되었다고 해도 과언은 아니다. 자녀들의 행동을 관찰한 후 그 상황에 대해 문제를 제기하고 문제를 해결해 가는 과정은 아동관찰 및 행동연구를 시작하는 접촉점이 되었다.

고대사회에서는 아동을 그들이 속한 사회의 소유물로 간주하였다. 자녀가 태어나면 부모의 뜻대로 기를 수 없었으며, 부족의 장로들이 아동을 검사하여 튼튼하고 힘이 강하면 기르게 하였고, 약하거나 장애를 가지고 태어나면 아포테타이(Apothetai)라는 산기슭 골짜기에 버렸다고 한다. 힘이 없고 장애가 있는 아동들은 그 국가와 사회에 전혀 도움이 되지 않는다고 생각했기 때문이다. 장로들이 기르게 한 아이는 더 강하고 단단한 아이로 키우기 위해 포도주로 목욕을 시켰다고 한다(Barclay, 1993).

중세시대는 아동을 중요하게 생각하지 않았던 암흑기였다. 아리에스(Aries)의 연구에서는 중세시대가 아동기라는 개념조차 없었던 시대였다고 결론을 지었다(Shaffer, 2002). 당시에는 오늘날처럼 아동이 하나의 고유한 인격체로 존재한다는 생각 자체가 없었다. 15세기 초 아동의 모습을 그린 그림들을 보면 자신의 옷이라고 하기에는 펑퍼짐하고 느슨한 옷을 입고 게임을 하면서 어른들을 올려다보거나 어른의 옷과 화장을 한 모습이 대부분이다. 아동은 사랑스럽고 연약하여 안아 주고 싶고 보듬어 주고 싶은 존재이지만 중세시대의 그림에서는 이러한 특징들을 찾아볼 수가 없다. 오히려 귀찮고 불필요한 존재이며 전쟁터에 내보낼 만큼 존중받지 못한 존재가 바로 아동이었다. 아리에스는 그의 저서인『아동의 탄생(Centuries of Childhood)』에서 중세시대 아동에 대한 무지함과 무관심을 비판하면서 아동기의 개념이 15세기 말부터 나타나며 어른과 아이가 크게 다르지 않아 아동들이 '작은 어른'으로 묘사되었다고 주장하였다(이상욱, 정희영, 김종명, 김미애, 2016). 중세시대는 기독교 사상이 자녀 양육관에도 영향을 미쳤다. 아동을 영아 살해와 유기의 관습으로부터 보호해야 한다고 보는 입장과 여전히 아동을 무기력하고 귀찮은 존재로 보는 입장이 공존하였지만, 아직까지 아동기를 생애주기의 한 부분으로 인식하지 못했고 아동을 이해하거나 관심을 가지지 않았을 뿐 아니라 관련된 이론도 없었다.

17세기 초 성직자나 일부 학자를 중심으로 아동 권리와 보호에 대한 인식이 확산되기 시작했다. 특히 아동의 특성과 교육에 루소(Rousseau)와 로크(Locke)는 지대한 영향을 미쳤다. 루소는 발달을 불연속적인 과정으로 보면서 아동을 자기의 운명을 결정하는 존재로 여겼고, 로크는 발달을 연속적인 과정으로 간주하면서 아동이 백지 상태라고 주장하였다. 현대 교육의 아버지라고 불리는 코메니우스(Comenius)는 그의 저서 『대교수학(Didactica magna)』을 통해 아동을 어떻게 교육할 것인가를 고민하였다. 페스탈로치(Pestalozzi)는 1770년에 태어난 첫아들 야곱을 관찰하면서 쓰기 시작한 육아일기를 1774년에 발간하였다. 아들의 교육에 힘을 쓰면서 동시에 빈민가 마을에 사는 아이들의 교육에도 관심을 가지기 시작하였다.

19세기에 이르러 많은 학자가 자신의 조카나 자녀를 관찰한 후 다수의 유아전기를 발간하였다. 유아전기의 내용은 주로 감각, 운동, 언어 및 지적 능력에서 보이는 변화를 관찰하여 기록한 것이다. 그중에 대표적인 학자가 다윈이다. 다윈은 자신의 아들인 도디를 관찰한 후 그 내용을 일기로 발간하였다. 다윈은 이러한 세심한 관찰과 기록의 결과를 통해 인간의 진화과정을 알 수 있었다고 주장하였다. 다윈이 진화론에서 아동발달에 대해 직접적인 언급은 하고 있지 않지만 자신의 아들인 도디의 성장과정을 자세히 관찰하고 기록한 일기는 아동발달연구에서 귀중한 자료가 되었으며(Vasta, Haith, & Miller, 1995: 정옥분, 2018에서 재인용), 과학적 아동연구의 밑거름이 되었다.

20세기에 들어와서 과학적인 연구방법이나 과학기술의 발달 그리고 아동기의 중요성에 대한 연구들이 시작되었다. 과학적인 연구방법을 이용한 학자는 미국의 심리학자인 홀(Granville Stanley Hall)이다. 그는 질문지법, 일화기록법, 관찰법 등을 통해 객관적이고 과학적인 연구방법을 고안하였다.

프랑스의 심리학자인 비네(Alfred Binet)는 프랑스 교육부 장관의 의뢰로 어린이들의 지능을 평가하기 위한 검사방법을 개발하였다. 비네의 연구는 단순히 아동의 발달을 기술하는 데 치중했던 기존의 연구 대신 경험적 자료의 질적 수준을 높이는 데 공헌했으며 최초의 지능척도 도구를 이용한 검사운동을 활성화하는 데 결정적인 역할을 하였다.

그 후 아동을 위한 연구는 프로이트(Freud)나 피아제(Piaget) 등의 영향으로 연구의 방향과 범위가 확대되었으며 단순히 어떤 현상을 발견하고 기술하는 선에서 끝나는 것이 아니라 행동의 특징을 설명하고 이론을 구성함으로써 인간발달의 과정과 기제에 더 큰 관심과 흥미를 갖게 되었다(이순형 외, 2014). 이러한 연구결과들은 아동 관련 연구를 활성화시키는 계기가 되었으며, 아동의 성장과 발달에 관련된 다양한 현상을 이해하고 수용하기 위해서는 과학적인 절차에 의한 연구방법이 수행되어야 한다는 것을 뒷받침해 준다.

3. 아동관찰 및 행동연구의 윤리 문제와 제한점

아동관찰 및 행동연구는 부모나 교사들에게 아동의 전인적 성장과 발달에 대한 체계적이고 구체적인 정보를 제공해 주기 때문에 반드시 필요한 영역이다. 그러나 막상 아동들을 대상으로 하는 연구는 성인들과 달리 제한점과 고려해야 할 윤리적인 문제가 많아서 연구를 진행하기가 쉽지 않은 것이 현실이다. 연구자들이 아동 대상으로 하는 연구에서 알아야 할 윤리 문제와 제한점에 대해 살펴보면 다음과 같다.

1) 아동관찰 및 행동연구의 윤리 문제

연구자가 연구를 하는 과정에서 봉착하는 가장 중요한 문제는 연구 참여자의 보호일 것이다. 특히 연구대상이 아동이라면 연구하는 기간 내내 하나의 인격을 가진 인격체로 존중하고 배려해서 연구결과에 관계없이 유익한 경험을 얻을 수 있도록 지속적인 관심을 가지고 임해야 할 것이다. 아동발달연구학회(Society for Research in Child Development, 1990)에서는 아동연구를 위한 윤리적 기준을 제시하였다. 아동연구를 위한 윤리적 기준의 원문은 부록에 제시한다. 다음은 원문의 내용을 번역한 후 재구성한 것이다.

아동연구를 위한 윤리적 기준

원칙 1: 피해를 주지 않는 절차

연구자는 아동에게 신체적이나 심리적으로 피해를 줄 수 있는 연구 절차를 사용해서는 안 된다. 아동에게 스트레스를 줄 수 있는 경우가 발생한다면 기관별 연구심의위원회(IRB)에서 충분히 고려해야 한다.

원칙 2: 서면 동의

아동에게 연구 참여의 동의를 구하기 전에 연구자는 참여에 영향을 줄 연구의 모든 측면에 대해 알려 주고 아동의 이해에 맞게 질문에 답을 해 주어야 한다. 연구자는 아동의 연구 참여에 대한 자유 의사를 존중하여 참여하거나 거부할 수 있도록 하고, 참여 도중에도 언제나 그만둘 수 있는 선택의 자유를 보장해야 한다. 아동을 대상으로 한 연구에서는 부모에게 연구 절차를 설명하고 아동이 나타내는 불편의 표시에 각별히 민감해야 한다.

원칙 3: 부모 동의

연구 참여에 대한 서면 동의는 부모, 법적 보호자 또는 법적 대리인(예: 교사, 교육기관장)으로부터 받아야 한다. 부모의 거부할 권리를 존중하고, 참여 거부로 인한 어떠한 벌칙도 가해지지 않는다는 것을 알려 주어야 한다.

원칙 4: 추가적 동의

연구과정에서 아동과 상호작용을 하게 되는 사람, 즉 부모나 교사 등의 서면 동의도 받아야 한다. 이들에게도 모든 설명을 해 주고 질문에 응답해 주어야 한다. 연구에 포함된 사람들은 언제든지 연구 참여를 중지할 수 있다.

원칙 5: 참여에 대한 보상

연구 참여에 대한 보상은 공평해야 하고 아동이 정상적으로 경험하는 보상의 범위를 지나치게 넘지 말아야 한다.

원칙 6: 속임

연구 참여에 대해 동의를 받을 때 연구의 모든 내용이 충분히 공개되어야 하는 것이 원칙이나, 특수한 연구에서는 어떤 정보를 제공하지 않거나 거짓으로 속여야 할 필요가 있을 수 있다. 이러한 연구를 수행할 때 연구자는 동료 전문가들로부터 그러한 판단이 옳다는 것에 대해 확인을 받아야 한다. 속임이 포함된 연구를 수행할 연구자는 그동안 사용한 연구방법 중 부정적 효과가 없다고 알려진 속임방법을 사용하도록 노력해야 하며 연구가 끝난 후 속인 이유를 이해할 수 있도록 적절한 설명을 해야 한다.

원칙 7: 익명성

연구자는 기관이 보유한 자료를 사용할 때 그 자료를 책임지는 사람으로부터 허가를 받아야 한다. 정보의 익명성이 유지되어야 하며 허가받은 목적 외의 정보 사용을 금해야 한다. 연구 자료의 사용을 허락한 책임자도 참여자의 신뢰를 바탕으로 책임을 공유해야 함을 인식한다.

원칙 8: 상호책임

연구의 시작부터 연구자, 부모 또는 보호자 그리고 아동 간에 각자의 책임 한계에 대한 분명한 동의가 있어야 한다. 연구자는 동의와 모든 약속을 존중할 의무가 있다.

원칙 9: 위험요소의 발견

연구 진행과정에서 아동의 복리가 위협받을 수 있다는 정보가 입수되면, 연구자는 이를 부모, 보호자 그리고 현장의 전문가와 논의할 책임이 있다.

원칙 10: 사전에 예견하지 못한 결과

연구 절차에서 사전에 예견하지 못한 결과가 참여자에게 생길 때 연구자는 즉시 이를 수정하기 위한 적절한 조치를 취하고, 향후 연구에서 같은 절차가 포함된다면 이를 수정해서 설계해야 한다.

원칙 11: 비밀유지

연구 참여자에 대해 수집된 모든 정보는 비밀로 유지되어야 한다. 참여자 개인의 이름은 구두 발표나 보고서 그리고 학생이나 동료들과의 비공식적 대화에서도 일절 밝혀져서는 안 된다. 만일 연구자의 정보에 대해 타인의 접근이 의심된다면 비밀유지를 위한 계획과 함께 서면 동의 절차에서 참여자에게 그 가능성에 대해 설명해야 한다.

원칙 12: 참여자에게 정보 제공

연구자는 자료 수집이 끝난 후 즉시 참여자들이 연구에 대해 가질 수 있는 오해의 소지를 없애도록 해야 한다. 연구자는 또한 참여자들이 이해할 수 있는 용어로 연구의 일반적 결과를 알릴 의무가 있다. 정보 제공을 보류할 때는 참여자들에게 피해가 가지 않도록 노력해야 한다.

원칙 13: 결과 보고

연구결과의 보고에서 연구자의 언어는 의도하지 않게 아동이나 부모에게 부담이 될 수 있으므로 결과 보고, 평가적 서술, 제언 등에서 특별히 세심하게 주의를 기울여야 한다.

원칙 14: 결과의 함의

연구자는 연구결과가 내포하고 있는 사회적 · 정치적 · 인간적 함의에 대해 충분히 이해하고, 결과의 제시에 특별히 유의해야 한다. 그러나 이 원칙으로 인해 연구자가 과학적 연구 보고의 기준을 지킬 권리가 부인되는 것은 아니다.

원칙 15: 과학적 측면의 위법행위

위법행위란 자료의 누락, 잘못된 분석, 표절, 왜곡된 제시 등으로 학계에서 일반적으로 수용되는 연구의 분석과 보고의 수준으로부터 심각하게 이탈된 행위를 말한다. 여기에는 연구자가 의도하지 않은 오류나 자료 해석에서의 진정한 차이는 포함되지 않는다. 아동발달연구학회는 회원들의 위법행위를 묵과하지 않을 것이며, 위법이라고 밝혀진 회원에 대해서는 제명 처분을 내릴 책임이 있다.

원칙 16: 개인적 범법행위
회원이 개인적으로 유죄판결을 받게 되면 학회 회원에서 제명될 수 있는 근거가 된다. 범죄가 학회의 목적과 관련 있는지에 대한 결정은 운영위원회에서 논의되며, 제명 여부도 운영위원회의 투표에 의해 결정된다.

출처: Society for Research in Child Development(http://srcd.org/).

2) 아동발달연구의 제한점

아동을 대상으로 하는 연구는 성인들에 비해 연구 과정이나 절차가 복잡하며 많은 시간과 노력을 필요로 한다. 아동들이 연구에 동의를 했다고 하더라도 교사나 연구자에 대한 이해관계에서 동의할 확률이 크며 자신의 의사에 대한 책임을 지기에는 발달상으로 미성숙한 존재이다. 설령 부모들이 연구에 동의를 했다고 하더라도 연구자가 왜 이 연구를 하는지에 대한 이해 부족이나 낯선 환경에 대한 두려움이나 긴장, 불안 등의 요소를 잘 극복할 수 있다고 단언하기는 어렵다. 또한 연구 주제를 만족할 만한 참여자를 구하기도 쉽지 않다. 아동을 대상으로 연구를 진행하고자 할 경우 연구자는 연구 목적과 의의에 대한 확신 있는 자세와 책임감이 필요하며, 연구과정에서 소요되는 많은 시간과 불편함을 감수할 수 있는 긍정적인 자세, 어린 아동을 존중하고 배려할 줄 아는 겸손한 자세와 태도가 필요하다.

제2부

아동관찰 및 행동연구의 유형

제2장

관찰연구

학습목표

1. 관찰연구의 특성에 대해 안다.
2. 관찰연구의 일반적 절차에 대해 안다.
3. 관찰과 평가에 대해 안다.

학습개요

아동교육이나 아동학 분야에서 역사가 오래된 연구방법이면서 사회과학연구의 근간이 되는 연구방법이 관찰연구이다(Adler & Adler, 1994). 관찰연구는 연구 참여자의 행동 또는 사물이나 자연 현상을 어느 정도 통제한 상황에서 직접 주의 깊게 살펴보면서 자료를 수집하는 방법이다. 관찰연구는 모든 연구 분야에서 활용되고 있다. 특히 아동을 평가하는 방법 중 가장 많이 사용되고 있는 것이 관찰이다. 교사들은 관찰을 통해 아동의 발달 수준과 흥미, 욕구 수준 등에 관한 정보를 수집하고 이를 바탕으로 아동의 발달 수준을 이해하고 교육 현장에서 활용할 수 있는 지침을 마련할 수 있다.

주요용어

참여관찰, 비참여관찰, 자연적 관찰, 체계적 관찰

1. 관찰연구의 특성

인지발달이론을 제시한 피아제(Piaget)는 자신의 자녀가 태어나자 자녀의 행동을 관찰하고 연구하여 아동의 사고와 관련된 인지발달이론을 구축하였고, 20세기 초 게젤(Gesell)은 아동의 행동을 관찰하여 연령별 아동의 신체발달을 나타낸 표준행동목록을 개발하였다. 아동을 대상으로 한 연구에서 관찰연구는 역사적으로 가장 오래된 방법 중의 하나로 최근까지 아동 행동연구의 가장 기본적이며 필수적인 연구방법으로 다루어지고 있다(김이영 외, 2015; 이은해, 1996). 관찰연구가 아동을 대상으로 하는 학문에서 널리 활용되는 이유에 대한 여러 학자의 견해를 살펴보면 다음과 같다(이순형 외, 2014; 이은해, 이미리, 박소연, 2006; 전남련 외, 2009; 황해익, 최혜진, 정혜영, 권유선, 2016).

첫째, 아동은 관찰자의 존재나 시선을 의식하지 않고 평상시 자신의 행동을 자연스럽게 보이기 때문이다. 아동이 관찰자의 존재를 알고 의도적인 행동을 보인다면 관찰에 오류가 생길 수 있다.

둘째, 아동은 자신의 감정이나 생각을 언어로만 표현하기에 발달상 언어를 통한 의사소통에 어려움이 많다. 아동의 표정이나 몸짓, 웃음, 울음 등 비언어적인 행동 관찰을 통한 자료 수집이 필요하다.

셋째, 관찰자와 라포가 형성된 이후에 면접이나 검사를 통한 평가는 윤리적인 측면에서 부정적인 요소가 있을 수 있다. 관찰자가 주도적으로 자신의 연구에 이로운 방향으로 질문을 유도할 수 있기 때문이다. 그러한 점에서 관찰은 윤리적인 측면에서 어떠한 조작도 하지 않기 때문에 아동 대상 연구에 적합하다고 할 수 있다.

넷째, 흥미나 관심이 있는 놀이 상황에 몰두하는 능력은 뛰어나지만 장시간 주의를 집중하여 검사나 면접을 받기에는 아동이 몰입하는 시간이 매우 짧다. 주의 지속 시간이 짧은 아동의 발달을 정확하게 진단하기 위해서는 자연스러운 상황에서의 관찰이 바람직하다.

다섯째, 유아교육 현장에서 관찰은 교사가 아동의 행동 그대로를 가감 없이 관찰하고 기술하기 때문에 아동에 대한 깊이 있고 총체적인 자료를 제공할 수 있으며, 이 자료들은 유아교육 현장에서 아동을 위한 교수방법을 계획하고 프로그램을 개발하는 데 도움이 될 것이다.

피아제가 자신의 세 자녀를 관찰한 후 정립한 이론

상징적 문제 해결(18~24개월)

로렌은 탁자 앞에 앉아 있고 나는 그 앞에 빵 부스러기를 놓았는데, 로렌은 그 빵 부스러기에 손이 닿지 않았다. 그리고 나는 우측에 25cm 정도 되는 막대기를 두었다. 로렌은 처음에는 빵을 잡으려 했지만 포기했다.

그러고 나서 로렌은 빵을 다시 쳐다보더니 몸을 움직이지 않은 채로 막대기를 아주 잠깐 바라보다가 갑자기 막대기를 집고는 빵을 향해 내밀었다. 그리고 빵을 자기 앞으로 가져왔다(Piaget, 1962).

지연 모방(deferred imitation)

오후 내내 투정을 부린 남자아이(18개월)가 재클린을 방문했다. 그는 아동용 놀이 틀에서 빠져나오기 위해 소리를 지르고 발을 구르면서 그것을 뒤로 밀어냈다. 예전에 한 번도 그런 장면을 본 적이 없는 재클린은 놀라움에 가득 차서 그를 바라보고 서 있었다. 다음 날, 재클린은 자신의 놀이 틀에 들어가 소리를 질렀으며, 발을 구르면서 움직이려고 했다. 연속으로 여러 번이나 그랬다(Piaget, 1951).

대상영속성의 발달

- 재클린이 10개월 때의 예

재클린은 아무것도 놓여 있지 않은 매트리스에 앉아 있다. 나는 재클린의 손에 있는 앵무새 장난감을 빼앗아 재클린의 좌측 매트리스 밑(A 지점)에 2번 숨겼다. 재클린은 두 번 다 재빠르게 장난감을 찾아내어 잡았다. 그런 다음 나는 다시 그 장난감을 빼앗아 재클린의 눈앞에서 아주 천천히 재클린의 우측 매트리스 밑(B 지점)에 두었다. 재클린은 이 움직임을 바라보았다. 그러나 장난감이 B 지점으로 사라진 순간에도 재클린은 그 장난감이 예전에 있던 좌측(A 지점)을 들춰 보았다(Piaget, 1954).

피아제는 재클린의 행동을 통해 대상 개념이 생후 12~18개월이 되어야 향상된다는 것을 발견하였다.

출처: Shaffer(2005).

1) 관찰의 정의

국립국어원 표준국어대사전에는 '관찰(觀察)'이 "사물이나 현상을 주의하여 자세히 살펴봄"이라고 정의되어 있고, 유아교육사전에는 "사물의 상태나 현상을 기존의 지식을 사용해서 주의 깊게 자세히 탐색하고 기술하는 활동이다."라고 기록되어 있다. 전남련(2010)은 관찰이 "일상생활에서 진행되는 자연스러운 인간의 행동을 연구하고 객관적인 자료 수집을 위하여 관찰 장면에 어떠한 제재나 조작 없이 관찰자가 가지고 있는 기존의 지식을 사용하여 있는 그대로의 행동을 기술하는 활동"이라고 했다. 황해익(2010)은 "아동의 발달을 잘 이해하기 위하여 일상생활 속에서 이루어지는 자연스러운 행동을 구체적으로 탐색하고 기록하는 과학적 방법"이 관찰이라고 했다. 이러한 여러 학자의 정의를 종합해 보면, 관찰은 '보고자 하는 대상이 일상생활에서 보이는 자연스러운 행동들을 면밀히 탐색하고 기록하는 활동을 통해 정보를 수집하는 것'이라고 할 수 있다. 아동을 대상으로 하는 연구에서 특히 관찰방법이 필요한 이유는 무엇일까? 다음의 특징에서 그 이유를 찾아볼 수 있다.

- 현 시점에서 발생하는 아동이나 사물의 행동을 즉각적으로 발견해서 행동의 원인이나 결과를 도출할 수 있다.

- 관찰자를 의식하지 않고 놀이 상황에 몰입하는 아동의 특성으로 인해 자연스러운 관찰이 용이하다.
- 아동의 의사소통 능력은 어떤 상황에 대해 정확하게 설명하거나 기술하기에 녹록치 못하기 때문에 관찰을 통한 연구방법이 적합하다.
- 면접이나 설문지, 검사지 등을 통한 연구는 연구자와 참여자의 신뢰가 형성되어야 질적으로 우수한 연구결과를 도출할 수 있다. 관찰은 긴밀한 신뢰관계가 아니더라도 연구가 가능하다는 장점이 있다.
- 아동은 신뢰가 두터운 관찰자의 의견에 전적으로 동의하는 경향이 높다. 관찰의 타당도를 높이기 위해 아동에게 통제나 조작을 요구한다면 윤리적으로 문제가 될 수 있다. 관찰은 아동의 행동을 사실 그대로 기술하기 때문에 관찰자의 주관적인 생각이 개입되거나, 관찰자에게 잘 보이기 위해 아동들이 오류를 범하는 경우가 거의 없다.
- 검사지에 체크하거나 글로 기술하게 되는 경우에 문제를 이해하지 못했거나 실수로 칸 하나만 뒤로 밀려도 전혀 다른 결과가 나올 수 있다. 관찰은 이러한 어려움이나 문제점 없이 아동의 자연스러운 행동이나 언어 습관, 몸짓 등을 통해 문제에 대한 정확한 진단이나 결과를 도출해 낼 수 있다.

2) 관찰의 목적

관찰은 연구의 목적에 따라 보조적 자료로 사용되기도 하고 주요 연구방법이 되기도 한다. 김이영 등(2015)은 그의 저서에서 연구목적에 따라 기초연구와 응용연구로 구분되며 이 기초연구와 응용연구는 서로 밀접한 연관성이 있다고 하였다. 기초연구에서 얻어진 다양한 이론이 실제적 문제를 해결하기 위한 연구에 적용되어 얻어진 결과를 통해 이론을 구축한다는 것이다. 색스(Sax, 1968: 김이영 외, 2015에서 재인용)는 분석적 연구, 기술적 연구, 실험적 연구로 분류하였고, 라이트(Wright, 1960)는 환경학적인 목적, 규준 발견적인 목적, 이론을 체계화하려는 목적, 개체 기술적인 목적으로 구분하였다. 닐슨(Nilsen, 2001)은 관찰의 목적을 안전, 신체 건강, 도움 제공, 지도, 흥미 발견, 학습 양식과 교수 전략, 학습 경험 확장, 교육과정 계획, 아동과의 의사소통, 가족과의 의사소통, 측정과정, 타당화 확보로 구분하여 설명하였다. 색스(1968: 김이영 외, 2010에서 재인용)와 라이트(1960), 닐슨(2001)이 규정한 관찰의 목적은 다음과 같다.

(1) 색스의 구분

① 분석적 연구: 연역적 이론 체계 내에서 어떤 관계를 이끌어 내기 위한 목적으로 수행되는 연구로 주로 수학, 과학, 철학, 논리학 등 사회과학 학문 등의 연구가 해당된다.

② 기술적 연구: 연구자가 연구 상황에 대해 조작하지 않고 현재 있는 상황과 조건을 그대로 기술하는 것을 목적으로 하는 연구이다. 상관연구, 사례연구, 조사연구, 면접 및 관찰 등의 연구가 해당된다.

③ 실험적 연구: 원인과 결과를 검증하기 위한 목적으로 이루어지는 연구이다.

(2) 라이트의 구분

① 환경학적인 목적(ecological aim): 인간의 행동과 환경 조건 간의 관계를 기술하기 위해 관찰을 적용하는 경우로 다양한 환경을 이해하기 위한 목적이다.

② 규준 발견적인 목적(normative aim): 관찰을 통해서 유아들의 발달적인 규준을 발견하기 위한 것으로 각 유아들의 발달연령에 맞는 특징을 알기 위한 목적이다.

③ 이론을 체계화하려는 목적(systematic aim): 관찰을 통해서 변인들 간의 보편적인 관계를 규명하고 이를 이론으로 정리하여 일반화하려는 목적이다.

④ 개체 기술적인 목적(idiographic aim): 특정한 아동을 선정하여 그를 하나의 개체로서 통합적으로 연구하는 것이 필요하다. 이는 개개인의 행동상의 특징을 알아내기 위한 목적으로 사용된다.

(3) 닐슨의 구분

목적	내용	사례
안전	잠재적인 위험 상황을 보고 상해를 예방하는 등 안전을 제공한다.	그림을 그리려고 기다리는 유아가 그림을 그리고 있는 유아들이 다투는 것을 관찰하고 급히 뛰어가 중재한다.
신체 건강	신체를 탐색하고 질병의 신호를 인식한다.	그림을 그리고 있던 유아의 손등에 물집이 잡힌 것을 발견하였다. 2주 전에 그 유아의 누나가 수족구에 걸렸다는 기억과 함께 수족구임을 판단하여 다른 아동과 고립시킨 후 부모에게 연락한다.
도움 제공	도움이 필요한 상황에 대해 알려 준다.	한 유아가 찰흙놀이를 하는데 찰흙이 다 떨어지고 없는 것을 발견하였다. 교사는 유아에게 찰흙을 더 가져다준다.
지도	잠재적인 문제에 대해 설명하고 지도한다.	찰흙놀이를 하던 유아가 찰흙이 묻은 손을 옷에 닦으려고 하자 교사가 "수돗가에 가서 손을 씻자."라고 말한다.
흥미 발견	유아의 흥미영역을 발견한다.	한 유아가 역할놀이영역을 선택해서 그 역할놀이영역에 있는 다른 유아에게 말을 거는 것을 관찰한다.
학습양식과 교수전략	유아의 인성, 학습 스타일을 알려 주며, 교수전략에 대한 지침을 알려 준다.	찰흙놀이를 하는 유아를 관찰함으로써 그 유아에게 더 효과적인 학습방식을 알게 된다.
학습 경험 확장	교수하기 적절한 순간을 포착한다.	한글 문자로 가득한 그림을 관찰한 후에 교사는 자음, 모음 자석을 가져다주어 그 유아가 가지고 놀 수 있도록 해 준다.
교육과정 계획	주요 경험과 활동을 계획할 수 있도록 정보제공을 한다.	밀가루 반죽을 경험한 유아에게 다음 주에는 점토를 소개한다.
아동과의 의사소통	교사들은 유아와 언어적 상호작용을 하는 과정에서 유아의 생각하는 과정을 탐구한다.	교사가 찰흙놀이를 하는 유아에게 "찰흙으로 멋진 성을 만들었구나. 어떻게 만들었는지, 처음에 무엇부터 만들었는지 말해 주겠니?"라고 질문한다.

가족과의 의사소통	유아의 일상에 대한 부모와의 대화는 내 아이가 세심한 보살핌을 받고 있다는 사실을 알게 해 준다.	유아의 하루관찰행동 및 포트폴리오 기록을 가지고 부모와 상의를 하는 것은 그 유아에 대한 긍정적이고 방대한 정보를 가져다준다.
측정과정	관찰 지식을 기본으로 이후 변화가 기대되고 예측된다.	교사는 찰흙놀이를 하는 유아가 찰흙을 손으로 치대고 밀대로 미는 것을 보게 된다. 이는 몇 주 전에 비해 소근육 조절을 잘할 수 있음을 말해 준다.
타당화 확보	유아가 현재 어느 시점에 있는지를 보여 준다.	유아가 오른손과 왼손을 번갈아 가면서 찰흙으로 모양을 만든다. 이는 유아가 특별히 쓰는 손이 없다고 평가하게 한다.

출처: Nilsen(2001): 안선희 외(2013)에서 재인용.

3) 관찰의 종류

관찰은 통제 유무에 따라 자연적 관찰과 체계적 관찰로 나눌 수 있으며, 관찰자의 현장 참여 유무에 따라 참여관찰과 비참여관찰로 구분할 수 있다.

(1) 자연적 관찰과 체계적 관찰

자연적 관찰(naturalistic observation)은 의도적으로 정해 놓은 상황이 아닌 자연스러운 맥락 안에서 이루어지고 있는 상황을 있는 그대로 관찰하는 것을 말한다. 자연적 관찰은 관찰 장면에서 일어나는 현상들을 특별한 통제나 조작 없이 자연발생적인 활동을 자세히 관찰하여 기록하는 것이다. 자연발생적으로 일어나는 상황들은 계획적이고 순차적으로 발생하는 현상이 아니기 때문에 관찰자가 예상하지 못한 결과를 발견할 수 있다는 장점도 있지만, 일시적이고 단편적인 상황을 반복할 수 있다는 단점도 있다. 관찰을 하고자 하는 구체적인 목적이나 대상이 없는 관찰은 비효율적이라고 할 수 있다.

자연적 관찰의 대상은 다양하다. 아프리카 밀림에서 동물들의 생존방법을 관찰할 수도 있고, 바닷속에서 짝짓기를 하는 고래, 시장에서 물건을 사는 사람과 파는 사람, 유아교육기관에서 교사와 유아의 상호작용 등 관찰의 목표가 되는 대상들이 보이는 행동을 자연스러운 상황에서 보고 기술할 수 있다면 어디든 가능하다. 이때 무엇을, 어떻게, 왜 관찰할 것인지 구체적인 대상과 목적을 정하고 관찰한다면 관찰 장면에서 발생하는 다양한 행동과 상황에 대한 이해를 얻을 수 있을 것이다.

체계적 관찰은 관찰 내용이나 상황 등이 실험적(통제적)인 맥락 안에서 이루어지는 것을 말한다. 즉, 관찰 장면에 의도적으로 계획된 상황을 포함하는 등 어떠한 통제가 이루어지는 것을 말한다. 예를 들어, 도서관에서 보이는 유아의 행동을 살펴본다고 했을 때 소수의 유아를 어린이도서관에 정해진 시간 동안 있게 한 후에 그 상황을 관찰하는 것을 말한다. 체계적 관찰은 자연적 관찰에 비해 덜 포괄적이며 구조화되어 있다. 자료는 양적인 특성을 가지며 행동 간의 관계에 대해 설정해 놓은 가설을 검증하는 것이다. 연구자들은 자신이 원하는 행동을 관찰하기가 쉽지 않다. 체계적 관찰은 연구자가 관찰 대상과 시간 등을 의도적으로 계획된 장소에서 구체적으로 관찰하는 것을 말한다.

[그림 2-1] **'꽃'을 관찰하고 있는 유아들**
꽃을 살펴보고 있는 유아들의 행동을 관찰하고 있다.

(2) 참여관찰과 비참여관찰

참여관찰(participant observation)이란 연구자가 구성원으로서 관찰하는 상황에 직접 참여하여 함께 활동하면서 관찰 대상의 행동을 관찰하는 것을 말한다. 참여관찰에는 직접관찰, 면담, 문서 분석, 반향, 분석, 해석의 활동이 포함된다. 참여관찰을 할 때에는 관찰 대상을 객관적으로 평가하기 위해 적당한 거리를 유지한다. 유아교육기관의 교사가 유아들의 자유선택놀이 시간에 직접 참여하여 유아들의 관심과 흥미에 따라 선택되는 놀이와 또래들과의 관계를 알아보기 위해 집단의 일원이 되어 유아들과 상호작용하면서 자료를 수집했다면 그 교사는 참여관찰 방법을 사용한 것이다. 유아교육기관에서 일반적으로 이루어지고 있는 참여관찰은 자연스러운 상황에서 아동의 행동을 관찰하여 다량의 정보를 수집할 수 있다는 장점도 있지만, 연구자가 관찰 현장에서 아동들의 활동에 참여하기 때문에 객관성 유지에 어려움이 있다는 단점이 있다.

비참여관찰(nonparticipant observation)은 연구자가 현장에는 있으나 활동에는 참여하거나 개입하지 않고 오로지 관찰만 하는 경우를 말한다. 예를 들어, 장난감이나 모래놀이 상자가 놓여 있는 교실에 유아를 두고 일방경이나 창문으로 관찰하거나 비디오 카메라를 설치해 놓고 놀이를 하는 유아를 관찰하는 경우 비참여관찰이라고 한다. 비참여관찰은 자연스러운 상황에서 대상을 관찰하기 때문에 자연적 관찰로 인식하기 쉬우나 관찰 대상이 자신이 관찰되고

[그림 2-2] **비참여관찰의 예 1**
일방경을 이용한 유아들의 행동 관찰

[그림 2-3] **비참여관찰의 예 2**
아동들을 관찰하고 있는 피아제
출처: 정옥분(2018).

있다는 것을 전혀 모르고 있기 때문에 비개입적 측정법이라고도 한다. 비참여 관찰은 참여관찰에 비해 관찰의 기회가 적고 관찰 대상의 언어적 상호작용에 대한 부분이 지극히 제한적이다. 설령 관찰영역에 음향시설이 있다고 하더라도 직접 참여하면서 관찰 상황을 기술하는 것에 비해 제한적일 수밖에 없다. 그러나 참여관찰에 비해 연구자가 객관성을 유지할 수 있다는 장점이 있다.

2. 관찰연구의 일반적 절차

관찰연구를 수행하기 위해서는 연구목적에 합당한 객관적이고 구체적인 관찰 기록을 근거로 해야 한다. 관찰의 일반적 절차는 관찰을 계획하고 수행한 후 관찰 결과에 대한 분석과 해석의 과정을 거친다(이은해 외, 2006).

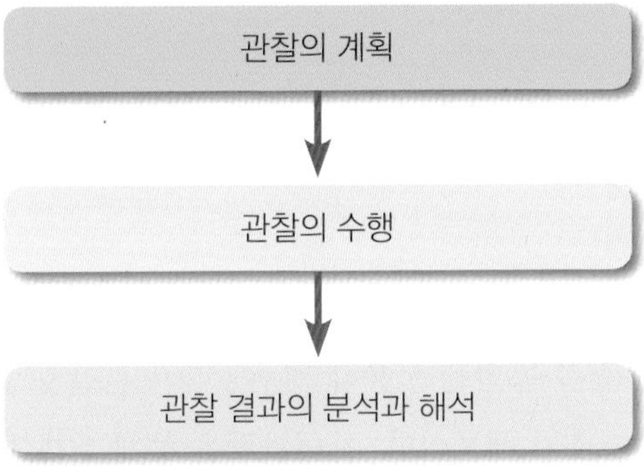

[그림 2-4] 관찰연구의 일반적 절차

1) 관찰의 계획

연구자는 관찰을 하기 전에 연구목적 및 연구문제, 연구대상 등에 대해 구체적이고 분명하게 계획을 세워야 한다. 연구자가 직접 관찰을 하지 않을 경우에는 자료 수집과 관찰의 객관성을 높이기 위해 관찰자에 대한 훈련도 실시해야 한다. 연구자는 관찰을 통해 얻고자 하는 연구의 방향과 주제가 정해지면 문헌 고찰과 선행연구 등 이론에 근거하여 연구 목적과 목표를 수립해야 한다. 관찰 연구에서는 '무엇을 어떻게 관찰할 것인가?'를 결정하는 것이 중요하다. 즉, 행동 표집, 관찰 시간, 관찰 장면, 기록방법 등을 어떻게 구상하고 진행해 나갈 것인가를 결정해야 한다. 이는 관찰자가 관찰을 할 때 관찰 대상의 어떤 행동에 초점을 두며, 행동단위를 어느 선까지 세분화할 것인가에 대한 결정이다. 예를 들어, 아동들의 의사소통을 관찰한다고 하면 의사소통의 하위 범주인 읽기, 쓰기, 말하기, 듣기를 모두 포함할 것인지 아니면 말하기와 듣기만 관찰할 것인지, 아침에 등원해서 오후에 하원할 때까지 8시간을 관찰할 것인지 아니면 오전 자유선택놀이 시간만 관찰할 것인지 등을 결정해야 한다는 것이다. 한 반에 있는 유아 전부를 동시에 관찰할 경우 관찰자 혼자서 많은 유아의 행동을 관찰하기에는 무리가 있기 때문에 관찰자 두세 명이 아동들을 나눠서 관찰할 것인지 여부도 결정해야 한다. 따라서 관찰계획을 수행하기 위해서는 관찰의 계획 단계에서 세부적으로 구상해야 한다.

2) 관찰의 수행

연구자는 관찰의 수행을 위해서 관찰 내용과 방법에 대한 정확한 숙지가 있어야 한다. 어떠한 관찰 방법을 사용하느냐에 따라 관찰자가 준비하고 숙지해야 하는 내용들이 다르기 때문이다. 참여관찰을 하게 된다면 관찰자가 교사가 아닌 경우 아동과 신뢰관계가 형성되어야 좀 더 쉽게 관찰을 할 수 있다. 아동들이 낯선 관찰자에게 호기심이나 두려워하는 마음을 가진다면 정확한 정보를 수집하는 데 문제가 생길 수 있다. 그럴 경우에는 아동과 신뢰를 형성할 수 있도록 시간을 갖는 것이 필요하다. 또한 관찰자는 관찰 대상의 연령이나 특징, 이름, 관찰하는 시간, 장소 등 관찰에 필요한 정보를 관찰 보고서에 기록한 후에 관찰을 시작해야 기록에서의 오류를 줄일 수 있다. 관찰자는 관찰한 내용을 관찰과 동시에 즉각적으로 기록해야 한다. 관찰 현장에서 기록을 마무리하지 못했다면 관찰이 끝난 후 최대한 빨리 기록해야 한다. 나중에 기록하려고 하면 그 당시 상황에 대한 기억이 희미하거나 관찰자의 주관적 생각이 개입될 수 있다. 그런데 관찰자가 현장에 개입해서 참여하는 경우 아동들의 활동을 관찰하고 즉시 기록하는 것이 어려울 수 있다. 비참여관찰을 했다고 하더라도 아동들의 행동이나 상호작용을 서술하려고 하면 세세한 사항까지 현장에서 모두 기록하기 쉽지 않을 것이다. 이럴 경우 비디오카메라나 녹음기를 보조수단으로 사용할 수 있다.

관찰을 수행하면서 현장 기록을 하는 데 있어서 몇 가지 유의할 점은 다음과 같다. 첫째, 기록한 말이 누가 한 말인지 기록해야 한다. 둘째, 관찰 대상이 한 말을 그대로 기록해야 한다. 셋째, 구체적 언어를 사용하여 기록해야 한다. 현장에서 관찰을 하면서 기록하다 보면 누가 한 말인지 혼동할 수가 있다. 자칫 잘못하면 관찰 결과에 오류를 범할 수도 있다. 이러한 점을 고려하여 관찰 내용을 기록할 때 언어적인 면에만 국한하지 않고 시각적인 상황도 기록하면 관찰 상황을 더 쉽게 이해할 수 있다. 또 반복적으로 보이는 행동에 대해서는 그것의 의미를 파악할 수 있도록 구체적으로 기록하는 것이 좋다.

아동을 대상으로 관찰을 수행할 때 유의할 점은 비참여관찰 시 아동이 관찰자에게 질문을 하거나 무언가를 부탁했을 때 어느 선까지 들어줘야 하는 것인가이다. 관찰자는 자신이 비참여관찰을 하고 있다면 아동에게 자신의 역할에 대해 설명해 주어 아동이 관찰 상황에 관찰자를 개입시키지 않도록 해야 한다. 참여관찰 시에도 적극적인 개입으로 관찰 상황에 영향을 미치지 않도록 유의해야 한다.

3) 관찰 결과의 분석과 해석

관찰이 끝나면 관찰자는 수집된 정보 자료를 가지고 관찰 결과를 분석하고 해석하는 시간을 가진다. 각각의 자료를 어떤 방법으로 유목화하고 결과를 도출해 낼 것인지는 매우 중요한 단계이다. 수집된 자료는 서술식 기록과 양적 방법 도구를 이용하여 분석할 수 있다. 먼저, 서술식 기록은 각 문장마다 중요하게 겹치는 단어들을 분류하고 범주화하면서 분석 단위에 따른 주제를 생성하고 그에 맞는 새로운 이론을 도출해 낼 수 있다. 체크리스트를 통해 수집된 자료들은 빈도 분석 등을 통한 양적 연구방법에 의해 분석할 수 있다. 다양한 방법으로 분석하고 해석한 관찰 자료는 향후 아동을 위한 프로그램이나 교수 방법, 부모상담 및 부모교육 등 유아교육기관에서 활용할 수 있는 기초 자료가 될 것이다.

연구자는 관찰을 통해 얻은 결과물들을 무질서하게 나열하는 것이 아니라 관찰 대상이 보이는 생생한 행동에 관한 것을 증명하기 위해 체계적으로 분석해야 한다. 즉, 연구자의 관점이 해석되는 것이 아니라 관찰 대상의 행동이 분석되고 해석되어야 한다는 것이다.

3. 관찰과 평가

관찰(觀察)은 현상이나 속성을 대상으로 하고 있는 모든 연구의 출발점이다. 우리는 사람이나 사물, 자연 현상으로부터 감각을 통해 정보를 발견하고 정리한 후 그 의미를 파악하고 분석하기 위해 관찰을 한다. 관찰을 하려면 우선 대상을 정해야 한다. 관찰의 대상은 사람을 포함한 모든 사물과 현상이다. 넓은 의미에서 관찰을 실험과 같은 범주로 보는 경우도 있지만, 일반적으로 관찰은 어떤 가설에 대한 검증이나 인위적인 조작을 하지 않는다는 점에서 실험과는 다르다. 관찰한 결과가 타당하고 신뢰할 수 있기 위해서는 관찰연구에 과학적 연구기법을 도입해야 한다.

관찰자는 관찰하고자 하는 대상과 관찰 목적 그리고 무엇을 관찰할 것인가를 정해야 한다. 관찰자는 관찰 대상이 보이는 행동의 양, 지속 시간 등 가시적인 자료를 수집해서 관찰 결과를 기록해야 한다. 관찰 기록방법에는 행위의 지속 시간, 빈도, 간격, 지속적 기록 등이 있다(이종원, 2002).

평가(評價)는 사람이나 사물의 가치나 수준 따위를 일정한 기준에 따라 따져 매기는 것을 말한다. 즉, 어떤 대상의 가치를 규명하는 것이다. 평가는 몇 개의 항목이나 관점으로 나뉘어 이루어지는 경우가 많다. 교육에서 평가는 성과의 판단, 부동산이나 주식 등의 재산적 가치의 판단, 골동품 등의 물건의 가치 판단, 공학에 있어서의 기술이나 제품의 우열이나 성능 등의 판단, 면접 태도 등에 따른 인품의 판단 등 여러 가지 측면에서 실시되고 있다(위키백과, 2010). 황해익 등(2016)에 따르면, 평가는 관찰 기록에 근거하여 추론한 아동의 행동에 대해 가치를 부여하는 것으로, 이때 관찰자가 가지고 있는 관찰 대상에 대한 정보나 발달이론에 대한 지식 등이 영향을 미치게 된다. 예를 들어, 영아들의 행동발달 특성을 표준보육과정의 핵심 내용을 중심으로 발달평가를 하면 영역별로 바람직한 행동과 바람직하지 않은 행동의 차이를 알 수 있어 적절한 교육적 조치를 할 수 있다. 각 유아에게 적합한 교수 방법과 수준을 결정하기 위해서 반드시 필요한 것이 평가과정인 것이다. 유아교육에서의 평가에 대해 교육부(1998)에서는 유아교육과정의 전 영역이 통합적으로 편성되고 운영되는지, 유아의 흥미와 활동 특성에 적합하게 교수방법이 이루어지고 있는지, 유아들의 발달 특성과 흥미영역 등을 고려하여 활동의 주제나 자료, 환경 등이 제공되고 있는지, 교육과정 운영평가의 결과를 다음 연도 교육과정의 편성 및 운영에 반영하는지를 알아보기 위해 반드시 필요한 교육의 과정이 평가임을 밝히고 있다.

유아교육기관에서 교사들은 왜 아동을 평가하는 것일까? 아동의 발달과 교수방법을 위한 최적의 프로그램을 제공하기 위해서일까, 아니면 학부모나 기관의 장이 요구해서일까? 유아에 대한 평가의 필요성과 유의사항은 다음과 같이 정리할 수 있다(김지은, 김진숙, 2008).

1) 평가의 필요성

(1) 아동의 발달과 학습을 모니터링하기 위해서 필요하다

현재 유아의 학습과 성장, 발달의 정도가 어느 수준에 도달했는지를 점검하기 위해 평가가 필요하다. 예를 들어, 프로그램 목표와 관련하여 유아의 수 인식 수준은 어떠한지, 일반적으로 알고 있는 영아들의 신체발달과 비교하여 만 1~2세 집단은 어떠한지 등이다. 평가를 통해 교사는 각 유아의 강점과 욕구를 파악하여 그 수준에 맞추어 프로그램을 계획할 수 있다.

(2) 계획과 의사결정을 하기 위해 필요하다

평가를 통해 수집한 정보들은 유아들에게 필요한 것이 무엇인지 구체적으로 제공해 줄 수 있다. 교사가 들려준 동화 내용을 주요사건 중심으로 기억하고 이야기를 하는 데 비해 제대로 이야기하지 못하는 유아가 있다면, 그 유아를 위한 이해력 증진 관련 활동을 계획해야 한다. 또 자신이 갖고 놀고 싶은 놀잇감을 다른 유아가 가지고 있을 때, 무조건 뺏으려고 하는 행동을 보이는 유아가 있다면 친구에게 자신의 의사를 밝히는 방법들에 대해 계획을 세워야 한다.

(3) 특별한 서비스를 받아야 하는 아동을 발견할 수 있다

평가를 통해 전문적인 교수방법을 필요로 하는 아동을 구별해 낼 수 있다. 초기에 문제를 발견하게 되면 아동은 전문가들의 평가와 진단하에 특별한 서비스와 프로그램을 제공받을 수 있다. 예를 들어, 교사가 몇 번을 불러도 뒤를 돌아보지 않는 유아가 있다면 부모에게 연락해서 청력검사를 받도록 제안할 수 있다.

(4) 타인과 공유하고 의사전달을 하기 위해 필요하다

아동에 대한 평가 자료는 교사, 가족, 전문가 등과 공유하여야 한다. 유아교육 현장에서 이루어지는 중요한 결과들을 평가에 사용할 수 있어야 하며 평가

의 개념이나 결과를 설명할 수 있어야 한다.

평가를 잘 사용하기 위해서는 모든 유아에게 편견 없이 동일한 기회가 제공되어야 하며, 평가 결과에 대한 신뢰도와 타당도가 있어야 한다. 누가 평가를 하든지 결과가 비슷하게 나와야 하는 것이다. 평가를 하기 전에 아동의 발달 특성에 대해 이해하고 정확하게 기술해야 한다. 연령별 발달 특성을 이해하지 못하거나 개인 차이가 있다는 것을 인지하지 못한 상황에서 평가를 한다면, 문제에 대한 이해도가 낮거나 잘못 인지하여 잘못된 해답을 제시하게 되고 결국 엉뚱한 결과를 초래할 수도 있기 때문이다.

2) 평가의 유의사항

(1) 신뢰도와 타당도가 있어야 한다

아동의 전반적인 성장과 발달을 돕기 위해 이루어지는 모든 활동과정과 결과에 대해서 가치를 판단하는 과정이 평가이다. 유아평가는 단순히 발달이나 학업성취에 따른 관심에 의해서 이루어지는 것이 아니기 때문에 과학적이고 합리적인 절차에 따라 이루어져야 한다.

평가의 신뢰도를 여러 번 반복하여 측정하거나 다른 사람이 측정해도 비슷한 결과를 얻어야 하는 것을 말한다. 활동에 참여한 유아가 힘들어하거나, 장애물이 있거나, 싫증을 내거나 하는 경우 신뢰할 만한 평가결과라고 보기 어렵다. 타당도란 같은 행동을 다른 방법으로 결과를 얻어 그에 동의할 때 타당하다고 한다. 타당한 평가가 되기 위해서는 표집수가 충분해야 하고 전체를 대표할 수 있어야 한다. 교사들은 타당도와 신뢰도가 입증되어 있는 검사도구를 선택하는 것이 좋다.

(2) 평가는 편견 없이 이루어져야 한다

평가는 모든 유아에게 동등하게 제공되어야 한다. 교사가 의도하지는 않았지만 잘못된 결론을 이끌어 내는 경우도 있다. 예를 들어, '결혼' 주제에 따른 활동을 하면서 여아보다 남아의 활동이 저조한 경우 참여도 부분에서 좋은 점수를 받기 어렵다. 그런 경우 평가를 수정(modification)하거나 조정(accommodations)할 수 있다.

(3) 유아의 발달 특성에 적합한 평가가 이루어져야 한다

아동을 평가하기 위해서는 발달 특성에 대한 이해가 필요하다. 유아들은 신체적인 측면에서뿐만 아니라 학습과 발달에서도 개인차를 보인다. 똑같은 이야기를 들려주어도 중심내용을 모두 기억하는 유아가 있는 반면, 무슨 이야기인지 내용조차 모르는 유아도 있고, 자신이 좋아하는 내용만 기억하는 유아도 있다. 또한 학습의 내용을 말로 표현하기보다는 글이나 그림으로 표현하거나 신체동작으로 보여 주기도 한다. 이렇듯 유아의 발달은 각 개인마다 차이가 있다.

한편, 유아는 자신의 생각을 이해하고 표현하는 데 있어 언어적인 측면에서 제한되어 있다. 교사가 하는 말을 이해하지 못했거나, 어휘 부족으로 반응하지 못하는 경우도 있다. 그럴 경우 본인의 의사와 관계없이 정답이 아닌 것을 선택할 수도 있다.

〈사례: 표준보육과정 중심의 영아행동발달 관찰 보고서〉

담임	원장
인	인

영아행동발달 관찰 체크리스트

○○반 이름: 성별: 남, 여 생년월일:

영역	내용	매우 그렇다	그렇다	보통이다	가끔 그렇지 않다	그렇다
기본 생활 영역	스스로 손과 이 닦기를 시도한다.		V			
	정해진 자리에 앉아 스스로 도구를 사용하여 음식을 골고루 먹는다.		V			
	하루 일과에 따라 규칙적으로 잠을 잔다.		V			
	하루 일과에 즐겁게 참여한다.		V			
	배변은 화장실에서 한다.		V			
	질병의 위험을 안다.		V			
	놀이기구나 놀잇감을 안전하게 사용한다.		V			
	안전한 장소에서 놀이를 한다.		V			
	위험한 상황과 위험한 사물을 알고 조심한다.		V			
	교통수단의 위험을 알고 조심한다.		V			
	위험한 상황 발생 시 어른들의 지시에 따른다.		V			
신체 운동 영역	다양한 감각적 차이에 반응한다.		V			
	감각기관으로 주변 환경을 탐색한다.		V			
	신체 각 부분의 명칭을 알고 각 부분의 움직임을 탐색한다.		V			
	안정된 자세를 취하려고 시도하고 취할 수 있다.		V			
	팔, 다리, 목, 허리 등 움직임을 조절할 수 있다.		V			
	눈과 손을 협응하여 소근육을 조절한다.		V			
	제자리에서 몸을 움직이거나 걷기, 계단 오르기 등 이동운동을 한다.		V			

	일상생활과 관련된 친숙한 낱말을 듣고 이해한다.	V				
	짧은 이야기와 노랫말을 즐겁게 듣는다.	V				
	말하는 사람의 표정, 몸짓, 억양 등을 주의 깊게 보고 듣는다.	V				
	일상생활의 반복적인 일이나 친숙한 상황을 간단한 문장으로 말해 본다.	V				
	표정이나 몸짓, 말소리로 자신의 의사를 전달한다.	V				
의사소통 영역	자신이 원하는 것을 낱말이나 짧은 문장으로 말해 본다.	V				
	상대방과 대화 시 말할 순서를 알고 지킨다.	V				
	그림책과 환경인쇄물에 있는 그림과 내용에 관심을 가지고 따라서 해 본다.	V				
	좋아하는 그림책을 읽어 주면 집중해서 듣는다.	V				
	의도적인 끼적이기를 한다.		V			
	자신의 이름 끼적이기에 관심을 가진다.		V			
	나와 다른 사람의 모습을 구별한다.		V			
	내가 좋아하는 것을 찾아본다.	V				
	좋아하는 놀이와 놀잇감을 선택해서 즐긴다.	V				
	여러 가지 감정을 말과 행동으로 표출한다.	V				
	디른 사람이 나타내는 다양한 감정에 반응한다.	V				
사회관계 영역	다른 사람과 구별된 특별한 감정을 내 가족에게 갖는다.		V			
	스스로 물건을 정리한다.		V			
	자기의 순서를 알고 기다린다.	V				
	자신이 속한 반의 활동에 즐거운 마음으로 적극 참여한다.	V				
	또래가 있는 곳에서 놀이를 하고 모습과 행동을 모방한다.	V				
	바른 태도로 인사하고 약속을 지킨다.	V				

예술 경험 영역	주변 환경에서 나는 다양한 소리와 움직임을 탐색한다.		V			
	주변 환경에서 색, 모양을 탐색한다.	V				
	친근한 노래를 따라 부른다.	V				
	신체, 사물, 리듬악기 등을 이용하여 간단한 리듬과 소리를 만들 수 있다.		V			
	노래나 리듬에 맞춰 몸으로 표현한다.	V				
	간단한 도구를 활용하여 몸으로 표현한다.		V			
	자발적으로 그리기, 만들기를 한다.	V				
	간단한 미술재료와 도구를 다룬다.	V				
	일상생활 경험을 상상놀이로 즐긴다.		V			
	자연이나 생활의 소리나 움직임, 친근한 음악과 춤을 관심 있게 듣거나 본다.	V				
	또래가 표현한 노래, 춤, 미술 작품 등에 관심을 가지고 즐긴다.		V			
자연 탐구 영역	주변 사물과 자연에 호기심을 가진다.		V			
	관심 있는 사물을 반복하여 주도적으로 탐색한다.		V			
	많고 적음을 구별한다.	V				
	세 개가량의 구체물을 말하며 세어 본다.	V				
	구체물을 일대일로 대응한다.	V				
	나를 중심으로 인식하고 위치, 장소를 인지한다.		V			
	주변 사물의 모양과 크기에 관심을 가진다.		V			
	사물의 같고 다름을 알고 구분할 수 있다.	V				
	단순하게 반복되는 규칙성에 대해 인다.	V				
	동식물의 모양, 소리, 움직임에 관심을 보인다.	V				
	물, 모래, 돌 등 자연물에 관심을 보인다.		V			
	일상생활에 사용되는 간단한 도구에 관심을 가진다.		V			
	일상생활에 사용되는 간단한 도구를 사용할 수 있다.		V			

평가	정미는 놀이기구와 놀잇감을 안전하게 사용할 수 있으며 자신의 의사를 말하기를 통하여 전달할 줄 아는 편입니다. 또래들과 함께 어울려서 가지고 놀던 놀잇감을 제자리에 정리할 줄 알고 특히 책 읽는 것을 좋아해서 독서영역에 있는 그림책을 친구들에게도 권하기도 합니다. 흥이 많아서 음악이 나오면 몸을 흔들기도 하고 사물의 많고 적음과 다름을 구분할 수 있습니다. 정미는 자신의 감정을 표현할 줄 알고 친구들과의 관계도 좋은 편입니다. 정미가 원 생활을 잘할 수 있도록 잘 지도하겠습니다.

제3장

실험연구

학습목표

1. 실험연구의 의의와 개념에 대해 공부하고 설명할 수 있다.
2. 실험연구의 유형과 장단점에 대해 살펴보고 설명할 수 있다.
3. 실험연구의 절차와 기본 조건에 대해 공부하고 이해할 수 있다.
4. 실험연구의 타당도에 대해 공부하고 이해할 수 있다.

학습개요

연구방법은 실험연구와 비실험연구로 분류할 수 있는데, 이 중 실험연구의 중요성은 인과관계를 알아보고 가설을 검증할 수 있는 사실상 유일한 방법이라는 것이다. 실험연구의 유형에는 실험실 실험연구와 현장 실험연구 그리고 자연적 실험연구가 있다. 실험연구의 기본 조건은 독립변수와 종속변수를 이해하고 실험변수의 조작과 통제를 이해하는 것이다. 실험연구의 타당도 이해가 필요한데, 종속변수의 수행에 영향을 미치는 통제되지 않은 외생변수는 실험의 타당도를 위협한다. 내적 타당도는 실험연구에서 종속변수의 변화가 실제로 독립변수를 조작하였기 때문에 얻어진 결과이며, 연구결과들이 실험적인 장면을 넘어서 개인이나 일반 상황에도 일반화가 가능하다면 외적 타당도가 높은 것으로 간주된다.

주요용어

실험연구, 조작, 통제, 척도, 타당도

1. 실험연구의 정의와 개념

1) 실험연구의 정의

연구방법은 각기 다른 특성을 가지고 있기 때문에 어느 한 연구방법이 반드시 우수하다고 할 수 없다. 따라서 연구자는 알고 싶은 문제의 해답을 가장 효율적으로 제공할 수 있는 방법이 무엇인가를 생각하여 적절한 연구방법을 선택하는 것이 중요하다(황혜정, 문혁준, 안선희, 안효진, 이경옥, 2014). 실험연구와 비실험연구에 대해 간략하게 정의를 내리면 다음과 같다.

(1) 실험연구

실험연구는 통제된 상황에서 관심이 있는 변인을 조작하여 그 영향력을 알아보는 연구이다. 연구자가 변인을 직접 조작함으로써 실험 효과를 검증하여 인과관계가 있는지를 확실히 파악하고자 하는 연구방법이다.

(2) 비실험연구

비실험연구는 연구자가 자연스러운 상황에 존재하는 변인들을 선택하고, 선정한 변인들 간에 관계가 있다는 가정하에 이를 검증하는 연구방법이다.

2) 실험연구의 중요성

아동을 연구하는 방법에는 여러 가지가 있는데 실험연구(experimental research)는 인위적인 환경을 만들고 그 통제된 조건 속에서 아동으로부터 자료를 입수하여 연구한다는 점에서 검사나 평가를 이용한 방법과 비슷하다. 이러한 연구방법은 자연스러운 상황에서 행동관찰을 통하여 아동을 연구하는 자연관찰법과 대비되며 그 장단점이 논의되고 있다(이순형 외, 2014).

실험연구는 인과관계를 알아보고 가설을 검증할 수 있는 사실상 유일한 방법으로, 알려져 있는 연구방법 중 가장 구조적이고 체계적이라는 점에서 중요하다. 즉, 실험연구는 통제된 실험상황에서 어떤 문제에 대한 결과가 발생할 것인가에 대한 해답을 체계적이고 논리적인 방법으로 제공되기 때문이다.

실험연구는 19세기부터 자연과학 분야에서 많이 사용되어 왔고, 20세기 이후로는 행동과학 분야에 적용되는 경우도 증가하고 있다. 하지만 다른 연구방법들보다 엄격한 조건을 요구하기 때문에 좋은 실험연구가 되기 위해서는 세밀한 계획과 정교한 절차가 필요하며, 심오한 인간행동 연구를 변수로 수량화하기는 어려운 점이 있기에 실험연구방법은 인간 연구에 적용하기에 상당한 한계가 있다.

3) 실험연구의 특징

실험연구의 특징으로는 독립변인의 조작과 조건의 통제 그리고 실험환경의 설정 개념을 이해할 수 있어야 한다. 독립변인의 조작이란 영향력을 밝히기 원하는 변인들을 독립변인으로 설정하는 것으로, 연구자가 인위적으로 조작한 현상을 검증해야 한다. 조건의 통제란 독립변인의 영향력을 명확하게 규명하기 위해 종속변인에 영향을 줄 수 있는 독립변인을 제외한 다른 조건은 엄격하게 통제되어야만 한다. 실험환경을 설정하여 통제해야 하는데, 이는 인위적으로 설정한 환경에서 연구를 실행하는 것이다(황혜정 외, 2014).

4) 실험연구의 개념

실험연구는 아동발달을 설명하는 이론이나 행동의 법칙을 먼저 발견하고 그 논리성을 검증하기 위하여 특정(실험) 집단의 조건을 통제하고 연구자의 필요에 따라 변수를 조작하여 나타나는 변화를 측정하여 분석하는 연구이다. 핵심 개념으로 독립변수(연구자 조작 가능), 종속변수(관심변수), 외생변수(제거),

조작과 통제 등을 이해해야 한다(이순형 외, 2014).

종속변수(dependent variable)는 관심이 있어서 결론적으로 알고 싶은 변수이고, 독립변수(independent variable)는 연구자가 필요에 따라 임의 조작할 수 있는 변수이다. 통제란 실험 처치(experimental treatment)의 효과를 정밀하게 정하기 위해서 조작되는 독립변수에 영향을 줄 수 없는 외생변수(extraneous variable)를 제거하는 것이다.

조작과 통제는 실험연구의 중요한 요소로, 측정한 자료가 객관적이기 위해 한 명 이상의 관찰자가 관찰해야 함을 의미하며, 실험 결과가 객관적이라는 것은 실험이 다른 연구자에 의해서 동일하게 반복 측정될 수 있다는 것을 의미한다(Pellegrini & Bjorklund, 1998).

실험연구는 현상의 인과관계(cause-and-effect relationships)에 관한 가설을 검증하기 위해 어떤 상황(행동)이 자연스럽게 일어나기를 기다리지 않고 연구자의 통제된 조건에서 행동을 인위적으로 측정하여 자료를 수집하는 연구방법이다. 보통의 경우 연구자는 실험 처치의 효과를 검증하기 위하여 실험 처치를 한 집단(실험집단, experimental group)과 하지 않은 집단(통제집단, control group)을 구별하고 그 결과를 비교한다.

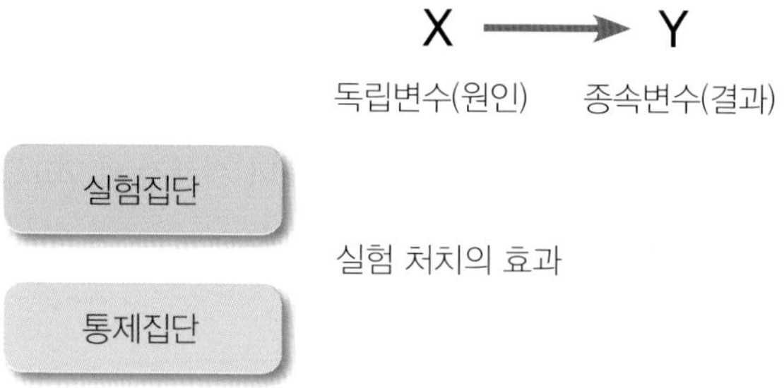

[그림 3-1] 실험연구의 인과관계

연구자는 예측된 결과를 산출하기 위해서 여러 상황을 조작하게 되는데, 연구 대상을 통제 상황에서 관찰하기 때문에 사건을 유발하는 요인을 쉽게 확인할 수 있다. 이렇게 조작된 처치에 따라 예측된 결과가 나오면 인과관계 추론이 가능하다. 그러나 유의해야 하는 것은 인간의 행동은 매우 복잡한 상황을 가지고 있기 때문에 실험 결과가 가설을 뒷받침해 준다고 해도 그것만으로 확실한 인과관계를 밝혔다고 단언하기 어려운 경우가 많다고 볼 수 있다.

5) 실험연구의 예

원인(조작=S)과 결과(반응=R)의 관계에 대한 실험연구의 예를 들면 다음과 같다. 실험연구를 위해 세 가지 실험 현장을 관찰하여 보기로 하고 아동의 폭력적인 행동을 유발하는 원인을 알아보니 놀이터(S1)에서는 아동의 폭력이 일어났고, 가정에서는 폭력이 일어나지 않았으며, 어린이집에서도 폭력이 일어나지 않았다. 이러한 실험현장으로 보면 아동의 폭력이 일어나는 원인은 놀이터라는 것을 알 수 있다.

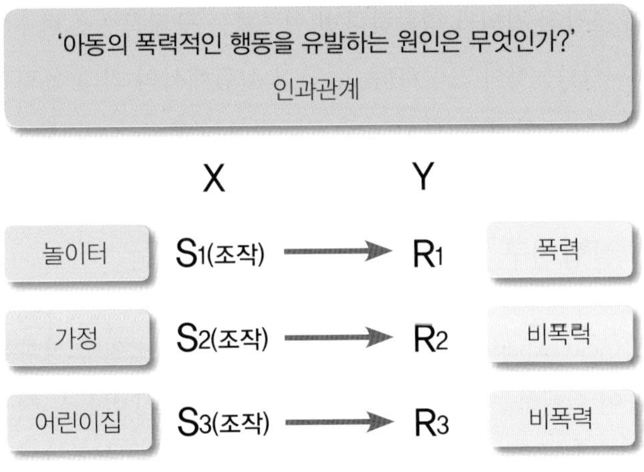

[그림 3-2] 아동의 폭력적인 행동을 유발하는 인과관계

2. 실험연구의 유형과 장단점

실험연구의 유형에는 실험실 실험연구, 현장 실험연구, 자연적 실험 등이 있다. 실험실 실험연구는 인위적으로 만들어진 상황에서 이루어지므로 조작의 효과가 실제 상황과 다를 우려가 있다. 통제 정도가 심한 실험일수록 실험실에서 이루어진 연구결과를 실생활에도 적용 가능한가라는 의문이 제기될 수 있다(Pellegrini & Bjorklund, 1998). 정교하게 고안된 실험실 놀이 상황에서 아동이 보이는 행동은 실제 놀이터에서 아동이 보이는 행동과 매우 다를 수 있다(이순형 외, 2014). 그러므로 영유아교육 현장에서는 현장 실험연구와 자연적 실험연구가 많을 수 있다.

1) 실험실 실험연구

실험실 실험(laboratory experiments)은 자연과학 실험과 가장 비슷하며 연구자가 연구 상황을 자유롭게 조작할 수 있다는 장점이 있다. 연구자가 관심을 갖는 변수의 조작적 정의가 명확하다면 연구자는 구체적으로 변수를 조작하고 정확하게 측정하는 것이 가능하다. 실험실 실험에서의 최대 목적은 오염되지 않은 상황에서 순수한 변수 간의 관계를 규명하는 것이다(이순형 외, 2014).

2) 현장 실험연구

현장 실험(field experiments)은 통제된 실험실이 아닌 일상 상황에서 독립변수를 조작하여 실행하는 실험을 의미한다. 현장 실험 시 아동은 현실적이고 익숙한 실험환경 속에서 자연스럽게 행동하기에 연구의 일반화 가능성이 높아진다. 그러나 현장 실험에서는 독립변수의 조작 자체가 쉽지 않을뿐더러 연구 대상자를 무선 표집하는 것이 어려운 경우가 많다. 또한 실험연구자가 전문 연구자가 아닌 경우 정교한 실험 적용이 어렵다는 단점도 있다(이순형 외, 2014).

3) 자연적 실험연구

자연적 실험(natural experiments)이란 아동의 행동에 영향을 미칠 수 있는 중요한 사건(예: 이사)이나 자연적으로 발생한 사건(예: 지진/교통사고)에 관한 연구가 될 수 있다. 실제 상황이 아니면 안 되는 연구의 경우 자연적 실험을 통해서 인과관계를 살펴볼 수밖에 없다. 그러나 엄밀한 의미에서 변수의 통제가 불가능할 수 있어서 학자에 따라 자연적 실험연구는 실험연구로 보지 않는 경우도 있다(이순형 외, 2014).

4) 실험연구의 장단점

실험연구의 장단점은 다음과 같다(황혜정 외, 2014).

(1) 장점

① 원인이 되는 변인을 조작함으로써 정확한 인과관계를 규명할 수 있다.
② 어떤 현상이 발생하기를 기다리기보다는 적극적으로 상황을 만들어 효과를 파악할 수 있어 실제적인 문제에 명확한 해답을 줄 수 있다.

(2) 단점

① 인간 행동을 탐구하는 데 있어서 제한된 변인만을 조작하여 연구하기 때문에 실험 결과를 실제 자연스러운 상황에 적용하기에는 한계가 있다.
② 변인의 처치와 조작이 가능한 경우에만 연구를 실시할 수 있다.
③ 연구를 고안하여 실시하는 데 많은 노력과 자원이 필요하다.

3. 실험연구의 절차와 기본 조건

1) 실험연구의 절차

실험연구를 하기 위해서는 다음과 같은 절차로 진행되어야 한다(황혜정 외, 2014).

① 연구목적 명료화
② 연구문제 또는 가설 설정
③ 변인 정의
④ 실험설계 방법 선택(통제)
⑤ 연구대상 선정
⑥ 측정도구 선정
⑦ 사전 연구 실시
⑧ 실험 처치 실시(실행)
⑨ 자료 수집 및 분석
⑩ 연구결과 일반화
⑪ 연구 보고서 작성

2) 실험집단과 비교집단의 이해

(1) 실험집단

실험집단(experimental group)은 실험조건을 조작하거나 처치를 가하여 그에 따른 결과를 검증하고자 하는 집단이며, 실험의 효과를 알아보기 위한 대상이 되는 집단이다.

(2) 통제집단 또는 비교집단

통제집단(control group) 또는 비교집단(comparison group)은 실험집단의 효과 검증을 위해 선정한 집단으로, 실험 처치가 이루어지는 조건 외의 모든 조건이 실험집단과 동일해야 한다. 실험집단은 조작을 가하는 집단이고 비교집단은 조작을 하지 않고 실험 처치에 영향을 받지 않도록 통제하는 집단이라서 통제집단이라고도 한다. 두 집단을 통해 실험 처치(조작)가 효과가 있는지를 검증할 수 있다.

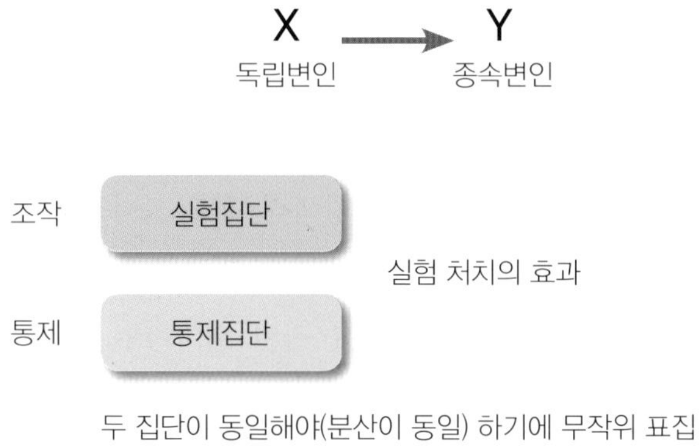

[그림 3-3] **두 집단을 통한 실험 처치 효과**

3) 실험변수의 조작과 통제

실험연구가 다른 연구와 차별화되는 중요하고 유일한 특성은 연구자가 독립변수를 직접 조작(manipulation)할 수 있다는 것이다. 독립변수를 조작한다는 것은 연구자가 관심 있는 결과를 알아보기 위하여 일정한 조건을 의도적으로 조작하는 것을 의미한다(이순형 외, 2014).

통제란 연구자의 관심 대상인 독립변수를 제외하고 종속변수의 변화에 영향을 줄 수 있는 다른 변수, 즉 외생변수의 영향을 제거하는 것인데, 그렇게 하면 순수한 X(원인)와 Y(결과) 관계를 알 수 있다.

4) 변인의 종류

변인(variable)은 숫자나 값이 부여되는 일종의 기호로 표시하며, X가 변인이라면 그것은 수치가 할당된 기호(symbol)이다.

(1) 연속적 변인과 비연속적 변인

연속적 변인은 주어진 범위 내에서 어떤 값도 가질 수 있는 모든 실수값을 가지는 변인으로, 키, 체중, 나이가 해당된다. 비연속적 변인은 특정 수치만을 가질 수 있는 변수로 지능점수, 학업점수가 해당된다(성태제, 2019).

(2) 양적 변인과 질적 변인

양적 변인은 나이, 성적, 지능지수, 창의적 태도, 자아개념, 흥미도와 같이 그 속성을 수량화할 수 있는 변인이다. 질적 변인은 명명척도에 해당하는 변인으로 부모의 학력 수준, 직업, 종교, 거주 지역, 취미처럼 몇 개의 유목으로 분류가 가능하지만 가감승제를 할 수 없고 서열화와 순위 등으로 값을 매길 수 없는 변인이다.

(3) 독립변인과 종속변인

독립변인(independent variable)은 실험자가 임의로 조작하는 처치변인으로서 실험 상황에 투입되고 연구결과의 변화를 유도하는 변인이다. 종속변인(dependent variable)은 실험 처치의 효과로 관찰되는 변인이다. 예를 들면, '컴퓨터 게임은 아동의 인지발달에 어떠한 영향을 미치는가?'에서 독립변인은 컴퓨터 게임이며 종속변인은 인지발달이다.

(4) 매개변인과 외재변인

독립변인 이외에 종속변인에 영향을 줄 수 있는 변인에는 통제변인, 중재변인, 매개변인, 오염변인이 모두 포함된다. 매개변인(intervening variable)이란 독립변인과 종속변인의 관계에 개입하는 변인이다. 외재변인(extraneous variable)이란 종속변인에 영향을 미칠 가능성이 있는 독립변인 이외의 모든 변인이다.

5) 변인을 통제하는 방법

실험연구에서는 외재변인을 최대한 통제하는 것이 중요하며, 외재변인이 종속변인에 의미 있는 영향을 미치지 않는 범위 내에서 실험연구를 수행해야 한다(이순형 외, 2014).

(1) 무선화(무선표집과 무선배정)를 통한 통제

무선표집은 표본의 대표성을 확보하기 위해서 모집단에서 피험자를 무작위로 뽑는 것이다. 무선배정은 집단의 동질성을 확보하기 위해서 피험자들을 실험집단과 통제집단에 무작위로 배치하는 것으로, 연구 참여자뿐만 아니라 관찰자, 실험도구, 실험 처치 등 실험에 관련된 인적·물적 조건을 무작위로 배정하는 것을 포함한다. 실험연구에서는 무선표집보다 무선배정이 더 실효성 있고 중요하다.

(2) 짝짓기(대응)

짝짓기란 연구 참여자들을 비슷한 조건으로 맞춰서 실험집단과 통제집단에 배정하는 방법이다. 짝짓기 방법은 무선화 방법과 함께 사용하면 집단의 동질성을 높일 수 있다. 표본의 수가 많지 않아도 사용 가능하다.

짝짓기의 구체적인 방법은 다음 세 가지이다(이순형 외, 2014). 첫째, 모든 실험집단에서 외생변수의 수준을 일정하게 고정시키는 방법이다. 성차가 있는 연구에서는 남아 또는 여아로만 연구를 할 수 있다. 둘째, 통제변수를 알고 있는 경우 참가자를 통제변수에 따라 사례별로 실험집단 수만큼 짝짓기한 후에 실험집단에 무작위로 배치하는 방법이다. 셋째, 특정 외생변수에서 분포가 동일한 집단을 필요한 수만큼 선정하고 그 집단에 속한 사람들을 모두 연구 참여자로 하는 방법이다(이은해, 이미리, 박소연, 2006).

(3) 공변량분석

공변량분석은 사전에 외생변수의 통제가 불가능한 경우 실험이 끝난 후에 자료 분석과정에서 외생변수의 영향을 통계적으로 제거하는 방법이다. 통제적 제거방법으로 초기 차이에 대한 종속변수의 점수를 조정한다. 즉, 초기 사전검사에서의 차이만큼 사후검사의 점수를 조절하는 것인데 변수 간 선형적 관계만 확인할 수 있다.

6) 척도의 종류

척도란 사물과 사람의 특성을 측정하고자 할 때의 측정 단위를 말한다. 척도의 종류로는 명명척도, 서열척도, 등간척도, 비율척도 등이 있다.

명명(nominal)척도는 사물을 구분·분류하는 척도로서 성별, 지역, 인종, 종교, 혈액형이 해당된다. 서열(ordinal)척도는 사물이나 사람 등의 상대적 서열이 가능한 것으로 상대적으로 크거나 작게 구분되며, 학년, 성적, 소득 수준, 등위, 키 순서 등이 해당된다. 등간(간격, interval)척도는 임의영점이 존재하고 동일한 측정 단위, 간격, 동일한 수치 차이를 부여할 수 있으며, 온도, 물가지수, 시험 점수, IQ 지수 등이 해당된다. 비율(ratio)척도는 절대영점이 존재하고 동일한 간격에 동일한 수적 차이를 나타내며, 길이, 무게, 소득 등이 해당된다. 절대영점이란 절대 단위로서 사람 수, 자동차 수 등 셀 수 있는 단위에 속하는 척도이다.

4. 실험연구의 타당도

실험연구의 타당도는 내적 타당도와 외적 타당도로 구분된다. '연구자가 실제 연구하는 대상이나 상황'을 통해 얻은 결과를 바탕으로 일반적인 현상에 적용 가능한 보편적인 지식을 중심으로 내적 타당도와 외적 타당도를 구분한다. 내적 타당도란 연구자가 실제 조사를 수행한 대상과 조건 내에서 독립변수가 종속변수에 미치는 영향을 얼마나 확신할 수 있는지를 확인해야 하는 것을 말하고, 외적 타당도는 조사가 진행된 대상과 표본을 넘어서 연구자의 조사 결과를 일반화시키는 문제를 말한다. 연구결과들이 연구대상뿐 아니라 그 외 대상에게도 일반화가 가능하다면 외적 타당도가 높은 것으로 판단한다.

1) 내적 타당도

내적 타당도는 두 변수 간의 인과관계를 추론할 수 있는 정도로, 종속변수에 영향을 주는 독립변수 이외의 다른 위협이나 요소들과 연관되어 있다. 다시 말하면, 실험연구결과가 어느 정도 독립변수에 기인한 것인가에 대한 문제이다. 외생변수에 영향을 받지 않은 종속변수의 변화만이 독립변수에 따른 결과라고 볼 수 있기 때문이다. 실험의 내적 타당도를 저해하는 외생변수의 철저한 통제를 통해 내적 타당도를 높일 수 있다(이순형 외, 2014).

2) 내적 타당도 저해요인

(1) 외부사건(우연한 사건, 역사)

외부사건은 원인이 결과에 영향을 미치는 것이 아니라 연구자의 의도와 관계없이 다른 사건이나 일이 개입된 경우를 말한다. 예를 들어, 보육교사들에게 자아존중감을 향상시키는 활동을 하면 스트레스가 감소될 것이라는 가설을 검증하기 위해 보육교사들을 대상으로 집단활동을 6개월간 실시하고 사전검사와 사후검사 결과를 비교했더니 사후검사 점수가 사전검사 점수보다 높았다. 그런데 이 기간 동안 보육교사를 위한 힐링 프로그램이 추진되어 매월 영화감상과 힐링비로 5만 원씩을 지급했다면 순수한 자아존중감 프로그램의 효과라고 보기는 어렵다.

(2) 성숙

성숙(maturation)은 시간의 흐름에 따라 실험 참가자들이 가지고 있는 특성이 변화되는 것을 말한다. 유아의 경우 인지능력의 변화가 독립변수의 영향이 아니라 발달상의 특징일 수도 있고, 트라우마를 경험한 경우 개입프로그램의 효과로 인해 상처의 치유가 아니라 트라우마를 경험한 시기로부터 어느 정도 시간이 지났기 때문으로 볼 수 있다. 실험대상이 인간인 이상 특성의 변화는 불가피하다.

(3) 검사효과

검사효과(testing effect)는 사전검사 민감도(pretest sensitization)라고 말할 수 있는데, 사전검사가 사후검사의 점수 변화에 영향을 미친 것을 말한다. 사전검사를 받은 참가자는 기억이나 학습 효과로 인해 사후검사에서 좀 더 나은 수행 결과를 보일 가능성이 높다. 특히 검사와 검사 사이의 기간이 짧을 때 내적 타당도를 저해하는 요소가 될 수 있고, 기억하기 쉬운 실제의 정보를 측정하는 실험연구에서 검사 효과가 쉽게 나타날 수 있다(이순형 외, 2014).

(4) 도구효과

사전검사와 사후검사를 서로 다른 검사 도구를 사용되거나 난이도가 동등하지 않은 검사를 실시했을 경우를 말한다. 또한 사전검사와 사후검사를 실시하는 요원이 다른 경우에도 실험의 내적 타당도가 떨어진다.

(5) 통계적 회귀

사전검사에서 너무 높은 점수를 받은 연구대상자들이 사후검사에서는 너무 낮은 점수를 받은 경우, 반대로 낮은 점수를 보인 사전검사 참가자들이 사후검사에서는 높은 점수를 받는 경우를 통계적 회귀라고 한다. 예를 들어, 취학 전 유아의 인지발달 촉진 프로그램을 진행하면서 지능점수가 낮은 유아만을 대상자로 선정한다면 이는 내적 타당도의 저해요인이 통계적 회귀가 되는 것이다.

(6) 참가자의 차별적 선정

참가자의 차별적 선정(differential selection of participants)은 이미 형성된 집단들을 비교할 때 많이 이루어진다. 연구의 시작 단계에서 참가자 특성에 차이가 있을 경우 내적 타당도를 위협할 수 있다. 예를 들어, 아동의 표현언어 능력을 향상시키는 프로그램의 효과를 실험하는 경우, 실험집단에 속한 아동들이 처치 이전에 이미 표현언어 수준이 높은 집단이었다면 그들이 실험 후 표현언어 능력이 향상되었다 해도 그것을 순수한 프로그램의 효과라고 보기 어렵다(이순형 외, 2014).

(7) 피험자 상실(중도 탈락, 실험 대상의 변동, 탈락)

탈락(mortality)이란 실험 대상자 중 일부가 실험도중 연구로부터 사망, 이사, 연구에 대한 흥미 감소 등의 사유로 중도 탈락하는 경우를 말한다. 실험과정에서 연구 참여자의 수가 감소되면 잘못된 실험결과를 도출할 수 있다.

(8) 선택과의 상호작용

일반적으로 실험집단과 비교집단을 구성할 때는 동질적인 집단으로 구성을 한다. 그런데 실험집단과 비교집단을 이질적으로 구성하는 편향된 선별을 할 경우 실험과정에 영향을 미치게 된다. 예를 들어, 그림책을 활용한 수학프로그램을 진행하면서 실험집단에 남자, 비교집단에 여자를 배치한 경우, 동일한 사전검사를 실시했다고 하더라도 성별에 따라 점수에 대한 민감성이 다르다면 사후검사 결과에 특정 성별이 영향을 더 높게 나타낼 가능성이 있다. 이렇듯 편향된 선별에 문제가 있는 경우 선택과의 상호작용에도 문제가 발생할 확률이 높게 된다.

3) 외적 타당도

실험의 외적 타당도는 실험의 대표성과 관련되어 있다. 실험결과를 어느 정도까지 일반화할 수 있는지 여부, 연구대상자가 달라져도 동일한 결과를 도출할 수 있는지 여부 등이다. 내적 타당도가 '인과관계'에 초점을 맞춘다면, 외적 타당도는 '일반화'에 초점을 맞춘다.

4) 외적 타당도 저해요인

(1) 표본의 대표성

표본의 대표성이란 연구에 참여한 대상자가 전체 모집단을 얼마나 잘 대표하는가를 말한다. 조사대상자들이 모집단을 잘 대표할수록, 표본의 크기가 클수록, 플라세보 효과가 낮을수록 외적 타당도는 높아진다.

(2) 실험조사에 대한 반응성

조사대상자가 자신이 실험에 참여하고 있다는 사실을 의식해서 평소와는 다른 행동을 보인다면 연구자가 예상한 결과와 전혀 다른 결과가 나타날 수 있다. 실험이 진행되는 동안 조사대상자가 자신에게 관심을 가지는 것에 대해 의식적으로 반응하는 것을 반동효과 또는 호손효과라고 한다. 실험조사에 대한 반응성을 줄이기 위해서는 연구자의 기대나 의도하는 바가 조사대상자에게 전달되지 않도록 주의하여야 한다.

(3) 플라세보 효과(위약효과, 가실험효과)

조사반응성의 한 유형으로 조사대상자들에게 실험처치나 개입이 주어지지 않았는데도 불구하고 마치 실험 처치를 받고 있는 것처럼 느껴지는 믿음으로 인해 실험처치를 받은 것과 유사한 효과를 나타내는 것을 말한다. 예를 들어, 가짜 약을 진짜 약인 줄 알고 먹었어도 진짜 약을 먹은 것처럼 그 효과가 나타나는 것을 말한다. 플라세보 효과가 개입되는 경우 외적 타당도는 떨어진다.

5) 내적 타당도와 외적 타당도 관계

일반적으로 내적 타당도가 높아지면 외적 타당도는 낮아지며, 외적 타당도에 신경을 쓰고 주의하다 보면 내적 타당도가 낮아지기 쉽다. 즉, 내적 타당도는 외적 타당도를 위한 필요조건이지만 충분조건은 아니라는 것이다. 내적 타당도가 높다고 해서 외적 타당도가 높은 것은 아니다. 단, 내적 타당도와 함께 외적 타당도를 올리는 것이 중요하다.

6) 내적 타당도와 외적 타당도 정리

- 내적 타당도(internal validity)는 실험에 의해 인과관계를 밝힐 수 있는가 그리고 독립변인(실험 처치)에 의해 실험의 결과를 얻었다고 확신할 수 있는 정도를 말한다.
- 외적 타당도(external validity)는 실험에서 얻은 결과를 다른 대상이나 다른 상황에 일반화시킬 수 있는가 그리고 현재의 실험 조건에서 얻은 결과를 그와는 다른 조건의 대상이나 상황에 일반화 가능한 정도를 말한다(황혜정 외, 2014).

제4장

조사연구

학습목표

1. 조사연구의 개념과 발전과정에 대해 알아보고 설명할 수 있다.
2. 조사연구의 절차에 대해 공부하고 이해할 수 있다.
3. 조사연구 시 유의점과 문제점에 대해 알아보고 설명할 수 있다.
4. 조사연구 방법에 대해 공부하고 이해할 수 있다.

학습개요

조사연구는 사람들에게 자신의 태도, 감정, 지각, 행동, 사회인구학적 특성에 대해 질문함으로써 자료를 수집하여 수행하는 연구이다. 조사연구에서 질문방법과 연구대상 선정과정은 연구의 질을 결정하는 데 중요한 부분을 차지한다. 조사연구 시 유의점으로는 타당하고 신뢰할 수 있는 도구(질문지, 면접지)를 제작해야 하고, 연구에 적합한 대상을 표집해야 하며, 사전연구를 실시해야 하고, 사용된 질문지나 면접지의 회수율이 높아야 한다. 또한 연구목적에 적합한 통계적 연구방법을 검토하여 자료를 분석해야 한다. 문제점으로는 응답률이 적을 경우 일반화의 어려움, 면접자 편향, 사회적으로 바람직한 방향으로 응답하기 등을 들 수 있다. 조사연구 방법으로는 질문지법과 평정척도 그리고 면접법 등이 있다.

주요용어

조사연구, 표집, 질문지법, 평정척도, 면접법

1. 조사연구의 개념과 발전과정

1) 조사연구의 개념

조사연구는 사람들에게 자신의 태도, 감정, 지각, 행동, 사회인구학적 특성에 대해 질문함으로써 자료를 수집하여 수행하는 연구이다(이순형 외, 2014). 조사연구 방법은 질문지나 전화면접, 인터넷 설문 등 누구나 한 번쯤은 접해본 친숙한 방법들이다. 부모들의 보육 서비스 만족도, 취업부모의 자녀 양육 스트레스 정도, 우리 반에서 제일 좋아하는 친구 조사, 문제 상황 그림카드를 통한 대처능력 조사 등이 조사연구의 예이다(이순형 외, 2014).

2) 조사연구의 발전과정

조사연구는 경험과학연구에 있어서 가장 많이 사용되는 연구방법의 하나로 오랜 역사를 지니고 있으며, 고대 이집트에서 인구조사와 농산물의 수확량을 파악하고 세금을 부여하기 위한 목적으로 처음 사용되었다(황해익 외, 2016). 20세기경 사회학자(Lazarsfeld, Hyman, Stoufffer)들이 자료를 수집하고 자료를 통계적으로 분석하여 결과를 논리적으로 해석함으로써 조사연구 방법을 발전시켰으며, 최근에는 여론조사를 위하여 조사연구를 자주 사용하고 있다(성태제, 시기자, 2020).

2. 조사연구의 절차

조사연구에서 자료 수집 시 전적으로 연구대상자의 응답에만 의존하므로 적절한 반응을 이끌어 낼 수 있는 질문을 하지 못했거나 전집을 대표할 수 있는 연구대상을 선정하지 못했을 때 오류가 발생할 수 있다(황해익 외, 2016). 그러므로 조사연구에서는 질문방법과 연구대상 선정과정이 연구의 질을 결정하는 데 중요한 부분을 차지한다(이은해, 이미리, 박소연, 2006). 성공적인 조사연구를 수행하기 위한 일반적 절차는 다음과 같다(김석우, 최태진, 2007).

1) 연구문제 확인

제일 먼저 연구자가 관심을 가지고 있는 분야에서 연구문제가 될 만한 것을 인식하고 연구목적과 연구문제를 구체화해야 한다. 이에 따라 조사할 영역과 구체적인 조사 내용이 정해지는데, 무엇보다도 이 단계에서는 자신의 연구 목적, 연구문제에 가장 적합한 방법인지를 사전에 심사숙고해야 한다(황해익 외, 2016).

2) 조사설계 수립

연구문제에 따라 조사 대상을 확정하고, 자료 수집 방법과 절차, 구체적인 표집방법을 선정하며, 필요한 설문지나 면접지를 개발하고, 조사 일정을 확정하며, 필요에 따라 조사자와 면접자의 훈련 계획을 수립해야 한다(황해익 외, 2016).

3) 표집방법 선정

모집단을 확인하는 것이 조사연구 과정의 시작이라고 볼 수 있으며, 모집단을 규정하고 표집을 위한 대상자의 목록을 확보할 가능성을 파악해야 한다. 이에 따라 모집단의 속성을 대표할 수 있는 표집을 선정하기 위해서는 표집을 수행하기 전에 표집방법을 선택해야 한다(성태제, 2019).

(1) 비확률표집법

대부분의 조사연구에서는 참여자를 모집하기 위해 비확률표집법을 사용한다. 이 방법의 장점은 특정한 집단을 선정하기 위해 많은 시간과 비용을 들이지 않고서도 조사 대상을 모집할 수 있다는 점이다. 한 집단에서 얻은 연구결과가 다른 집단에는 해당되지 않는다고 할 만한 뚜렷한 증거가 없는 경우에는 일반화할 수 있는 것으로 가정할 수 있으며, 일반화에 문제가 있을 것으로 의심될 때는 그 자체를 하나의 연구 가설로 삼아 연구를 수행할 수도 있다(이순형 외, 2014).

비확률표집으로는 편의표집과 할당표집 등이 있다. 편의표집(convenience sampling)은 접근하기 쉬운 사람들을 대상으로 한다. 예를 들어, 아동의 어머니가 대상인 경우는 가까운 동네 아파트의 놀이터에서 표집하는 것이다. 할당표집(quota sampling)은 모집단을 이루는 하위 집단들의 구성 비율에 맞춰 표본을 선정하는 방법이다. 예를 들어, 7세 자녀 취업모(40%)/전업주부(60%)를 표집해야 한다면 비율에 맞게 선정하는 것이다.

(2) 확률표집법

① 단순무선표집(simple random sampling)

특별한 의식적인 조작 없이 표본을 추출하는 방법이다. 모집단에서 개개 요소 모두 동등한 독립된 기회를 가진 절차에 따라 표본의 구성원으로 선택하는 표집법으로 각 표본들의 요소는 상호 '독립적'이어야 한다. 필요조건으로는, 첫째, 모집단의 사례가 충분히 커야 한다. 둘째, 표집을 하는 동안에 모집단의 자체에 변동이 없어야 한다. 예를 들어, 난수표 사용, 제비뽑기 등이 해당된다. 장점으로는 모집단에 대해 최소한 정보만 알고 있어도 되며, 자료 분석이나 오차 계산이 용이하다. 단점으로는 연구자가 이전에 알고 있던 지식이 활용되지 않으며, 같은 표본 크기일 때 유층표집보다 큰 오차가 생길 수 있다.

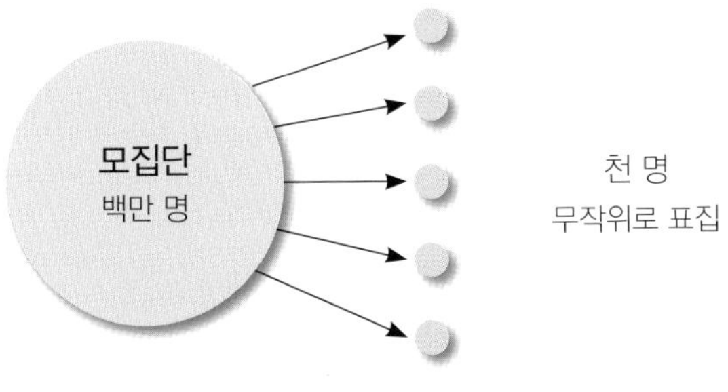

[그림 4-1] **단순무선표집**

② 층화무선표집(stratified random sampling)

전집이 특정 하위 집단으로 분류될 수 있을 경우 전집 내 하위 집단의 구성 비율에 맞추어 표집하는 방법으로, 표본과 모집단의 동질성을 확보하고 표본의 대표성을 높인다.

장점은 표본의 크기를 줄일 수 있으며, 표본과 모집단의 동질성 확보로 대표성을 높일 수 있다는 것이다. 단점은 우선적으로 모집단의 특성을 알고 있어야 한다는 것이다. 예를 들면, 보육정책에 대한 부모(유치원 부모 100명)의 태도 조사에서는 다음과 같이 층을 나누어 비율에 맞게 무선표집을 할 수 있다.

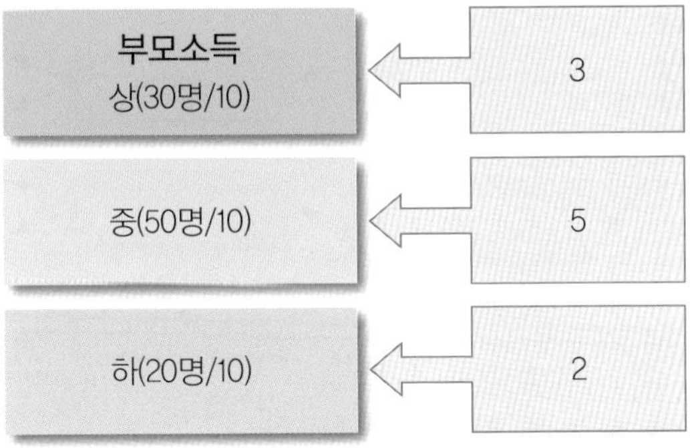

[그림 4-2] **층화무선표집**

- 부모연령대
- 소득 수준
- 맞벌이 여부

③ 군집표집(cluster sampling)

기존에 형성되어 있는 집단을 표집 단위로 하여 추출하는 방법이다. 표집의 단위가 개인이 아닌 자연적 또는 행정적 집단이며, 전집을 집단 단위로 나누고 몇 개 집단을 무선으로 선정하여 그 집단 구성원 모두를 표본으로 선정한다. 장점으로는 군집 속에서 조사 대상자를 선정함으로써 조사과정이 간편하며, 노력과 비용이 절감된다. 단점으로는 단순무선보다는 오차가 크며, 표집오차가 크게 나타난다. 보완점으로는 단순무선표집보다 최소한 2배 이상의 표본을 선정하는 것이 바람직하다.

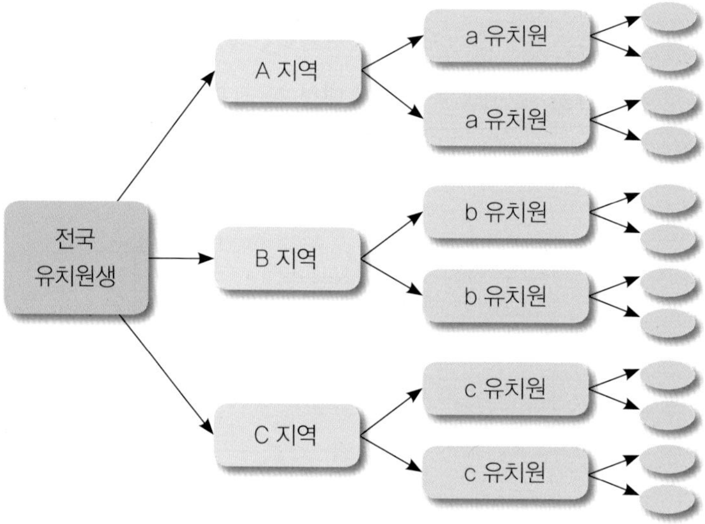

[그림 4-3] **군집표집**

4) 조사 실시

실제 조사를 실시하는 단계로, 본조사를 실시하기 위해 예비조사를 통하여 조사과정에서 일어날 수 있는 문제를 발견한 뒤 대규모의 조사를 실시하는 것이 바람직하다. 조사 실시는 조사연구의 단계에서 가장 많은 시간이 소요되며, 응답률을 높이기 위해서는 미응답자에 대한 적절한 독촉, 적절한 보상 등이 필요할 수 있다(황해익 외, 2016).

5) 자료 입력과 점검

수집된 설문 자료 혹은 면접 자료를 같은 개념으로 유목화하고 척도에 따라 코딩하는 과정이다. 대규모 조사연구에서는 불성실하게 응답하거나 불완전하게 응답한 자료가 종종 발생하기 때문에 데이터에 대한 스크리닝 과정을 통해서 신뢰성을 검토하는 과정이 필요하며, 이 과정을 거친 후에는 정리된 자료를 입력해야 한다(황해익 외, 2016).

〈설문지 코딩의 예〉

1. 귀하의 성별은?
1) 남성　2) 여성

2. 귀하의 학력은?
1) 고졸　2) 전문대졸　3) 대졸　4) 대학원졸

3. 귀하의 거주 지역은?
1) 서울　2) 경기　3) 강원　4) 충청　5) 대전
6) 세종　7) 전라　8) 경상　9) 부산　10) 제주

4. 귀하의 연령은? 만 (　　) 세

5. 다음은 당신의 스트레스 수준에 대한 질문 문항이다.

5-1) 나는 직장에서 스트레스를 받는다.

전혀 아니다	아니다	보통이다	그렇다	매우 그렇다
1	2	3	4	5

5-2) 나는 가정에서 스트레스를 받는다.

전혀 아니다	아니다	보통이다	그렇다	매우 그렇다
1	2	3	4	5

5-3) 나는 주변 사람들로 인해 스트레스를 받는다.

전혀 아니다	아니다	보통이다	그렇다	매우 그렇다
1	2	3	4	5

5-4) 나는 가족들로 인해 스트레스를 받는다.

전혀 아니다	아니다	보통이다	그렇다	매우 그렇다
1	2	3	4	5

5-5) 나는 경제적인 문제로 인해 스트레스를 받는다.

전혀 아니다	아니다	보통이다	그렇다	매우 그렇다
1	2	3	4	5

출처: 양병화(2013).

6) 자료 분석

자료 분석이란 연구문제에 따라 자료를 통계 분석하는 과정이다. 조사연구에서 수집되는 자료는 기본적으로 기술통계 분석이다. 기술통계에서는 질문지의 각 문항별로 응답자들의 응답 빈도와 백분율을 제시하며, 시각적인 정보제공을 위해서는 그래프로 제시할 수 있다. 그리고 두 개 이상의 집단 간 응답빈도를 비교하기 위해서 교차표를 제시하기도 한다(황해익 외, 2016).

등급	빈도수	누적빈도	누적백분율
60점 이하	8명	8	16
60~70점	9명	17	34
70~80점	15명	32	64
80~90점	11명	43	86
90~100점	7명	50	100(%)

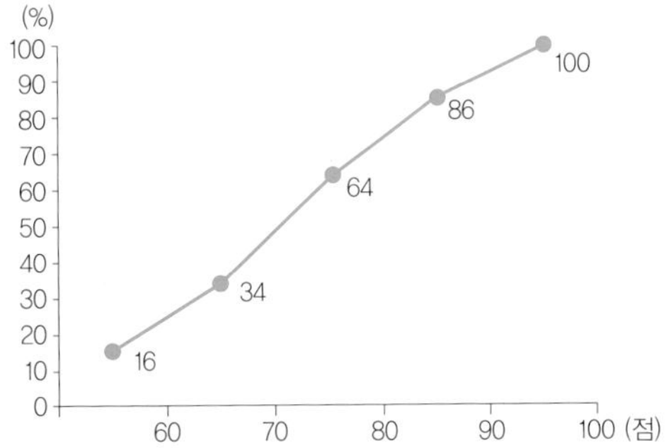

[그림 4-4] 기초통계분석 및 꺾은선그래프

7) 보고서 작성

자료 분석이 끝난 경우에는 결과를 정리하여 연구 보고서를 작성해야 한다. 보고서에는 조사의 결과뿐만 아니라 연구목적, 연구문제, 연구방법 등을 요약 정리하여 모두 제시해야 한다. 일반적으로 조사연구는 이면의 내용을 깊이 있게 다루지 못하며, 정보의 깊이보다는 범위가 강조될 가능성이 많다(황해익 외, 2016).

3. 조사연구 시 유의점과 문제점

1) 조사연구 시 유의점

조사연구 시 유의점은 다음과 같다(성태제, 시기자, 2020).

(1) 타당하고 신뢰할 수 있는 도구(질문지, 면접지)를 제작해야 한다

타당하지 못하고 신뢰할 수 없는 질문지 또는 면접지를 사용하면 연구결과 역시 타당하지 못하고 신뢰할 만하지 않을 것이기 때문이다.

(2) 연구에 적합한 대상을 표집해야 한다

조사연구는 모집단을 대표하는 표본을 추출하여 모집단의 특성을 분석하고자 연구대상을 표집하는 데 특히 주의를 기울여야 한다. 만약 표집의 대표성을 상실하면 연구결과를 일반화하는 데 문제가 발생할 수 있다.

(3) 사전연구를 실시하여야 한다

본연구에서 나타날 수 있는 문제점을 최소화하거나 미리 제거하여 신뢰할 수 있는 본연구를 진행할 수 있도록 사전연구를 실시해야 한다.

(4) 사용된 질문지나 면접지의 회수율이 높아야 한다

일반적으로 질문지나 면접지의 회수율이 낮을 경우, 연구의 목적이 적합하지 않거나 연구대상 수준에 맞지 않을 경우가 있다. 이러한 부족한 회수율에 따라 다른 연구결과가 나타날 수 있다.

(5) 연구목적에 적합한 통계적 연구방법을 검토하여 자료를 분석해야 한다

연구목적을 구체화하고 그에 따른 가설을 검증할 수 있는 정확한 통계방법을 사용하여 자료를 분석해야 한다. 집단 비교분석(차이분석), 상관분석, 효과분석(회귀분석) 등 연구의 목적 및 연구문제에 따라 적합한 통계방법으로 자료를 분석하여 타당한 분석 결과가 나오게 해야 한다.

2) 문제점

(1) 응답률

조사연구에서 응답률은 실제로 조사에 응답한 사람들의 비율이다. 예를 들어, 1,000명에게 질문지를 배부했는데 500부의 응답지가 회수되었다면 응답률은 50%가 된다. 응답률이 낮을수록 그러한 표본 편향이 연구결과를 왜곡하고 결국은 결과를 모집단 전체에게 일반화하기가 어려워진다(이순형 외, 2014).

(2) 면접자 편향

면접자가 여러 명일 경우 면접자 간에 외모, 연령, 성별 등이 다르므로 어떤 면접자와 면접을 하는가에 따라서 응답자의 응답이 다르게 나타나며, 면접자의 기대가 응답을 해석하면서 추가적인 질문을 할 때 편향을 일으킬 수 있다. 즉, 면접자의 어떤 특성이 응답자의 특정한 응답에 대해 미묘하게 수용적이거나 거부하는 반응으로 보여 응답을 특정한 방향으로 치우치게 할 수 있다(이순형 외, 2014). 편향을 최소화하기 위해 면접자를 선발하고 훈련하는 과정은 철저해야 한다.

(3) 반응 유형

개인적인 편향으로 응답하는 반응 유형은 아동에게는 일어나지 않지만, 가장 흔히 볼 수 있는 반응은 사회적으로 바람직한 방향으로 응답하는 것인데, 이는 같은 응답을 반복하는 경우이다. 조사연구에서 민감한 주제에 대해 조사를 하려면 익명성이 보장되는 질문지나 전화면접을 사용하는 것이 면대면 면접보다 정확한 자료를 얻는 데 도움이 된다. 연구의 목적을 명확하게 설명하고 연구결과에 대해 추후에 알려 줄 것과 익명성 보장을 약속하는 것도 솔직한 응답을 이끌어 내는 데 도움이 된다(이순형 외, 2014).

4. 조사연구 방법

1) 질문지법

(1) 질문지법의 정의

질문지법(questionnaire method)은 조사연구에서 자료 수집을 위해 가장 흔히 사용하는 것으로, 어떤 문제나 사물에 관한 필요한 사항을 조사하기 위하여 주로 객관적인 사실이나 주관적인 의견 및 태도 등을 파악하는 방법이다. 질문지는 교육심리학자 홀(Hall)이 1891년 보스턴의 초등학교에 입학하는 아동의 심리적 내용에 관한 연구를 하면서 사용하기 시작하여 오늘날에는 교육심리 분야에서뿐만 아니라 사회조사 전반에 걸쳐서 널리 사용되고 있다(황해익 외, 2016).

〈질문지 제작 시 고려해야 할 점〉

- 질문지를 통하여 꼭 필요한 정보를 얻을 수 있는가?
- 응답자가 응답하기 편한 내용인가?
- 질문지의 미흡한 부분을 보완할 수 있는 신뢰할 만하고 타당하며 다양한 자료수집 방법은 없는가?
- 질문에 응답하기 쉽게 최대한 문항 수를 축소하여 꼭 필요한 사항만 묻고 있는가?
- 질문 응답이 응답자에게 불이익이 없다는 사실을 충분히 인식시켰는가?

(2) 질문지 문항의 형식

① 폐쇄형 질문과 개방형 질문

폐쇄형 질문은 구조화된 접근으로서 응답을 코딩 처리하고 모든 사람에게 동일한 질문을 부여하는 형식이다. 이 질문은 응답하기에 편리하며 반응을 수량화하여 분석하기 용이하다. 한편, 주어진 응답 보기들이 다양하지 않을 때 응답하기 곤란하다는 문제가 있다.

개방형 질문은 비구조화된 접근으로서 탐색적 연구로 주어진 질문에 자유롭게 자신의 생각과 의견을 답을 하는 형식이다. 응답을 얻은 후에 유형별로 다시 나누고 분류해야 하므로 시간과 비용이 더 많이 든다(이순형 외, 2014).

탐색적인 연구를 하는 단계에서는 폐쇄형 질문 이후에 들어가야 하는 질문을 파악하는 데 유용하다. 폐쇄형 질문과 개방형 질문 중 어떤 것을 사용하는가는 궁극적으로 조사연구의 결과에 영향을 미칠 수 있다.

〈개방형 질문의 예〉

문 1. 당신이 가장 좋아하는 TV 프로그램은 무엇입니까?

문 2. 당신은 TV 프로그램이 공익성을 갖추기 위해 필요한 것이 무엇이라고 생각하십니까?

문 3. ○○백화점에서 물건을 살 때 어떤 점에 만족하셨습니까? 혹은 어떤 점이 만족스럽지 않으셨습니까?

문 4. ○○백화점에서 가장 최근 이용한 매장은 어디입니까? 그 매장에서 근무하는 영업사원의 서비스는 어떻다고 생각하셨습니까?

〈폐쇄형 질문의 예〉

문. 다음 항목 중 좋아하는 구기운동의 종목에 모두 ∨표 해 주세요.
야구(　　) 농구(　　) 축구(　　) 배구(　　) 탁구(　　) 기타(　　)

문. 귀하께서는 뷔페에 가셨을 때 어느 정도의 식사를 하십니까? 귀하를 가장 잘 나타내는 문장에 ∨표 해 주세요.

① 본전 생각이 나지 않도록 숨 쉬기 힘들 정도로 먹는다. (　　)
② 평소 먹던 양보다 조금 더 먹는 편이다. (　　)
③ 대화를 주로 하기 때문에 많이 먹지 않는다. (　　)
④ 뷔페에 가 본 적이 없다. (　　)

출처: 양병화(2013).

〈표 4-1〉 폐쇄형 질문과 개방형 질문 비교

	개방형 질문	폐쇄형 질문
문항제작 시간	• 문항을 제작하는 데 비교적 시간이 적게 걸린다.	• 문항을 제작하는 데 시간이 많이 걸린다.
응답시간	• 응답하기가 어렵고 시간이 많이 걸릴 수 있다.	• 더 쉽고 빠르게 응답할 수 있다.
응답방식	• 응답자가 자유롭게 응답할 수 있다. • 자유롭게 기술하기 때문에 충실하게 응답하지 않을 수 있다. • 폐쇄형 질문지를 만들기 전에 응답 가능한 반응을 탐색하는 데 사용할 수 있다.	• 제한된 응답범주에 따라 응답해야 하므로 응답자에게 자유가 없다. • 응답방식이 간단하므로 모든 질문에 대해 충실하게 응답할 수 있다. • 응답자가 자유롭게 답할 수 있도록 질문지의 끝에 개방식 질문문항을 넣을 수 있다.
응답자의 문제제기	• 응답자가 새로운 문제를 제기할 수 있다.	• 응답자가 새로운 문제를 제기할 수 없다.
코딩	• 다수의 질문인 경우에 코딩하기가 어렵다.	• 코딩이 쉽다.

출처: 조성연, 이정희, 황혜정(2008).

② 질문 작성 요령

- 예비조사를 한다(이를 통해 이해 못하는 용어, 반응이 곤란한 문항 제거).
- 질문 내용을 쉽고 간단 명료하게 한다.
- 한 문항에 두 개의 질문은 피하고 두 개로 나누어서 질문한다.
- 부정문보다는 긍정문으로 한다.
- 예비조사 후 본조사 문항 제작을 위하여 응답 대안을 어떻게 해석했고 어떻게 반응했는지를 알아보는 것이 중요하다.
- 응답 시간은 성인의 경우 20~30분, 아동의 경우는 15분 미만으로 한다.
- 응답자를 익명으로 해야 회수율이나 응답의 신빙성이 높아진다.

③ 질문 순서

- 일반적으로는 가장 흥미롭고 중요한 질문을 먼저 하여 응답자의 주의를 끄는 것이 최선이다.
- 응답하기 쉬운 질문들을 처음에 배치하여 응답자가 긴장하지 않고 편안한 마음으로 끝까지 조사에 참여할 수 있도록 한다.
- 민감한 질문은 나중에 하는 것이 좋으며, 이런 질문에 대한 응답이 연구에 반드시 필요한지를 고려하여 그렇지 않으면 질문 목록에서 제외해야 한다.

(3) 질문지법의 장단점

① 장점

- 비용이 적게 들어 경제적이고 상대적으로 제작이 간편하다.
- 수집하는 정보에 따라 조사 대상자의 신분을 비밀로 하여 사실적으로 자신의 생각을 밝힐 수 있다.
- 면접이나 관찰에서 파악하기 쉽지 않은 생활 경험이나 심리적 경험을 조사하는 데 효과적이다.
- 지시와 문항이 모든 응답자에게 동일하게 구조화되어 있어서 도구로서의 신뢰도가 높다.

② 단점

- 응답자의 문장 이해력과 표현능력에 크게 의존하기에 인지능력이 부족한 대상(아동이나 문맹자)에게는 적용하기 어렵다.
- 응답률이 적을 경우 편파적 표집의 가능성이 많다.
- 구조화되어 융통성이 부족하고 응답하는 상황을 고려하지 못한다.
- 면접에서는 흔히 응답자의 행동과 표정 그리고 뜻하지 않은 상황을 관찰할 수 있으나 질문지법에서는 이러한 자료가 수집되지 않는다.

(4) 설문조사의 예

〈아동수학교육에 대한 교사의 인식에 관한 질문지〉

※ 다음은 선생님의 인적 사항에 대한 질문입니다. 빠짐없이 대답해 주시기 바랍니다.

소속	
교사연령	만 (　　　)세
교사성별	남(　　　) 여(　　　)
교사경력	만 (　　　)
직위	원감(　　　) 주임교사(　　　) 교사(　　　)
학력	전문대졸(　　　) 대졸(　　　) 대학원재(　　　) 대학원졸(　　　) 기타(　　　)
전공 여부	유아교육 전공(　　　) 관련학과 전공(　　　) 보육교사교육원(　　　) 기타(　　　)
현 소지자격	원장(　　) 원감(　　) 어린이집 원장(　　) 유치원정교사 1급(　　　) 유치원정교사 2급(　　　) 보육교사 1급(　　　) 보육교사 2급(　　　) 보육교사 3급(　　　) 기타(　　　)

문항	내용	전혀 중요하지 않다	중요하지 않다	보통이다	중요하다	매우 중요하다
1	기본적인 수학적 개념과 기술을 익힌다.	1	2	3	4	5
2	수를 읽고 쓸 수 있는 능력을 기른다.	1	2	3	4	5
3	수학적으로 추리, 사고하는 기초능력을 기른다.	1	2	3	4	5
4	수학적 사고나 상황을 그림, 상징, 언어, 도표 등의 표현으로 의사소통할 수 있는 능력을 기른다.	1	2	3	4	5
5	수학적 계산능력의 기초를 기른다.	1	2	3	4	5
6	수학적 지식을 활용할 수 있는 문제해결능력을 기른다.	1	2	3	4	5

7	수학적인 문제상황에 창의적으로 접근할 수 있는 능력을 기른다.	1	2	3	4	5
8	수학에 대한 자신감을 갖게 한다.	1	2	3	4	5
9	일상생활에서 수학적 경험을 즐기고 수학의 가치를 인식한다.	1	2	3	4	5

10. 하루 일과 중 수학을 지도하기에 가장 좋은 활동시간은 어떤 시간이라고 생각하십니까?

____ ① 자유선택활동 ____ ② 게임 ____ ③ 간식
____ ④ 이야기 나누기 ____ ⑤ 동시, 동화 ____ ⑥ 요리활동
____ ⑦ 작업 ____ ⑧ 노래 ____ ⑨ 바깥놀이
____ ⑩ 음률시간 ____ ⑪ 신체활동 ____ ⑫ 기타( )

11. 선생님께서 아동들의 수학적 개념발달을 위해 일상적인 일과 또는 생활에서 가장 잘 활용할 수 있는 활동은 무엇입니까? 구체적인 활동명이나 방법을 기록해 주십시오.

① 활동명:
② 활동방법:
③ 교육과정 관련 내용과 다루어지는 범위:

2) 평정척도

(1) 숫자척도

숫자척도(numerical scale)는 질문에 대한 응답 범주에 일련의 번호를 부여하여 하나의 답을 선택하게 하는 질문응답 형태이다. 숫자는 명시되는 경우와 순위나 단계 정도를 알아보는 것도 있다. 아동의 경우는 단어, 문구, 그림으로 나타내어 아동의 생각과 가장 일치하는 것을 선택하도록 하는 경우도 있다.

예를 들면, 성인의 경우는 5점 척도로 '매우 그렇다-그렇다-보통이다-그렇지 않다-전혀 그렇지 않다'로 응답을 제시하고 응답자가 그중에서 선택할

수 있다. 어린 아동은 척도를 단순화하여 3점 척도로 '그렇다–보통이다–그렇지 않다'로 선택할 수 있게 한다. 때로는 문자와 숫자로 제시된 척도를 이해하기 어려운 경우는 단순화된 그림으로 표현된 척도를 사용하는 경우도 있다. 예를 들면, '활짝 웃는 표정, 살짝 웃는 표정, 중립적인 표정, 살짝 찡그린 표정, 많이 찡그린 표정'의 그림을 보여 주고, 이 중에 가장 자신의 기분과 가까운 표정을 고르도록 하는 것이다.

(2) 도식척도

도식척도(graphic rating scale)는 양극단에 서로 반대되는 문구를 인식하여 응답자가 자신의 생각을 응답으로 표시하도록 하는 형태이다.

〈도식척도의 예〉

부모님은 아동용 만화영화를 보고 난 후 어떤 점을 느끼셨나요?

별로 폭력적이지 않다.	매우 폭력적이다.
별로 교육적이지 않다.	매우 교육적이다.
별로 도움이 되지 않는다.	매우 도움이 된다.

(3) 의미분화 척도

의미분화 척도(semantic differential scale)는 개념의 의미를 수량화하여 측정하는 것이다. 가령, 어떤 대상에 대해 평가를 하고자 할 때 상반되는 두 개의 형용사 사이에 놓인 7점 척도 평정을 예로 들 수 있다.

〈의미분화 척도의 예〉

아동들에게 질문 내용: 부모가 자신에게 야단을 칠 때 어떤 생각이 드나요?

좋다	├─┼─┼─┼─┼─┼─┤	나쁘다
강하다	├─┼─┼─┼─┼─┼─┤	약하다
밉다	├─┼─┼─┼─┼─┼─┤	예쁘다
똑똑하다	├─┼─┼─┼─┼─┼─┤	바보 같다

(4) 리커트 척도

리커트 척도(Likert scale)는 특정 주제에 대해 작성된 다양한 질문에 응답자가 답하게 되어 있는 형태이다. '매우 동의한다'부터 '매우 반대한다'까지 다섯 개 응답 범주를 제시하는 것이 가장 전형적인 5점 리커트 척도이다. 질문들은 무작위로 배열하여 응답자가 각자 자신의 의견과 가장 가까운 응답을 선택하여 체크하게 한다.

〈리커트 척도의 예〉

'조기영어교육'에 대한 태도를 학부모들에게 질문

다음의 문항들에 〈보기〉와 내용을 살펴보신 후 찬성 또는 반대하는 정도를 체크해 주세요.

〈보기〉
1=매우 찬성, 2=찬성, 3=찬성도 반대도 아님, 4=반대, 5=매우 반대

1. 조기영어교육은 영유아의 영어 실력을 높일 것이다.	1 2 3 4 5
2. 조기영어교육은 영유아기관에서 실시하는 것이 현실성이 있다.	1 2 3 4 5
3. 영어교육은 조기에 하는 것이 효과적일 것이다.	1 2 3 4 5
4. 조기영어교육은 부모들의 요구를 반영하고 있다.	1 2 3 4 5
5. 현재 조기영어교육의 영유아 기관 실시는 개선의 여지가 많다.	1 2 3 4 5

3) 면접법

(1) 면접법의 정의

면접법(interview method)은 언어적 표현이 가능한 아동이나 부모 또는 교사와 직접 만나서 언어적인 반응을 통하여 여러 가지 자료를 수집하는 방법이다. 특히 면접법은 인지적 영역뿐만 아니라 아동이나 부모의 태도, 흥미, 이성 등에 관한 정보를 얻기 위해 사용한다. 이러한 면접법에서는 면접 대상자의 상황에 따라 융통성 있게 질문을 하고 질문에 대한 응답뿐만 아니라 감정, 태도, 표정, 어투 등 비언어적인 행동이나 주변 환경과 같은 정보도 함께 관찰할 수 있으므로 다양한 정보를 많이 얻을 수 있다(황해익 외, 2016).

면접법을 사용하면 면접자와 응답자 간에 라포를 형성할 기회가 있으므로 응답자가 조사에 더 깊이 참여하게 되는 장점이 있다. 또한 응답자는 면접자와 대화하는 것이 즐거울 수도 있고 질문이 명확하지 않을 때 추가로 물어 질문을 제대로 이해하고 응답할 수도 있다(이순형 외, 2014).

(2) 면접법의 유의사항

- 면접에서 면접자의 역할은 매우 중요하다.
- 면접자는 객관적인 입장에서 공평해야 하며 우호적인 태도를 취해야 한다.
- 특히 성공적인 면접을 위해서는 면접자의 자질이 중요할 뿐만 아니라 면접대상자의 협조가 필수적이다.
- 면접 대상자가 면접에 응할 태세를 갖추고 있어야 면접이 순조롭게 진행될 수 있기 때문이다.
- 면접자는 면접 대상자가 면접에 협조적이고 수용적인 태도를 갖도록 친밀한 관계(라포)를 형성하기 위해 노력해야 한다(이종승, 2009).

(3) 면접법의 유형

① 구조화 정도에 따른 분류

구조화된 면접(structured interview)은 표준화된 면접이라고도 하며, 사전에 체계적인 계획을 세워 질문의 내용이나 순서를 정해진 계획에 따라 진행하는 면접방법이다. 질문지처럼 가능한 응답의 보기를 제시하고 그중에서 선택하도록 할 수도 있다. 미리 정해진 좁은 영역의 주제에 대한 자료를 조사할 때 사용한다(이순형 외, 2014).

비구조화된 면접(unstructured interview)은 면접 계획은 세우되 목적을 명백히 하고, 방법은 면접 목적에서 크게 벗어나지 않는 한 면접자에게 일임하는 방법이다. 면접자는 수동적이고 비지시적인 입장에서 면접을 진행하며 응답자에 따라 다른 방식으로 면접을 진행할 수도 있다(이순형 외, 2014).

② 면접 대상자의 수에 따른 분류

개별면접은 면접자와 면접 대상자가 일대일로 면접을 하는 방법으로 단독면접 또는 단독-개별면접이 있다. 집단면접은 면접자와 면접대상자 중 어느 한쪽이 두 명 이상이거나 양쪽이 모두 두 명 이상으로 구성되어 한 장소에서 면접이 동시에 이루어지는 방법이다.

(4) 면접법의 장단점

① 면접법 장점

- 질문지에서 얻을 수 없는 심층적이고 상세한 정보를 얻는다.
- 다른 평가방법과 병행하여 사용이 가능하다. 예를 들어, 질문지를 통한 조사에서 면접을 추가로 실시하여 부가적인 정보를 얻을 수 있다.
- 언어적 질문에 대한 응답뿐만 아니라 비언어적인 행동이나 표정 그리고 관찰 상황에 대한 정보를 얻을 수 있다.
- 자연스럽고 인위적이지 않으며 융통성이 있다.
- 면접 대상자의 동기를 유발할 수 있어서 응답 내용의 타당성이 높아진다.

- 어린 아동이나 문맹자에게도 정보를 얻을 수 있어 다양한 표본 구성이 가능하다.
- 교사나 부모 등 제3자의 개입을 통제할 수 있어서 면접 대상자의 생각을 직접 들을 수 있다.
- 면접자와 면접 대상자가 직접 대면하여 면접을 실시하기 때문에 질문지법에 비하여 응답률이 높으며 누락되는 질문이 거의 없다.

〈면접법 심층 질문의 예〉

면접 상황에 따라 적절한 융통성을 발휘해서 면접자가 의도적인 혹은 보다 정확한 응답 요구 그리고 다양한 형태의 질문을 시도하면 융통성 있는 심층적 질문이 된다(양병화, 2013).

Q: ○○백화점에서 물건을 샀을 때를 생각해 보세요. ○○백화점의 어떤 점에 만족하셨습니까? 아니면 만족하지 않으셨습니까?

A: ○○백화점의 가격은 다른 백화점보다 항상 싼 편이에요.

Q: 다른 점은 어떠셨습니까?(탐침)

A: ○○백화점의 제품 질이 지금처럼만 좋다면 앞으로도 ○○백화점에서 쇼핑을 할 겁니다.

Q: 또 다른 점은 없나요? (혹은) ○○백화점에 대해 마음에 들지 않는 점은 없으십니까?(탐침)

② 면접법 단점

정보가 포괄적이지 못하며, 면접자와 면접 대상자의 편견이 개입될 수 있다. 특히 비구조화된 면접의 경우 면접자로 인한 오류가 발생할 가능성이 더 많다. 또한 시간과 비용이 많이 들며, 면접자를 위한 훈련이 필요하고, 양적 통계 분석이 어렵고 일반화에 입각한 해석에 문제가 생길 수 있다. 그리고 민감한 주제를 다루거나 사적인 정보를 수집하기가 어렵다.

(5) 면접 시 유의사항

신뢰할 만한 면접 자료를 수집하기 위해서 면접자가 면접 진행과정에서 지켜야 할 일반적인 규칙이 있다(이종승, 2009). 면접자는 면접을 실시하기 전에 반드시 면접 지침서를 숙독하고 면접의 각 단계별로 알아 두어야 할 사항 및 유의사항 등 숙지해야 한다. 면접에서 조사해야 할 내용과 그렇지 않은 것을 분명히 구별함으로써 부적절한 요인에 의해 면접 결과가 영향을 받지 않도록 해야 한다. 초기의 질문에 대한 답변이나 인상을 통해 면접 대상자에 대한 전반적 평가를 하지 말고 마지막 단계까지 관찰한 후 신중하게 판단하여 평정해야 한다.

기타 배경 관련 자료와 정보를 통해서 면접 전에 미리 면접 대상자에 대한 사전 지식을 가지고 면접에 임해야 한다. 면접 도중에 면접 대상자가 틀린 대답을 하더라도 외면하거나 인상을 찡그리는 것과 같은 부정적인 태도를 보이거나 모욕적인 언급을 하지 말아야 한다.

성별, 외모, 종교, 출신 지역, 가정환경 등 사생활이나 공정성에 관한 문제를 야기할 수 있는 부적절한 질문은 피해야 한다. 면접자는 자신의 편견이나 선입견을 최대한 배제하고 가능한 한 객관적인 입장에서 판단하도록 노력해야 한다. 면접 대상자가 정서적으로 안정된 상태에서 면접에 임하도록 자유로운 행동을 유도하며 충분한 의사 표시가 되도록 면접 분위기를 조성해야 한다. 알아듣기 쉬운 용어를 사용하되, '예' '아니요'로 답변되는 질문은 피하고, 될 수 있는 한 면접 대상자가 이야기를 많이 하도록 유도해야 한다.

(6) 면접법의 예

〈교사의 교육 신념 및 교수 실제에 대한 면담지〉

♤면담대상자:
(소속▷ 직위▷ 연령▷)

♤면담일시: 년 월 일 시 분~ 시 분)
♤면담장소:
♤면담내용:
1. 자신의 교육신념에 따라 실제를 행하고 있습니까?

2. 자신의 교육신념과 실제 간에 갈등을 느끼셨다면 어느 정도입니까?

3. 위와 같은 차이나 갈등으로 인한 구체적인 문제점은 어떤 것입니까?

4. 자신의 신념에 따라 실제를 행하는 데 장애가 되는 요소들은 어떤 것들이라고 생각하십니까?(예: 과중한 업무, 교사의 관심과 이해 및 실행능력의 부족, 원장의 자질문제, 교육과정의 부적절함, 물리적 환경과 시설의 열악함, 과밀한 학급당 원아 수, 학부모의 압력, 사회적 분위기 등)

출처: 남미경(2001).

제5장

사례연구

학습목표

1. 사례연구의 개념을 설명할 수 있다.
2. 사례연구의 목적과 특성을 설명할 수 있다.
3. 사례연구의 장단점을 설명할 수 있다.
4. 사례연구의 종류에 대해 설명할 수 있다.
5. 사례연구 수행 절차 및 방법에 대해 설명할 수 있다.

학습개요

아리스토텔레스는 자신의 저서인 『니코마코스 윤리학(Nichomachean Ethics, Book VI)』에서 질적 연구를 하는 연구자들이 주장하는 구체적이고 독특한 사례들은 그동안 다루어졌던 이론적이고 '과학적인' 것과는 다른 유형이라고 강조하였다. 이 장에서 소개하는 사례연구는 질적 연구방법 중 하나로, 한 개인이나 단체, 기관을 심층적으로 조사하여 현상에 대해 깊이 있고 구체적인 개념을 도출하여 지식을 얻는 것을 목적으로 한다.

주요용어

사례연구, 집합적 사례연구, 도구적 사례연구, 본질적 사례연구, 질적 연구

1. 사례연구의 개념

사회과학연구에서 '사례'라는 용어는 연구자들에게 있어서 분석의 단위(unit of analysis)와 별다른 구분 없이 같은 의미로 사용되고 있으나, 아동을 대상으로 하는 연구에서 '사례'는 단일 사례가 될 수도 있고 연구 참여자 수(n)보다 많은 소집단 혹은 대집단이 될 수도 있다. 사례연구는 '사례'를 선정하면서 시작된다. 많은 학자가 사례연구에 대해 한 사람 혹은 한 집단 등 하나의 문화적 사건이나 프로그램 등에 초점을 맞추고 깊이 있는 연구를 통해 경험적인 현상을 조사하고 분석하는 방법으로 사용하고 있어 질적 연구방법 가운데 하나로 인식하고 있다. 즉, 사례연구는 특정 대상에 대한 집중적이며 심층적인, 깊이 있게 분석하는 질적 연구방법 중의 하나이다. 단순하고 일상적인 사건들의 의미 있는 특성을 통해 사회적 현상에 대한 이해를 이끌어 내어 공론화시킨다. '사례'는 한 개인이거나 하나의 사건이지만 그 안의 구조는 다양한 차원의 상황과 영역들로 구분할 수 있으며, 각 부분들은 상호 복잡한 관계의 맥락 속에 묶여 있다(고미영, 2012).

사례연구(case study research)는 한 개인이나 집단, 기록, 사건 등에 대해 심층적으로 탐구하고 깊이 있게 분석하는 과정을 통해 생성되는 개별적이고 구체적인 사실을 발견하는 것을 목적으로 한다는 점에서 질적 연구의 한 유형이라고 간주된다. 그러나 모든 사례연구가 질적 연구는 아니다. 질적 사례연구는 '어떻게(how)' '왜(why)' 변화하고 있는가에 대한 답을 귀납적인 방법으로 찾는 데 초점을 둔다. 양적 연구는 '무엇이(what)' '얼마나(how much)' 변화했는가에 초점을 두고 연역적인 방법으로 답을 찾는 것을 목적으로 한다. 경우에 따라서 사례연구는 양적 연구이기도 하고 질적 연구이기도 하다.

예를 들어, 유아들이 꽃을 중심으로 한 사례연구를 한다고 했을 때 꽃에 대한 표준화된 자료, 가족 및 또래들의 평가 등에 근거하여 양적인 자료를 수집해서 분석하면 양적 연구이고, 관찰과 면접, 자료 수집 등의 방법으로 연구한다면 질적 연구이다. 양적인 자료와 질적인 자료를 함께 수집해서 분석하면 양적, 질적 방법을 혼합한 연구가 되기도 한다. 따라서 사례연구가 반드시 질적 연구라고 말할 수 없으며, 연구하고자 하는 주제에 따라 사례의 선정이나 자료 수집이 달라지는 등 다양한 사례연구의 유형이 있다는 것이다(이은해 외, 2006).

스미스(Smith, 1978)는 '사례는 경계가 구분된 체계이다.'라고 하였고, 스테이크(Stake, 2000a)는 사례에 대해 방법론적인 선택보다는 '무엇을 연구할 것인가'에 대한 선택으로 보아야 한다고 주장했다. 누구를 어디까지 연구할 것인지를 정하는 데 사례라는 용어를 사용해야 한다는 것이다. 연구방법의 사용 여부와 상관없이 사례를 선택해서 연구하는 것이 사례연구인 것이다. 즉, 사례연구는 사례에만 초점을 맞춘 연구를 의미한다. 사회학자인 베커(Howard Becker)는 연구자는 '사례란 무엇인가?'보다는 '무엇에 대한 사례인가?'에 대해 끊임없는 질문과 관심을 가져야 한다고 충고한다(신경림, 장연집, 조영달, 김남선, 2003).

사례연구에서는 자연적인 맥락에서 발생하는 사람, 사건, 정책 등에 대해 깊이 있게 이해하고 탐색하면서 사례 간 비교를 한다(Creswell, 2010). 맥락이란 상호작용을 통해 어떤 상황이나 사건이 일어난 배경, 진행과정 등의 흐름을 인식하는 것을 말한다(Graue & Walsh, 2014, p. 36). 따라서 맥락을 고려하지 않으면 의미를 제대로 파악할 수 없기에 관계 안에서 끊임없이 재구성하며 상호작용을 반영한다(Graue & Walsh, 2014).

사례연구는 사례에 소속된 개인이나 집단에게 일어난 현상을 심층적으로 탐구하는 것으로 연구대상이 가지고 있는 어떤 현상의 의미 있고 중요한 요인이 특성을 발견하고 파악하는 것이다. 구조화된 환경에서 가설을 검증하고 보편적인 법칙을 발견하는 데 목적을 두는 것이 아니라, 자연스러운 실제 환경에서 관계의 의미를 해석하는 것에 목적을 두고 문제에 대한 다양한 시각과 정보를 얻을 수 있다. 사례연구는 현재 지향적으로 현재의 경험을 중요하게 생각하며 '지금-여기(now and here)'에 초점을 두고 장시간에 걸쳐서 자료를 수집한다. 자료 수집 장소도 인위적으로 꾸며진 곳보다는 자연스러운 환경 속에서 연구를 할 때 일어나는 행위에 가치를 두고 이해하기 때문에 굳이 연구결과를 일반화하지는 않는다. 다만, 연구자는 연구결과를 일반화할 수 있도록 거기에 자신의 편견이 개입되지 않고 최대한 배제될 수 있도록 노력해야 한다.

다중사례의 경우 일반적으로 단일사례보다 신뢰성이나 타당성을 인정받기 용이하다고 한다. 그러나 단일사례가 유용한 경우가 있다. 단일사례의 유용성은 이미 잘 알려진 이론을 검증해서 받아들이거나 확장하는 경우와 그 이론을 반박하는 경우, 사례가 극단적이거나 독특한 경우, 하나의 사례가 다수의 사례를 대표하거나 매우 전형적인 특징을 가진 경우, 과거에는 과학적 조사가 불가능했던 현상을 하나의 사례를 통하여 관찰하고 분석함으로써 새로운 정보를 획득할 수 있는 기회를 갖게 되는 경우, 동태적 현상에 의해 특정 조건이 어떻게 변화하는가에 이론의 초점이 맞추어진 종단적인 사례연구의 경우이다(Yin, 2005).

2. 사례연구의 목적과 특성

1) 목적

사례연구의 목적은 다음과 같다.

- 한 개인이나 단체, 기관을 심층적으로 조사하여 현상에 대한 지식을 획득하는 것으로 주제에 대한 깊이 있고 풍부한 지식을 얻을 수 있다.
- 개인 혹은 소수의 개별적 또는 집단적 현상의 속성에 초점을 맞추고 다차원적이고 종합적으로 집중 관찰 및 탐색하여 연구하는 것을 말하며, 직접적인 연구대상으로 통제집단 없이 모집단 자체를 삼고 있다.
- 사례 자체의 본질을 이해하고 있는 현상 그대로를 기술하면서 특정한 지식을 만들어 내는 것이다.

- 현상에 대한 평가를 목적으로 한다. 실천 활동과 과정에 대한 깊이 있고 풍부한 서술을 제공하고 맥락에 근거한 해석적 주장을 제시함으로써 사례에 대한 평가를 내릴 수 있는 기준을 제공한다(Stake, 2000a).

2) 특성

사례연구의 특성은 다음과 같다(고미영, 2012; Merriam, 2002; Stake, 2000a).

- 사례연구는 귀납적이다. 연구결과를 통해서 귀납적인 추리를 하게 된다. 주어진 맥락 속에서 자료를 검토하여 일반화하거나 개념 또는 가설을 생성한다. 즉, 특수한 사실(예: 부모의 죽음)을 전제로 일반적인 원리를 찾아내는 것이다.
- 사례연구는 발견적이다. 연구하고 있는 현상에 대해 독자가 새로운 의미를 발견하도록 한다. 하나의 독특한 사례에서 가치 있는 것들을 찾아내고 자신의 맥락에 무엇을 적용할 것인가를 결정하는 것은 연구자가 아닌 독자 자신이다.
- 사례연구는 개별적이다. 하나의 개별적인 사례에서도 많은 것을 배울 수 있으며, 연구자를 통해 대리 경험을 제공받을 수 있다. 사례연구에서는 개별적인 사건이나 특수한 상황, 프로그램 또는 어떤 현상을 중핵적인 연구 대상으로 삼는다. 그 사례를 둘러싼 복잡한 의미를 깨달을 수 있다.
- 사례연구는 기술적이다. 조사하고 있는 사건이나 현상, 개체에 대하여 있는 그대로 기술하는 것이다. 현장에서 획득한 통찰과 새롭게 배운 개인적인 의미들을 통해 변화된 자신을 충실히 기술하도록 한다. 연구자의 기술이 상세하고 풍부할수록 생생한 경험을 할 수 있어, 개인들 간의 상호작용에 대해 자세하게 기술하는 것이 중요하다.

3. 사례연구의 장단점

사례연구는 하나의 연구방법으로 활용되면서 여러 학문 분야에서 다각적으로 연구가 이루어지고 있다. 연구대상은 특정한 개인이 될 수도 있고 소집단이나 지역 단체가 될 수도 있다. 내용적인 면에서도 수량적인 자료를 사용하는 양적 연구와 비수량적 내용 자료를 사용하는 사례연구는 차이가 있다. 이러한 점을 바탕으로 여러 학자가 제시한 사례연구의 장단점을 정리하면 다음과 같다(이순형 외, 2014; 이영철, 2006; 이지훈, 2000; Yin, 2008).

1) 장점

① 조사 대상의 특정 상황을 여러 측면에서 심층적이고 깊이 있게 연구하는 데 유용하다.

② 대상의 특성을 다각적인 측면에서 종합적으로 파악하여 전면적인 인과관계를 도출할 수 있다.

③ 시간적인 변화에 따라 어떤 현상에 관해 특정 개인이나 소수의 대상을 조사함으로써 동태적으로 현상을 파악하는 데 유용하다.

④ 조사 대상에게 직면한 문제의 원인을 밝혀 줄 수 있어 단일사례연구에도 유용하다.

⑤ 인간의 내면생활이나 사회적 욕구, 관심과 흥미, 동기 또는 살아 있는 존재, 집합적 행동의 실체를 사회·문화적 배경하에 연구하려고 할 때 유용하다.

⑥ 탐색적 조사로 특정 상황이나 맥락에서 상호작용을 하는 사람을 이해하는 데 유용하다.

⑦ 교육 혁신을 위한 연구나 평가, 정책 결정에 유용한 정보를 제공하여 정책 수립을 위한 기초연구로 활용하는 데 유용하다.

⑧ 특정 사회 현상을 포괄적이고 심층적으로 기술해야 하는 경우와 현실 세계 사건들을 의미 있게 담아내고자 할 때 유용하다.

2) 단점

① 방대한 자료 수집에 따른 시간과 비용이 비경제적이다.
② 사례 연구자의 능력에 따라 연구결과가 좌지우지될 가능성과 일반화에 대한 기여도가 매우 낮고 규칙성의 확인이나 반증 등의 역할이 미미하다.
③ 객관성의 결여이다. 많은 관찰과 경험의 분석을 통하여 획득되는 것이 연구의 객관성이므로 제한된 수의 사례연구로는 객관성을 담보할 수 없으며 연구결과를 반복적으로 확인할 수 없다.
④ 사회연구는 곧 사물의 연구이다. 사례연구를 통해 사회 현상의 연구가 진전되기를 기대하기는 어렵다.

4. 사례연구의 종류

사례연구는 '사례'를 선정하는 것으로 시작한다. 사례연구는 무엇인가를 발견하기 위해 떠나는 항해와 같다. 사례를 잘 선정하면 문제에 대한 해답을 찾아가는 경로가 순조로울 수 있지만 그렇지 않은 경우 난항을 겪을 수 있다. 사례연구는 마치 항해를 떠나는 배처럼 위험과 보상을 모두 포함하고 있다. 사례를 잘 선택하는 것은 사례연구에 있어서 다른 어떤 것보다 힘든 일이다. 사례연구는 목적에 따라 본질적 사례연구, 도구적 사례연구, 집합적 사례연구로 나눌 수 있다.

1) 본질적 사례연구

사례연구는 참여와 상호작용을 필요로 한다. 사례의 대표성이나 독특성보다는 연구대상 자체에 관심을 가지고 진행되는 연구가 본질적 사례연구(intrinsic case study)이다. 새로운 이론을 정립하거나 현상에 대한 이해를 구하는 것이 아니라 연구 자체의 목적에 따라 수행한다. 예를 들어, 그림 그리기를 통해서 아동 각자가 가지고 있는 정신세계와 가치를 이해하고 이 연구를 통해 아동들의 가치를 이해할 수 있다면 본질적 사례연구이다. 문화기술적 · 인류학적 연구 모두 본질적 사례연구라고 할 수 있다.

2) 도구적 사례연구

사례가 민감하거나 탐구적 접근을 하고자 할 때 사례에 대한 이해를 구하여 문제를 해결하거나 이론을 정립하기 위한 목적이라면 도구적 사례연구(instrumental case study)를 한다. 이때는 상황이나 현상에 대한 많은 이해를 얻을 수 있는 사례를 고르는 것이 중요하다(Yin, 1989). 예를 들어, 자폐성 장애유아를 대상으로 발달 실태를 탐색하기 위한 연구를 진행한다면 장애유아의 지원 실태 분석이라는 연구목적에 부합되도록 연구 질문에 대한 이해 깊고 풍부한 자료를 제공할 수 있는 참여자를 의도적으로 선정하여야 한다. 장애 관련 전문가를 대상으로 하고, 사례의 본질보다는 장애가정 유아의 발달 실태를 탐색하는 것이 도구적 사례연구라고 할 수 있다.

3) 집합적 사례연구

연구대상이 지니고 있는 특정한 하나의 사례에 관심을 보이기보다는 모집단이나 표본적인 조건, 관련된 현상 등을 하나로 연계해서 다양한 관심사항들을 종합적으로 탐구하고자 하는 목적이라면 집합적 사례연구(collective case study)를 한다(Stake, 1995: 안선희 외, 2013에서 재인용). 즉, 집합적 사례연구는 현상이나 일반적인 상태를 조사하기 위해 여러 사례를 함께 연구한다(고미영, 2012). 예를 들어, 청소년의 학교폭력을 특별히 조명하거나 그 현상을 총체적으로 다루고자 할 때 사용할 수 있다.

5. 사례연구 수행 절차 및 방법

사례연구의 일반적인 절차는 다음과 같다.

첫째, 연구문제를 결정하고 사례를 확인을 하는 단계이다. 연구문제가 결정되면 연구와 관련된 자료를 수집한다. 자료는 관찰이나 면접을 통해 주로 수집하며, 연구 참여자의 삶, 경험, 행동, 감정, 시청각 자료, 비디오테이프 등이 있다.

둘째, 수집한 자료를 분석한다. 이때 연구자의 편견이나 선입관이 개입되지 않도록 주의해야 한다. 자료 분석은 기록과 자료를 요약하고 중심적인 단어를 찾아 조직하며 의미를 부여하는 과정이다. 자료 자체가 연구문제에 대한 해답은 되지 못한다. Yin(2005)은 자료 분석을 할 때 연구자가 사례 전체에 대한 총체적 분석으로 할 것인지, 구체적 측면에 대한 삽입된 분석으로 할 것인지를 결정할 수 있다고 하였다. 수집된 자료의 의미를 해석하고 분석하고 기술하는 과정을 통해 연구대상이 가지고 있는 특성이나 문제를 심층적으로 파악하고 종합적으로 분석해야 한다. 이때 연구자의 전문적인 지식이 필요하다. 자료 수집과 분석은 단회성으로 종결하는 것보다는 자료가 포화될 때까지 수집하고 분석하는 과정을 반복해서 결과를 도출하는 것이 바람직하다.

셋째, 보고서를 작성한다. 자료 분석의 작업이 끝나면 보고서를 작성해야 한다. 보고서를 작성할 때는 연구문제의 선정부터 명제의 진술, 사례 선택, 자료 수집을 위한 준비, 자료 수집 그리고 분석의 과정을 모두 기술한다.

사례연구의 방법은 일정한 틀이 없는 비표준화된 방법이며 다양하다고 할 수 있다. 정해진 방법과 절차에 따라 연구를 하는 것이 아니라 자료 수집부터 검사, 면접에 이르기까지의 과정이 연구자의 판단에 의해 달라질 수 있다. 사례연구의 목표는 경험적 일반화가 아니라 맥락을 근거로 해서 현상을 설명하는 인과관계의 해명이다. 이론을 통하여 경향성이 어떻게 경험적인 사건이 되는지를 보여 준다. 양적 연구처럼 결과를 반복적으로 확인할 수는 없어도 사례연구를 통해 인과관계를 밝힐 수 있다. 아동에 대한 사례연구의 경우 관찰이나 면접 등을 활용하여 자료를 수집하고 분석하는 방법을 많이 사용한다. 참여관찰과 면접을 통해 자료를 수집할 경우, 구조화된 설문지를 사용하여 질문을 하는 경우도 있지만 대부분 비구조화된 설문지를 사용한 인터뷰를 통해 자료를 수집하고 분석하여 결과를 도출한다. 연구 참여자가 어린 경우 글쓰기나 면접이 어려울 수 있다. 이런 경우는 관찰을 통한 연구가 필요하다. 현재 상황을 이해하고 문제의 원인과 결과를 찾아내어 새로운 이론을 정립할 수 있는 연구방법을 선택하는 것은 연구자의 통찰력과 발생 기제를 찾아내는 능력이 필요하다는 것을 뒷받침해 준다.

제6장

포트폴리오 평가

학습목표

1. 포트폴리오의 개념과 특성에 대해 공부하고 이해할 수 있다.
2. 포트폴리오 평가의 목적과 유형에 대해 공부하고 이해할 수 있다.
3. 포트폴리오 평가의 장단점을 알아보고 설명할 수 있다.
4. 포트폴리오 평가의 구성과 방법에 대해 알아보고 설명할 수 있다.
5. 포트폴리오 평가의 절차 및 실제에 대해 알아보고 실천할 수 있다.

학습개요

포트폴리오 개념은 여러 가지 의미를 가지고 있는데, 교육 현장에서는 학습자의 학습, 성장, 발달, 성장된 학습자의 작품, 수행 결과, 기록물 등을 의미한다. 포트폴리오 평가의 유형은 목적에 따른 유형, 주체에 따른 유형, 활용에 따른 유형 등으로 구분할 수 있다. 포트폴리오 평가의 장점은 아동들이 자신의 작품을 선택하고 이전 작품에 대해 반성해 봄으로써 자신의 진보를 확인할 수 있으므로 자랑스러움을 느끼고 성취감을 가지게 된다는 것이다. 단점은 내용 타당성의 확보에 문제가 있으며, 포트폴리오 평가 결과에 대한 타당도와 신뢰도의 확보가 어려우므로 포트폴리오 평가는 수집의 준거가 불분명할 수 있다는 것이다. 포트폴리오 평가의 절차는 규정(규준-준거) 설정하기, 포트폴리오 평가 참여자에 대한 연수 및 안내하기, 포트폴리오 평가 자료 수집, 포트폴리오 조직과 관리, 포트폴리오 해석 및 활용 순으로 진행된다.

주요용어

포트폴리오, 포트폴리오 평가, 규정(규준-준거)

1. 포트폴리오의 개념과 특성

1) 포트폴리오 평가의 개념

포트폴리오 개념은 여러 가지 의미를 가지고 있는데, 교육 현장에서는 학습자의 학습, 성장, 발달, 성장된 학습자의 작품, 수행 결과, 기록물 등을 의미한다. 특정 분야에서의 학습자의 성취, 진전, 노력 등을 나타낼 수 있는 학습자의 작품을 의도적으로 수집한 것(Arter, 1990), 학습자가 이미 알고 있거나 자신의 성취를 보여 주기 위해 즐겁게 제작한 초상화 같은 것(Paulson & Paulson, 1990)으로 정의된다(심성경, 함은숙, 2015에서 재인용).

아동이 무엇을 배우고, 질문하고, 사고하고, 분석하고 종합 · 생산하는지, 그리고 지적 · 정서적 · 사회적으로 아동이나 교사 혹은 가족이 다른 사람과 어떻게 상호작용하는지를 기록하며, 한 가지 또는 그 이상의 영역에서 성취를 보여 주기 위해 의도적으로 수집한 아동들의 작품을 포함한다(Spandal, 1991). 즉, 작업의 결과나 작품 혹은 어떤 수행의 결과를 모아 놓은 자료집이나 서류철을 의미한다(김희진, 박은혜, 이지현, 2012).

2) 포트폴리오 평가의 특성

포트폴리오는 협력하여 이루어야 하는 것으로 거기에 무엇을 넣을 것인지, 어떻게 사용할 것인지, 어떤 기준으로 평가할 것인지를 교사, 또래, 부모와 함께 결정하면 좋다. 포트폴리오는 장기적인 것으로 일회적인 자료 수집으로 결과를 평가하는 것이 아니라 진보와 성장을 살펴보기 위해서 시간의 흐름에 따라 모으는 자료이다. 포트폴리오의 내용물은 과정을 나타내는 것이지 단순히 학습의 결과를 나타내는 것이 아니므로, 초기, 과정 그리고 최종 결과물을 보여 줌으로써 진보와 성장이 어떻게 이루어지는지에 대해 교사뿐만 아니라 아동이 모두 통찰해야 한다. 포트폴리오는 아동들에게 다양한 관점을 탐구하도록 해 준다. 즉, 학습에 도움이 될 수 있는 다양한 접근방법을 보여 주며 다양한 학습의 발생 가능성을 제시하며, 아동들에 의해 수업의 질이 향상되는 것이다. 포트폴리오는 교사와 아동에게 자기반영의 기회를 주는 것으로 아동들은 자신의 작업을 검증하는 과정에서 자신의 진보를 평가하고 강점과 취약점을 알 수 있으며, 교사 역시 수업, 프로젝트 선정, 일반적인 교실 전략 등에 미치는 영향을 반성할 기회를 주게 된다(황해익, 최혜진, 정혜영, 권유선, 2016).

2. 포트폴리오 평가의 목적과 유형

1) 포트폴리오 평가의 목적

포트폴리오 평가는 자연스러운 일상생활에서 아동의 발달과 능력이 진보되는 과정에 대한 풍부한 정보를 제공하며, 포트폴리오 평가에서는 수업 중 활동 모두가 곧 평가의 자료가 되기 때문에 개별 아동에게 적절한 교수 계획을 수립하고자 하는 목적으로 사용한다. 포트폴리오 평가는 아동의 발달과 학습의 진보에 대한 구체적인 증거를 제시하는 것으로서 부모나 동료 교사, 행정가, 기타 교육 관련 인사들과의 의사소통에 유용하다. 그러므로 포트폴리오 평가는 평가과정에 아동을 참여시킴으로써, 자신의 학습에 대한 아동의 동기와 책임감을 증진시키고 자율성을 향상하도록 하는 것이 목적이며, 포트폴리오 평가는 개별 아동에 대한 종합적인 정보를 포함하고 있기 때문에 학년이 바뀌거나 새로운 교사로 바뀔 경우 그들에게 연계성 있는 교육을 위한 정보를 제공하는 것을 목적으로 한다(황해익 외, 2016).

2) 포트폴리오 평가의 유형

(1) 포트폴리오 목적에 따른 유형

① 평가와 사정을 위한 포트폴리오

포트폴리오는 아동이 작업한 다양한 작품을 포함하고 있어야 하는데, 이는 아동이 개념을 이해하고 있는지, 어떠한 기술을 가지고 있는지, 그리고 아동이 무엇을 이해하고 있는지에 대한 다양한 평가를 제공할 것이다(Micklo, 1997; Valencia, 1990). 아동이 수행한 활동의 총체인 포트폴리오를 살펴보면서 수집된 일정 기간에 교사의 활동 제시방법이나 교수 목표 등이 적합하였는지를 확인하는 것이 가능하다(조윤경, 김경해, 2013).

② 자기 평가와 반영을 위한 포트폴리오

몇 년 이상의 기간에 사용되는 포트폴리오는 아동의 작업 표본과 그림들을 종단적으로 비교하고 분석함으로써 자신의 성장과 진행 과정을 되돌아볼 수 있게 해 준다(Hebert & Schultz, 1996). 많은 유아교사나 초등학교 교사들은 학기 초에 아동에게 자화상을 그리게 하고 이후 각 보고 기간 초에 아동이 또 다른 그림을 그리게 하는데, 이를 통해 아동은 자신을 되돌아볼 수 있고 자신의 노력이 얼마나 향상되었는지를 알 수 있다(조윤경 외, 2015).

③ 진행 보고를 위한 포트폴리오

포트폴리오는 포괄적인 보고방법으로 자녀가 교사와 함께 일 년 동안 무엇을 했는지를 부모가 검토할 때 작품들과 사용했던 평가들을 통해 알 수 있다(Gukerson & Hanson, 2000). 예를 들어, 부모는 일 년 동안의 작품들과 사용했던 평가방법 등을 포트폴리오를 확인해 보면서 유아교육기관에서의 연간 생활에 대한 진행 보고를 받는 것이 가능하다(조윤경 외, 2015).

(2) 포트폴리오 주체에 따른 유형

주체에 따른 포트폴리오로는 개인 포트폴리오와 학습 포트폴리오 그리고 인수 포트폴리오 등이 있는데 그 내용은 〈표 6-1〉과 같다(조윤경, 김경해, 2013).

〈표 6-1〉 포트폴리오 주체에 따른 유형

종류	주체	자료의 유형	특징
개인 포트폴리오 (private portfolio)	교사	병력사항, 부모의 전화번호와 같이 비밀이 보장되어야 하는 아동 개인의 정보	교사의 일화기록, 부모면담기록, 가정환경 조사, 개별부모기록 등은 시간의 흐름에 따른 개인별 아동에 대한 정보를 지속적으로 제공해 주기 때문에 보관될 가치가 충분하므로 학습 포트폴리오에는 아니지만 개인 포트폴리오에 포함될 수 있음.
학습 포트폴리오 (learning portfolio)	아동	아동의 활동에 대한 기록, 초안, 작업표본, 자기반성 기록	현재 진행 중인 아동의 활동에 대한 전반적인 기록으로, 아동과 교사가 가장 빈번하게 사용함.
인수 포트폴리오 (pass-along portfolio)	아동 교사 학부모	아동의 가장 대표적인 작품을 협의해서 골라 내어 구성함.	학년 말에 아동의 1년 동안의 활동을 정리하고, 다음 해의 교사에게 참고할 수 있는 자료를 전하기 위해서임.

(3) 포트폴리오 활용에 따른 유형

① 작업 포트폴리오

작업 포트폴리오(working portfolios)는 앞으로의 평가를 위해 아이들이 작업한 작품들을 수집하는 것이며, 처음에는 무엇을 수집하고 무엇을 수집하지 않을 것인지 기준 없이 아동의 작품을 수집하겠지만, 이후 작업에는 필요한 진행 노트와 계획이 작업 포트폴리오의 중요한 구성요소이다(Gronlund, 1998). 작업 포트폴리오의 항목들은 나중에 다른 포트폴리오의 부분이 될 수 있다.

② 평가 포트폴리오

평가 포트폴리오(evaluative portfolios)는 가장 일반적인 포트폴리오 유형으로, 교사는 아동의 발달과정에 관한 평가를 제작해 나갈 수 있는데, 즉 아동의 발달이 어떻게 향상되며 성장과 학습에 앞으로 무엇이 필요한지를 평가하는 평가 포트폴리오로 활용할 수 있다. 또한 평가 포트폴리오는 부모에게 보고할 경우와 교과과정과 교수를 계획할 경우 사용한다(Barbour & Desjean-Perrotta, 1998).

③ 전시 포트폴리오

전시 포트폴리오(showcase portfolios)는 아동의 특성을 잘 나타내는 작품을 전시하는 데 사용되며, 대체로 부모들에게 아동의 작품을 보여 주기 위해 사용되고, 다른 학급이나 다른 연령의 아동이 무엇을 배워 왔는지를 나누는 경우에 사용된다. 전시 포트폴리오의 내용은 주로 아동이 선택한다(Gronlund, 1998).

④ 기록 포트폴리오

어떤 유아교육기관이나 초등학교에서는 아동의 포트폴리오가 해마다 아동의 발자취를 따라가게 된다. 아동을 담당할 미래의 교사를 위해 정보를 제공할 수 있기 때문에 이러한 포트폴리오 유형을 기록 포트폴리오(archival portfolios) 또는 인수(pass-along) 포트폴리오(Puckett & Black, 2000)라고 한다. 교사가 아동의 발달과정을 어떻게 평가할 것인지에 대해 이해하려면 발달의 원리와 특징을 이해하는 것이 필수적이다.

3. 포트폴리오 평가의 장단점

1) 포트폴리오 평가의 장점

아동들이 자신의 작품을 선택하고 이전 작품에 대해 반성해 봄으로써 자신의 진보를 확인할 수 있으므로 자부심을 느끼고 성취감을 가지게 된다. 아동의 진보와 성장에 대한 구체적인 정보를 제시하고 학부모들이 자신의 자녀들의 결과물을 좀 더 잘 이해하고 감상할 수 있으므로 교사-부모협의회에서도 유용하게 사용될 수 있으며, 교육의 효과를 증진시킨다(조윤경, 김경해, 2013).

포트폴리오에서의 평가 경험은 아동들에게 필요한 자기평가 기술을 얻고 다른 사람들에 대한 평가기술을 더 잘 전달하도록 해 준다. 아동들은 자신의 학습과정에 평가 주체로 참여하기 때문에, 내재적 동기가 유발되고 책임감이 증진될 수 있다. 교사에게 아동의 학습 정보를 다양하게 제공하므로 아동의 능력을 평가하는 명확하고 다양한 증거 자료를 제공한다. 아동의 장점에 초점을 맞추어 아동이 무엇을 못하는가가 아니라 무엇을 잘할 수 있는가에 관심을 기울이며, 평가가 매일의 수업과정 속에서 이루어지므로 이러한 평가의 결과는 교수과정을 계획하고 수정하는 데 바로 활용된다(조윤경, 김경해, 2013).

2) 포트폴리오 평가의 단점

포트폴리오 평가는 계속적으로 수집하고 정리하는 데 시간과 노력이 많이 들며, 타당성 있는 사정도구라기보다는 감각적이고 감성적인 기억들을 담은 추억의 상자가 될 수 있다. 또한 포트폴리오 평가의 자료를 정리할 수 있는 충분한 파일 공간의 확보가 필요하다. 그런데 포트폴리오 평가는 기록 · 보관에만 치중하다 보면 아동의 학습과정이 한쪽으로 치우칠 수 있다. 포트폴리오 평가는 내용 타당성의 확보에 문제가 있으며, 평가 결과에 대한 타당도와 신뢰도 확보가 어려우므로 수집의 준거가 불분명할 수 있다. 무엇보다 문제가 되는 것은 기록물을 수집하고 평가하는 과정에서 교사의 주관적 편견이 작용할 가능성이 많다는 것이다(조윤경, 김경해, 2013).

4. 포트폴리오 평가 구성과 방법

1) 포트폴리오 평가의 구성

포트폴리오 평가의 구성을 살펴보면 다음과 같다(조윤경, 김경해, 2013).

(1) 발달적 접근에 따른 포트폴리오 구성

그레이스와 쇼어즈(Grace & Shores, 1991)의 포트폴리오 구성은 다음과 같다.

① 미술 활동(소근육 발달)
② 운동(대-소근육 발달)
③ 수-과학 활동(개념발달)
④ 언어와 읽고 쓰는 능력
⑤ 개인 · 사회 발달

(2) 일반 주제 접근을 이용하는 포트폴리오 구성

교사는 주제 접근을 사용하는 포트폴리오 구성을 선호하는데, 주제 접근을 사용하여 포트폴리오를 구성하려면 모든 평가영역을 포함할 것인지 아니면 한 가지 관찰영역만을 선정할 것인지를 선택해야 한다.

① 필요한 검사와 측정
- 표준화 검사/준거에 근거한 검사
- 최소 단위의 언어능력 검사

② 교과과정 표본
- 언어/읽기 반응/독서 기록

- 집에서 읽은 책에 대한 기록
- 읽은 것을 녹음한 테이프/쓰기 폴더/쓰기 표본 · 철자 과제
- 수학/미술 내용영역

③ 교사의 관찰과 측정

- 아동관찰 및 일화기록/연속기록/다시 말하기
- 진행과정 확인/교사가 만든 검사/회의 기록
- 관찰 중 발견한 것의 요약

④ 목록들과 다른 양식

- 읽기목록
- 비형식적인 읽기목록/쓰기목록
- 부모 설문조사, 해설, 평가

(3) 특정 주제 혹은 통합적 주제 포트폴리오 구성

Teaching for Excellence(1992)에서 출판된 『포트폴리오 평가(Portfolio assessment)』에서는 자신이 좋아하는 것, 싫어하는 것, 취미, 성격, 가족에 관한 것과 같이 자신을 표현할 수 있는 항목들을 아동이 선택하는 '나에 관한 모든 것'을 통해 자기평가를 할 수 있다. '글쓰기 포트폴리오'는 글쓰기 표본, 가장 잘 쓴 노트, 일기 모음, 수필, 비평, 짧은 이야기 등이며, '수학 포트폴리오'는 통계, 도식 표시, 문제해결 단계 도표, 수학 조사에 대한 서술, 정해진 답이 없는 문제에 대한 반응 등이며, 창의적 표현 포트폴리오는 미술, 음악, 춤, 사진 등을 포함하고 있다. 과학과 사회학 조사를 수행하는 프로젝트, 문화나 인공물의 시간 주기를 찾아내는 고고학자의 역할 혹은 연구되고 있는 국가의 미래를 예측하는 정책 분석가 같은 역할을 수행해 보는 모의 역할놀이를 하는 것을 재미있게 가르칠 수 있는 방법으로 활용되며, 축구, 체조, 배구와 같은 신체적 기술의 발달과정을 담은 비디오테이프와 글로 쓴 분석방법도 유용하게 활용될 수 있다.

2) 포트폴리오 평가의 방법

포트폴리오 평가의 방법은 크게 관찰과 검사, 유아 작업표본 분석, 면담 등으로 나누어 볼 수 있다. 포트폴리오 평가의 방법을 구체적으로 살펴보면 다음과 같다(심성경, 함은숙, 2015).

(1) 관찰과 검사

유아교육 현장에서의 검사는 학습지나 표준화된 검사를 의미하기보다는 교사가 교육과정 중에 유아와 일대일로 이루는 활동을 의미한다.

① 신체 · 체력검사

〈표 6-2〉 2회씩 실시한 체력검사의 좋은 결과 기록의 예

유아명	곽○○(여, 만 5세)	활동명	신체활동
평가 시기	2014년 4월 3일~8일	평가유형	관찰, 평정척도

평가 항목	소요 시간	1단계		2단계		3단계		4단계		5단계	
몸 지탱하기	8초	29 이하	V	30~61		62~118		119~175		176 이상	
25m 달리기	7초	7.8 이상		7.7~7.1		7.0~6.4	V	6.3~5.7		5.6 이하	
앉아서 몸 앞으로 굽히기	2cm	0 미만		0~4	V	5~10		11~15		16 이상	
평균대 위에 서 외발서기	14초	15 이하	V	16~30		31~45		46~60		61 이상	
모둠발 뛰어넘기	7.25초	7.2 이상	V	7.1~ 6.0		5.9~4.9		4.8~3.8		3.7 이하	
제자리 멀리 뛰기	70cm	77 이하	V	78~93		94~110		111~126		127 이상	

② 교우관계 검사, 자아개념 검사

교사가 개별 아동에게 "친한 친구는 누구니?" "친해지고 싶은 친구는 누구니?" "가장 친한 친구는 누구니?"와 같이 질문하고 아동이 학급 친구의 사진을 보고 가리키거나 이름을 말하게 한다. 자아개념 검사는 교사가 문항을 읽어 주고 아동이 대답하는 방법으로 검사한 결과를 나타내기 위해 PPT에서 표로 그리거나 직접 그린다.

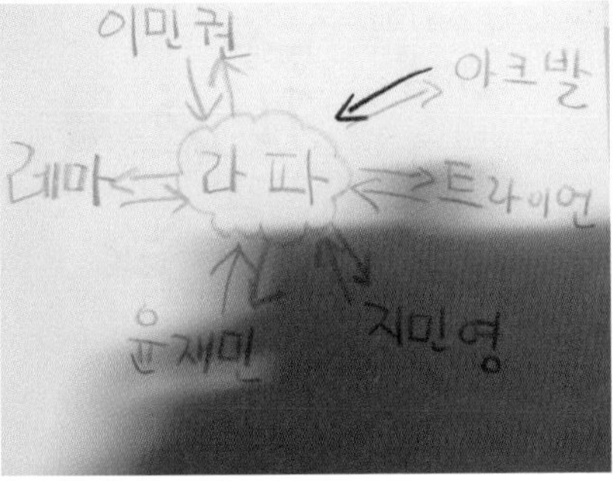

핑크 – 좋아함

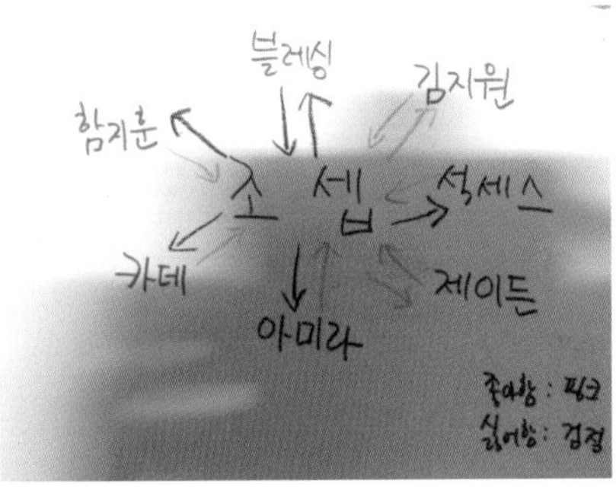

검정–싫어함

[그림 6-1] **교우관계 검사**

③ 읽기검사

〈표 6-3〉 읽기평가의 예(만 3세 유아)

평정단계	평정척도	평가
1단계: 읽기이해 전 단계	하위 1단계: 말없이 그림만 쳐다보기	
	하위 2단계: 그림을 지적하기	
	하위 3단계: 그림의 명칭을 이야기하기	
	하위 4단계: 그림에 대해 질문하기	
2단계: 읽기 의사 표현 단계 (초기)	이야기 구성능력이 없어 "몰라요. 못 읽어요." 같은 의사 표현을 하는 단계	
3단계: 마음대로 이야기 꾸미기 단계	그림 보고 마음대로 이야기를 만들어 내는 단계	

4단계	의미가 비슷하게 꾸며서 말하는 단계	
5단계: 단어나 구절을 암기하여 이야기하는 단계	하위 1단계: 책에 나온 글자(구절) 암기를 통하여 50% 이하의 단어나 구절을 사용하여 이야기하기	
	하위 2단계: 책에 나온 글자(구절) 암기를 통하여 50% 이상의 단어나 구절을 사용하여 이야기하기	
6단계: 글자에 대한 의사표현 단계	아직은 글자를 읽을 줄 몰라 "난 못 읽어요."와 같은 의사를 표현하는 단계	
7단계: 글자를 읽는 단계	하위 1단계: 글자를 보고 한 문장 기준으로 25% 이하로 똑바로 읽기	
	하위 2단계: 글자를 보고 한 문장 기준으로 50% 이하로 똑바로 읽기	
	하위 3단계: 글자를 보고 한 문장 기준으로 75% 이하로 똑바로 읽기	
	하위 4단계: 글자를 보고 한 문장 기준으로 75~100% 똑바로 읽기	
평가방법	〈읽기검사 실행 순서〉 1. 교사와 유아가 함께 책을 본다. 2. "선생님이 먼저 책을 읽어 줄게. 다음엔 ○○가 선생님한테 책을 읽어 줄래?" 교사가 처음부터 끝까지 책을 소리 내어 읽어 준다. 3. "이번엔 ○○가 선생님에게 책을 읽어 줄래?" 하고 질문한다. 4. 유아의 반응을 관찰하여 기록한다.	

④ 교사제작 검사

패턴 이해하기, 가위질하기 등 특정한 과제에 대한 유아의 능력을 알아보기 위해 교사가 직접 제작한 검사로 타당성과 신뢰성 있는 검사가 되려면 이론에 기초해 신중히 제작·실시되어야 한다(심성경, 함은숙, 변길희, 박수경, 2012).

〈교사제작 검사에서의 유의점〉

- 별도의 검사라기보다 하나의 교수-학습활동으로 실시한다.
- 지필검사식이 아니라 흥미롭고 구체적인 활동 과제로 고안한다.
- 자연스럽게 과정 중심으로 진행한다.
- 수행 결과에만 초점을 두기보다 유아의 태도 등 상황적 정보를 함께 기록한다.

〈표 6-4〉 가위질하기 평가의 예(만 4세 유아)

	체크리스트		그렇지 않다	그렇다	매우 그렇다
내용	1	선과 상관없이 임의대로 오린다.	V		
	2	긴 직선 (1)을 따라 오린다.			V
	3	짧게 연결된 직선(W)을 따라 오린다.			V
	4	긴 곡선을 따라 오린다.			V
	5	사각형, 삼각형, 원 등의 도형을 오린다.			V
	6	불규칙하게 울퉁불퉁한 선을 따라 모양을 오린다.			V
작업표본					
해석	가위로 오리기에서 직선과 선을 따라 쉽게 오리며, 지그재그선, 곡선, 도형, 사람(산타) 모양 등도 잘 따라 오린다. 소근육 발달이 잘 되어 다양한 활동을 즐길 수 있다.				

(2) 유아 작업표본 분석

① 유아 자기평가

〈표 6-5〉 유아 자기평가의 예(만 4세 유아)

자유선택 활동 계획 · 평가 예시	월별로 누계를 낸 예시
	(아래 표)

영역	쌓기		역할		음률		조작		수 · 과학		미술		언어	
월	계획	실행	계획	실행	계획	실행	계획	실행	계획	실행	계획	실행	계획	실행
3월	5	1	8	6	6	1	3	1	10	4	5	13	6	10
4월	14	2	19	13	16	2	2	0	11	2	20	10	19	10
5월	13	6	17	14	11	6	1	1	11	6	18	17	17	14
6월	11	6	11	4	13	7	0	0	10	6	15	14	15	7
7월	7	2	3	0	7	2	5	1	2	0	9	8	8	3
총계	50	17	58	37	53	18	11	3	44	18	67	62	65	44
	계획	계획 후 놀이를 하지 않은 횟수						실행	계획 후 놀이를 한 횟수					

출처: 심성경, 함은숙(2015).

② 인물화 평가

〈표 6-6〉 인물화 평가의 예(만 4세 유아)

		체크리스트	1차	2차
내용	1	다양한 선들로 긁적거리기를 한다.	V	
	2	두족인처럼 머리에서 바로 팔, 다리가 연결되게 표현한다.	V	
	3	일자형 인물로 팔, 다리를 선으로 표현한다.	V	
	4	강조표현이 나타나며 팔, 다리를 면으로 표현한다.		V
	5	완전한 사람의 형태가 나타나며 세부적으로 신체부분들을 표현한다.		V
	6	사람의 팔, 다리에서 동작적 요소가 나타난다.		V
	7	동작적 표현이 세분화되고 세련되게 나타난다.		V

	1차	2차
작업표본		
해석	인물화 그리기 1차에서 인물의 팔, 다리만 표현하였지만 점차 인물의 머리카락과 핀 등 세련된 표현을 하며, 팔, 다리에 손과 발이 나타나며 손가락도 표현한다.	

③ 쓰기 표본 평가

쓰기 표본의 예로는 편지 쓰기, 유아 서명, 그림 내용, 부모님이나 친구에게 편지, 유아가 독창적으로 만들어 낸 이야기, 책을 들 수 있다. 쓰기 표본은 유아의 쓰기 활동과정을 보여 주는 증거가 되며, 유아의 쓰기능력을 향상시키기 위해 아주 유용한 정보가 된다. 또한 유아의 쓰기 표본을 선별해서 문해능력을 평가하는 데 이용할 수 있으며 평가 결과를 쓰기 지도에 활용할 수 있다(심성경, 2015).

〈표 6-7〉 쓰기평가의 예(만 4세 유아)

<table>
<tr><th rowspan="9">내용</th><th>단계</th><th>체크리스트</th><th>1차</th><th>2차</th></tr>
<tr><td>1</td><td>긁적거리기 단계</td><td></td><td></td></tr>
<tr><td>2</td><td>한두 개의 자형이 우연히 나타나는 단계</td><td></td><td></td></tr>
<tr><td>3</td><td>자형이 의도적으로 한두 개 나타나는 단계</td><td></td><td></td></tr>
<tr><td>4</td><td>글자의 형태가 나타나고 가끔 자모음의 방향이 틀리거나 부분적으로 틀린 단계</td><td>V</td><td></td></tr>
<tr><td>5</td><td>완전한 단어 형태가 나타나고 자모음의 방향이 틀리거나 글자가 부분적으로 틀린 단계</td><td></td><td>V</td></tr>
<tr><td>6</td><td>완전한 단어 형태가 나타나고 자모음의 방향이 정확한 단계</td><td></td><td></td></tr>
<tr><td>7</td><td>문장형태가 나타났으나 부분적으로 틀린 단계</td><td></td><td></td></tr>
<tr><td>8</td><td>틀린 글자가 없이 완전한 문장의 형태가 나타나는 단계</td><td></td><td></td></tr>
<tr><th rowspan="2">작업표본</th><td colspan="2">1차</td><td colspan="2">2차</td></tr>
<tr><td colspan="2">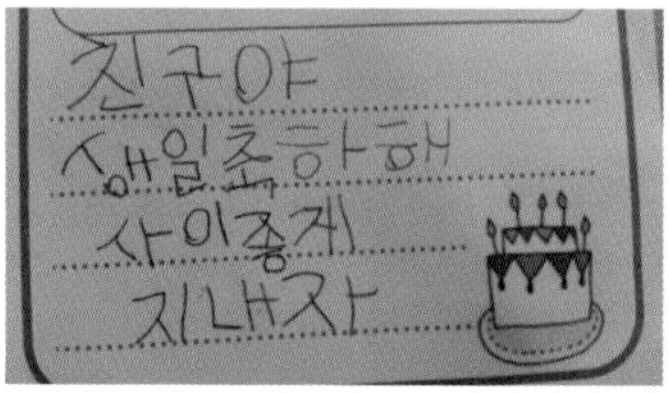
</td><td colspan="2">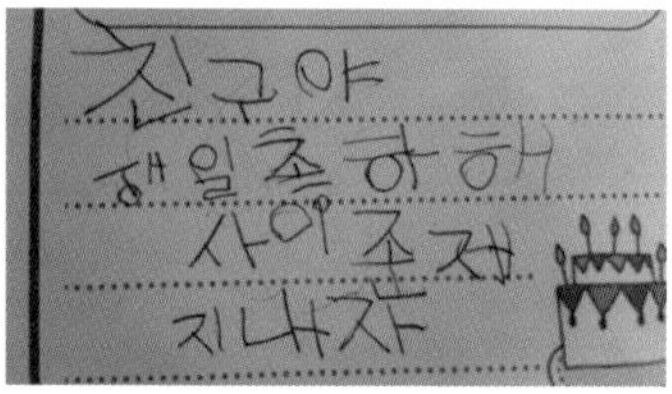
</td></tr>
<tr><th>해석</th><td colspan="4">자신의 생각이 글자의 형태로 나타남을 알며 1차에서는 교사가 써 준 글자를 보며 틀리지 않고 잘 따라서 쓸 수 있다. 2차에서는 '친구야, 생일, 지내자'와 같은 단어를 스스로 쓸 수 있지만 조금 어려운 단어는 자음, 모음을 부분적으로 틀리기도 한다.</td></tr>
</table>

(3) 면담

면담은 학습 활동과 관련된 유아의 지식 수준과 이해 정도의 평가에도 중요한 정보를 제공해 준다. 면담을 할 때는 유아의 수준에 맞추어 질문을 해야 하며, 면담을 진행하면서 동시에 기록하고 필요시 녹음 또는 녹화를 하여 활용할 수 있다(심성경, 2015).

〈표 6-8〉 유아면담 시 사용된 기록지의 예

견학을 다녀온 후 면담한 내용	
질문 1. 무엇이 가장 재미있었나요? 답: 딸기를 따서 먹었던 것 2. 무엇이 가장 어려웠나요? 답: 맛있는 딸기를 따는 것 3. 무엇을 알게 되었나요? 답: 딸기가 어떻게 자라는지 알게 된 것	
송편 빚기 요리를 한 후 면담한 내용	
질문 1. 무엇이 가장 재미있었나요? 답: 동그랗게 만드는 것 2. 무엇이 가장 어려웠나요? 답: 송편이 터지지 않게 하는 것 3. 집에서 먹어 본 송편과 내가 만든 송편을 비교한다면 어떤 점이 다를까요? 답: 송편에 들어가는 재료가 다른 것 4. 무엇을 알게 되었나요? 답: 송편 만드는 과정	

(4) 학습활동 기록지

학습활동 기록지는 유아 자신들이 발견한 사실이나 생각, 읽은 책이나 궁금해하는 모든 것을 쓰거나 그림으로 그린 것이다. 학습활동 기록지를 통하여 개별화된 교육과정을 제공해 줄 수 있고 유아에게 자신의 학습 목표를 세우고 자신의 학습 활동을 계획할 수 있도록 도와준다(심성경, 함은숙, 2015).

〈학습활동 기록지의 예〉

- 도서대여 대출카드, 영역별 활동지(5개 영역)
- 독서수첩[동화책 읽은 기록, 관찰일지(동물/식물/사물)], 실험활동지

5. 포트폴리오 평가의 절차 및 실제

1) 포트폴리오 평가 계획

(1) 규정(규준–준거) 설정하기

- 계획 단계에서는 포트폴리오 평가를 실시하는 데 있어서 구체적인 규정을 정하고, 포트폴리오 평가 참여자에 대한 연수 및 안내가 이루어져야 한다(황해익 외, 2013).
- 규정 설정이란 포트폴리오 평가를 실시하기 위한 계획 설정이다.
- 아동 및 부모의 참여를 최대한 보장할 수 있는 여러 가지 방법을 설정한다.
- 포트폴리오 평가를 실시하는 목적, 수집 내용물을 기록해 둔다.
- 채점 준거, 실시방법과 포트폴리오의 활용방법 등을 결정해야 한다.

〈포트폴리오 평가를 위한 규정의 예〉

- 개별 아동에 대해서 다양한 방법으로 자료를 수집하여 발달적으로 적합한 실제를 제공하기
- 수집될 항목은 교육과정 영역(신체운동 · 건강, 의사소통, 사회관계, 예술경험, 자연탐구)별로 필수 항목으로 연 3회(학년 초, 1학기 말, 2학기 말)에 걸쳐 자료 수집을 하고, 개별화된 포트폴리오 항목은 수시로 연중 첨가해야 한다.
- 아동 포트폴리오에 넣을 작품은 아동이 선정하는 것이 원칙이다.

- 아동의 작품에 아동, 교사, 학부모의 논평을 첨가한다.
- 포트폴리오 협의회는 연 3~4회를 기본으로 하되, 학부모들의 편의에 따라 논의하여 시간과 장소를 정하거나 때로는 변경할 수 있다.
- 다음 해로 인수인계할 포트폴리오 항목은 아동, 교사, 부모가 함께 결정한다.
- 담임들은 각 학기 말에 포트폴리오의 항목과 내용을 서술적으로 요약하여 가정으로 보낼 수 있다.
- 학기 말에 학습활동 포트폴리오는 아동을 통해서 보내고, 인수 포트폴리오는 영유아교육기관에 보관한다.
- 아동의 개인적 정보들은 비밀보장이 되어 공개되지 않도록 하며, 이는 아동의 학습활동 포트폴리오와 분리해서 보관한다.

(2) 포트폴리오 평가 참여자에 대한 연수 및 안내하기

- 교사는 포트폴리오 평가에 대한 개념, 특징, 내용, 방법, 결과 활용 등 전반에 대해 충분히 이해하고 활동과정을 수집하기 위해 관찰하고 기록 · 기술하는 것과 같은 실제적인 연수과정을 통해 숙련되어야 한다.
- 포트폴리오 평가는 평가과정에 학부모 및 가족들을 주도적으로 참여시키는 협동적인 평가이므로 이들에게 포트폴리오 평가에 대해 정확하게 안내하는 것이 매우 중요하다(황해익 외, 2013).

〈표 6-9〉 포트폴리오 평가 범주

발달범주	누리과정 영역	생활주제		교과영역
• 신체발달 • 인지발달 • 언어발달 • 정서발달 • 사회발달	• 신체운동 · 건강 • 의사소통 • 사회관계 • 예술경험 • 자연탐구	• 유치원/ 어린이집과 친구 • 나와 너 • 우리 동네 • 동식물과 자연 • 건강과 안전 • 생활도구	• 교통기관 • 우리나라 • 세계 여러 나라 • 환경과 생활 • 봄 · 여름– 가을 · 겨울	• 언어 • 수학 • 과학 • 미술 • 음악

〈포트폴리오 계획 점검〉

포트폴리오 계획을 위한 체크리스트
1. 포트폴리오에 무엇을 포함시킬 것인가? (활동표본/저널(일지)/교사평가/자기평가/가장 잘한 활동의 표본/평가진보 보고서)
2. 포트폴리오를 어떻게 조직할 것인가?
3. 포트폴리오 내용은 어떻게 수집할 것인가?
4. 포트폴리오 평가에 누구를 포함시킬 것인가?
5. 포트폴리오 어떻게 공유할 것인가? 평가 결과는 어떻게 보고할 것인가?

(3) 포트폴리오 평가 자료 수집

① 보관함 준비하기

결과물을 수집 및 정리하기 위한 보관함으로 3공 바인더, 아코디언 파일, 대형 서류봉투, 플라스틱 상자, 뚜껑이 있는 상자, 스크랩북, CD-ROM 등을 준비한다.

디지털 캠코더, 카메라 및 스캐너를 이용하여 작업표본, 사진 및 그림뿐만 아니라 발표, 음악, 극놀이, 기타 동작 활동들을 파일로 저장할 수 있으며, 이러한 전자 형태의 포트폴리오 보관은 장기간 저장이 가능하며 학부모와의 공유도 용이하다(McAfee & Leong, 2008).

② 내용 목차 작성하기

날짜와 함께 자료의 영역과 형태를 기록해 두면 자료가 원본인지 또는 복사본인지, 녹음 자료인지 또는 사진인지 등을 쉽게 파악할 수 있다.

③ 시간 흐름에 따른 다양한 작업표본 수집하기

일반적으로 시간의 흐름에 따른 아동의 활동 과정 및 결과를 나타내는 다양한 증거물을 수집하면 된다. 이때 주의할 것은 포트폴리오 평가의 방향은 개인 간 비교가 아닌 개인 내 평가로 아동의 특정 발달 상황을 평가해야 한다.

④ 학습일지 기록하기

학습일지는 학습 활동 이후에 학습의 과정이나 결과, 소감, 계획 등을 기록하는 것으로 현재의 학습 상황에 대한 반영과 함께 미래에 대한 계획을 포함한다.

⑤ 관찰 기록하기

포트폴리오 평가에는 일화기록, 체크리스트, 평정척도 등을 통해 수집된 교사의 관찰 자료가 필수적으로 포함된다.

⑥ 자기반영 및 조언 자료 수집하기

활동에 대한 아동의 견해, 논평, 조언들을 기록하여 수집한다.

〈또래용 조언 기록지〉

나의 이름 : 날짜 :

- 친구의 작품 중에 무엇이 멋졌나요?

- 친구의 작품에서 어떤 점을 칭찬해 주고 싶나요?

- 함께 만든다면 어떤 부분을 새롭게 하고 싶나요?

(4) 포트폴리오 조직과 관리

수집된 개별 포트폴리오 자료는 선정된 내용목록에 따라 조직하고 관리해야 효율적이다.

〈포트폴리오 조직 시 고려할 점〉

- 포트폴리오를 조직하는 기준(생활영역별, 흥미영역별, 활동 종류별 등과 같은 기준)을 정한다.
- 포트폴리오에 들어가는 내용마다 날짜를 기록해야 한다.
- 각 유아마다 똑같은 포트폴리오를 가지는지 파악해야 한다.
- 평가가 하루 생활의 정규적인 일부가 되도록 하며, 정보의 수집은 자주 규칙적으로 해서 모든 유아가 그에 익숙해지도록 하고 중요한 유아의 작품을 학기 초부터 수집해 놓는 습관을 들여야 한다.

출처: 이정환, 박은혜(2009).

(5) 포트폴리오 해석 및 활용

① 포트폴리오 요약서 준비하기

포트폴리오 요약서는 한 학기 혹은 한 해 동안 포트폴리오에 수집된 많은 정보를 요약하여 서술문으로 작성하는 것이다. 이를 위해서 교사는 포트폴리오를 발달영역별, 누리과정 영역별, 혹은 생활영역별로 편집하여 시간의 흐름에 따라 작품들을 정리하고, 개인 내 변화와 진보에 초점을 맞추어 요약해야 한다.

〈표 6-10〉 포트폴리오 요약서의 예(제공: 꿈동산 어린이집)

성명	한○○	생년월일(성별)	2007년 10월 7일 (남)	기록일	2014년 2월 15일
교육과정 영역		내용			
신체운동 · 건강		소근육을 조절하는 젓가락 사용하기 등의 눈과 손의 협응력이 필요한 활동을 잘하여, 놀이실을 이용한 신체활동에 활발하게 참여하여 긴장감을 해소하여 스스로 손과 몸을 깨끗이 하는 습관이 바르게 형성되어 있습니다.			

<table>
<tr><td colspan="2">의사소통</td><td>다른 사람의 이야기를 주의 깊게 듣고 자신의 경험과 생각을 관련지어 잘 이해하며, 다른 사람 옆에서 자신의 생각을 자신감 있게 정확한 발음으로 표현합니다. 읽어 주는 글 외 내용에 관심이 높으며, 스스로 책을 읽으려고 시도합니다.</td></tr>
<tr><td colspan="2">사회관계</td><td>다른 사람의 의견을 존중하고 물건을 함께 나누어 쓰고 양보하려고 노력하며, 다른 사람과 한 약속의 중요성을 알고 스스로 잘 지킵니다. 친구와 갈등들이 생겼을 때 자신의 감정을 조절하여 표현하려고 노력합니다.</td></tr>
<tr><td colspan="2">예술경험</td><td>주변과 자연환경의 예술적인 요소에 관심을 가지고 자신의 생각을 노래나 동적으로 표현하는 것을 즐기고, 극놀이로 표현하는 것을 좋아합니다.</td></tr>
<tr><td colspan="2">자연탐구</td><td>주변의 사물과 현상에 호기심을 가지고 탐구하며, 주변 물체의 움직임을 관찰하고 특징을 알아보기 위해 노력합니다. 또한 주변의 구체물을 이용하여 10 이상의 수를 세고 숫자와 연결할 수 있습니다.</td></tr>
<tr><td colspan="2">총평</td><td>명랑하고 활동적이므로 신체를 이용한 다양한 활동에 적극적으로 참여하며, 책읽기 등 읽기와 쓰기에 대한 관심이 높은 편입니다. 친구들에게도 재미있게 책을 읽어 주고 책의 내용을 극놀이로 표현하는 것을 좋아합니다.</td></tr>
<tr><td rowspan="3">부모님 의견</td><td>가정에서 발견되는 발달사항</td><td></td></tr>
<tr><td>관심 있어 하는 주제</td><td></td></tr>
<tr><td>유치원 활동에 대한 제안사항</td><td></td></tr>
</table>

② 포트폴리오 협의회 실시하기

포트폴리오 협의회에서 교사와 부모는 포트폴리오 요약서를 토내로 아동에 대한 정보를 공유하고 요약서의 내용을 수정한다. 아동, 교사, 학부모가 협의하여 최종평가 포트폴리오에 넣을 항목들을 선정할 수도 있다.

포트폴리오 협의회는 1년에 3~4회 주기적으로 이루어질 수도 있고 학급 자원봉사활동 시간이나 등하원 시간을 통해서 비주기적으로 이루어질 수도 있다.

③ 포트폴리오 전시회 개최하기

포트폴리오 활동들을 공유하기 위한 한 방법으로 포트폴리오 전시회를 개최하는데, 이때 모든 아동의 학습 포트폴리오를 전시하고 작품을 소개할 수도 있다.

전시회를 통해서 부모는 자녀의 발달 상황과 강점을 알게 되고, 동료 교사들은 다양한 교수-학습 활동에 대한 지식을 얻게 된다. 그리고 행정가들은 교사가 교수 활동의 책임을 다했는지에 대한 구체적인 정보를 얻을 수 있게 된다.

④ 인수 포트폴리오 준비하기

교사, 아동, 부모가 협의하여 선별한 작업표본, 포트폴리오 요약 및 기타 평가 기록들을 모은 인수 포트폴리오를 준비하고 다음 해의 교사에게 참고할 수 있는 자료를 전달한다. 이러한 인수 포트폴리오에 넣을 항목은 포트폴리오 평가 계획 단계에서 규정을 설정할 때 결정해야 한다.

2) 포트폴리오 평가의 실제

포트폴리오 평가의 실제를 구체적으로 살펴보면 다음과 같다(조윤경, 김경해, 2013).

(1) 시작 단계

포트폴리오 평가를 하기로 결정하였고 변화를 받아들이는 것을 이해하였다면 과정을 시작하기 전에 몇 가지를 결정해야 한다.

- 첫 번째 단계: 포트폴리오의 목적, 형식, 기록 보존 체계를 설정해야 한다.
- 두 번째 단계: 포트폴리오 내용 선택에 따라 무엇으로 포트폴리오를 구성할 것인지, 아동의 작품은 어떻게 수집되고 구성되며 검토될 것인지에 대해 결정해야 한다.

- 마지막 단계: 교사는 포트폴리오에 있는 내용을 어떻게 보고할 것인가에 대해서 결정해야 한다.

레스처(Lescher, 1995)는 포트폴리오의 내용 구성에 대해 다음과 같은 체크리스트 모델을 제안하고 있다.

〈포트폴리오 구성을 위한 행동목록〉

포트폴리오 구성 계획표
체크리스트 1. 포트폴리오에 포함될 것들은 무엇인가? □ 작업표본 □ 일기 □ 사진 □ 교사평가 □ 자기평가 □ 부모평가 □ 가장 잘한 과제의 예 □ 평가 진행과정 보고서(서술형) 2. 포트폴리오를 어떻게 구성할 것인가? 3. 포트폴리오의 구성물들을 어떻게 수집할 것인가? 4. 포트폴리오 평가에 누구를 포함할 것인가? 5. 포트폴리오를 어떻게 공유할 것인가? 평가 결과는 어떻게 보고할 것인가?

(2) 진행 단계

① 작업 수집과 구성

개인 작업과 집단 작업에 대한 교사의 지침이나 평가가 포함된다. 일 년 동안 어떠한 자료를 남길 것인가 혹은 어떠한 자료를 대체했을 때 더 나은 포트폴리오가 될 것인가에 대한 더 많은 결정을 해야 한다. 포트폴리오가 기록의 목적이라면 다음 교사에게 무엇을 전달해야 할지와 무엇을 제거할지에 대한 결정이 필요하다. 크기와 양은 모든 포트폴리오 수집물에서 중요한 요소이지만 기록 포트폴리오는 신중한 선택이 요구된다.

② 포트폴리오 평가방법 선택

교사의 역할에서 중요한 것은 포트폴리오의 목적에 따라 포트폴리오에 어떠한 평가를 포함할 것인가를 결정하는 것이다.

바버와 데스장-페로타(Barbour & Desjean-Perrotta, 1998)는 진행과정과 결과물 사이의 균형이 잘 맞아야 함을 다음과 같이 제안하고 있다.

- 작업표본, 일기, 상호작용 일기, 인터뷰
- 행동목록과 평정척도, 행동 관리를 위한 자기평가
- 비디오/사진/컴퓨터에 의한 평가
- 수행/준거에 근거한 과업/집단(그룹) 평가
- 교사가 고안한 검사, 과제, 관찰 및 설명적 요약

포괄적인 포트폴리오를 위해 평가 항목을 선택하는 유아교사는 몇 가지 유형을 고려해 볼 수 있다. 예를 들어, 쓰기와 읽기에서 갑자기 발생하는 능력의 포트폴리오는 아동의 읽고 쓰는 능력의 진행과정을 결정해 주는 행동목록, 교사의 의견, 또는 다른 기록의 형태로 구성될 수 있다(Wortham, 1998).

〈표 6-11〉 아동의 읽기 활동에 대한 교사의 기록

아동 이름:

아동이 혼자 읽은 책 목록	
책 제목	읽은 날짜
아동이 도움받으면서 읽은 책 목록	
책 제목	읽은 날짜

의견/필요한 지시사항:

〈표 6-12〉 교사 면접 양식

읽기활동에 대한 면접	
아동 이름:	날짜:

1. 어떤 종류의 책을 좋아하는가?

2. 가장 좋아하는 책은 무엇인가?

3. 집에 읽을 책들이 있는가?

4. 집에서 누군가 책을 읽어 주는가?

5. 집에서 다른 사람들은 책을 읽는가? 어떤 책을 즐겨 읽는가?

〈표 6-13〉 과학영역 평가 행동목록

아동 이름				생년월일								
내용 날짜												
분류화 기술을 위한 행동 목록												
분류에 관한 기초적인 원칙을 알려 주었을 때 일관되게 분류군을 형성한다.												
분류화를 위한 기초를 명명한다.												
분류화를 위한 기초를 고안한다.												
하위 분류목록을 작성한다.												
기타												

〈표 6-14〉 프로젝트 평가 행동목록

아동 이름				생년월일								
내용 날짜												
프로젝트 평가를 위한 행동 목록												
정보를 응용하였는가?												
정보를 명확하게 전달했는가?												
창의적 과업을 나타냈는가?												
깔끔하게 작성했는가?												
적절하고 명확하게 설명했는가?												
그룹 프로젝트에서 작업이 적절하게 분배되었는가?												
작업은 잘 협력하여 했는가?												
기타												

〈표 6-15〉 포트폴리오 검토

포트폴리오 검토
이름:
날짜:
교사:
1. 내가 가장 좋아하는 과제(그리기, 쓰기, 사진 포함)
2. 내가 가장 잘한 과제(그리기, 쓰기, 사진 포함)
3. 앞으로 더 많이 하고 싶은 과제(이야기 기록, 그리기 포함)

(3) 포트폴리오 평가 분석

교사, 아동, 부모는 아동의 발달 진행과정과 앞으로의 성장과 발달을 위해 아동이 적절하게 수행할 활동을 계획해야 한다. 작업표본, 면접 결과, 행동목록, 평정척도, 교사의 주석, 교사가 제작한 평가목록, 수행 과제 등이 아동이 무엇을 배워 왔는가를 알기 위해 검토되어야 한다. 포트폴리오에 제시된 작업은 발달영역, 기술의 연계성, 교사와 시설의 목표 등에 따라 평가한다. 확립된 준거에 따라 교사는 아동의 강점과 약점뿐 아니라 다양한 작업표본에서 드러나는 흥미와 창의적 표현에 관한 프로필까지 작성할 수 있다.

〈표 6-16〉 수행평가의 예

준비된 자료(사진/그림)를 통해 대상 아동의 수행 정도와 평가 해석 및 계획을 수립하기	
평가일시	년 월 일 /시간:
평가자	
일과/활동	
대상유아	만 세 개월

평가내용	'해석하기': 발달영역별 수행정도 파악/참여도/참여하는 동안의 흥미나 기분 등을 서술
자료	사진이나 그림(작품 결과물)
계획	• 평가해석에 따른 다음 번 계획에 더 알아야 할 부분 기록하기 • 정보 추가 상황으로 가정, 다른 일과 등 기술 수행도를 다시 확인할 수 있게 기록하기
잠재목표	

(4) 첫 포트폴리오를 위한 전략

부쉬먼과 밸러드(Buschman & Ballard, 1993)은 포트폴리오를 처음 시작하려는 교사들에게 작은 것부터 시작할 것을 제안하고 양보다는 질을 강조한다. 포트폴리오에 넣기에 적합하지 않은 프로젝트들을 기록하기 위해 사진, 그림, 반영하는 설명 등을 사용한다. 포트폴리오마다 내용목록을 포함한다. 아동이 수행한 작업에 날짜를 기입한다. 몇몇 작업표본은 교사 스스로 선택한다. 부모에게 자녀의 포트폴리오를 검토할 수 있는 기회를 준다.

포트폴리오는 교사가 아동의 발달 진행과정을 어떻게 기록할 것인지에 대한 융통성을 제공하며 동시에 부모에게 아동의 학습과 성취를 촉진하는 시설에서의 활동에 대한 정보를 제공한다. 포트폴리오는 평가과정에서 아동이 적극적 동반자로서의 역할을 수행하며 동의 의견을 포함시킬 수 있다(조윤경, 2010a).

제7장

아동검사

학습목표

1. 아동검사의 개념 및 특성에 대해 안다.
2. 발달선별 검사, 시지각영역 검사, 지능 및 인지 영역 검사, 언어영역 검사, 정서 및 사회성 영역 검사에 대해 안다.
3. 아동검사 수행 시 고려사항에 대해 안다.

학습개요

아동의 발달 및 행동을 구체적으로 이해하고, 아동이 일반적인 발달을 하고 있는지를 판단하기 위해서는 우선적으로 아동검사에 대한 이해가 필요하다. 아동을 평가하고 진단하기 위해서는 관찰, 면접, 심리검사 등 다양한 방법이 사용되지만, 그중 가장 객관적으로 평가하여 신뢰할 수 있는 결과를 얻기 위해서는 표준화된 검사도구를 사용한다. 이에 이 장에서는 아동검사의 전반적인 이해를 위해 검사의 개념 및 특성과 더불어 현재 널리 쓰이고 있는 몇 기지 검사도구에 대해 살펴보고자 한다

주요용어

덴버 발달선별검사, 게젤 발달검사, 시지각발달검사, 웩슬러 아동지능검사, 카우프만 지능검사, 우리말 조음・음운평가, 구문의미 이해력 검사, 집-나무-사람 검사, 적응행동검사

1. 아동검사의 개념 및 특성

아동의 발달을 진단하기 위해서는 아동의 문제에 따른 적절한 진단 절차 및 방법을 탐색하고 실행하여야 하며, 정확한 진단을 하기 위해서는 적합한 검사도구를 파악하고 사용할 수 있어야 한다. 검사는 측정, 사정, 진단, 평가 등과 함께 혼용되는 경우가 있는데, 각각의 정확한 의미에 대해 살펴볼 필요가 있다.

먼저, 측정(measurement)이란 일정한 법칙에 따라 사물 또는 그 속성에 대해 수치를 부여하는 행위를 말한다. 예를 들면, 아동의 지능, 몸무게, 신장 등을 수치화하는 것, 사물 또는 속성을 수치화해서 나타내는 모든 것을 일컬어 측정이라 한다. 진단(diagnosis)이란 특수교육 서비스와 관련된 포괄적인 사정을 위하여 장애의 정도, 원인, 필요한 처치 등을 결정하는 것이다(국립특수교육원, 2009). 이것은 아동이 발달에 지연이 있는지, 문제가 있는지 등을 총체적으로 파악하는 과정으로서, 아동 개인의 발달 특성, 문제의 원인 등을 파악한다. 장애가 있는지를 판단하는 선별과는 달리 좀 더 심층적으로 다양한 방법을 통한 포괄적인 검사가 이루어지며, 진단을 하는 사람의 자격도 제한적이어서 충분한 수련을 받은 전문가(의사, 임상심리사 등)에 의해 이루어진다. 평가(evaluation)는 사물과 그 속성에 대해 가치 판단을 하는 행위를 말하는데, 그러한 가치 판단을 내리려면 반드시 판단의 명확한 준거가 있어야 한다. 예를 들면, 아동의 발달 지연을 평가하고자 할 때에는 그 연령대의 보통 아동의 평균이라는 준거가 있어야 하며, 그 준거와 검사하고자 하는 아동의 점수를 비교하여 평가가 내려지게 된다.

사정(assessment)이란 위의 측정, 진단, 평가를 모두 포함하는 용어로서, 교육적 의사결정에 필요한 자료를 수집하고 평가하는 일련의 모든 과정을 말한다. 사정을 할 때에는 관찰, 면담, 조사, 검사도구 활용 등 아동의 특성을 파악하기 위한 모든 방법을 동원하여 정보를 수집하고, 아동의 신체적 · 심리적 · 사회적 특성을 평가한다. 사정으로 얻은 아동에 대한 결과를 토대로 교사는 교육의 목적, 목표, 교수 전략, 프로그램 등을 수립하게 되는데, 교사는 구체적인 사정방법 중 하나인 검사를 적절하게 실시할 줄 알아야 하며, 다양한 검사도구의 특성을 파악할 필요가 있다.

2. 발달선별 검사

1) 한국판 덴버 발달선별검사(KDDST)

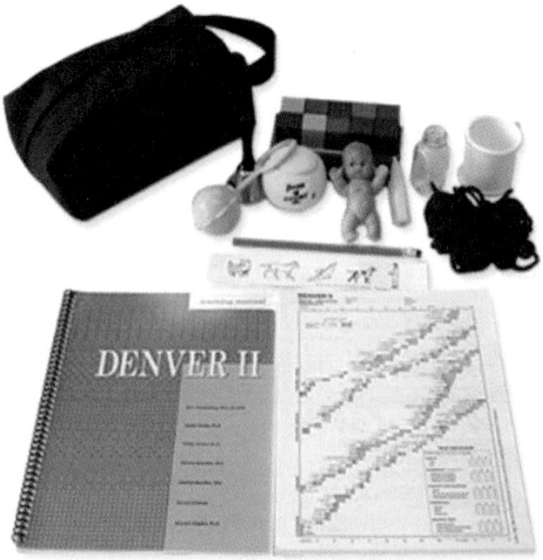

[그림 7-1] **덴버 발달선별검사(DDST) 도구**

출처: 아이소리몰(http://isorimall.com).

1960년 말, 미국 덴버의 콜로라도 의과대학에서 영유아를 포함한 아동의 발달을 조기에 선별하기 위해 프랭큰버그(Frankenburg)와 도즈(Dodds)가 덴버 발달선별검사(Denver Developmental Screening Test: DDST)를 개발하였다. 덴버 발달선별검사는 우리나라에서 서울시에 거주하는 만 6세 아동 2,140명(쌍둥이, 조산아, 양자, 시청각장애, 중추신경장애, 구개파열, 신체장애, 다운증후군 아동은 제외되고 급성질환을 가진 아동 또한 제외)을 대상으로 표준화되었다(이근, 1987). 검사의 목적은 영유아를 대상으로 발달장애가 의심되는 아동을 선별하는 것이다. 만약 장애가 뚜렷하게 나타나진 않지만 발달장애 가능성이 의심되거나 관찰된 내용을 좀 더 객관적으로 확인하기 위한 경우 검사를 사용할 수 있다.

검사의 대상은 출생부터 만 6세까지이며, 〈표 7-1〉과 같이 네 가지의 하위 영역별로 검사를 시행하는 연령이 구분되어 있다. 덴버 발달선별검사를 실시한 후에는 채점을 하여 각 문항별로 합격 또는 불합격으로 평가하게 되며, 검사의 결과에 따라 의문, 이상, 검사불능으로 해석된다. 그러나 검사의 결과만을 가지고 아동을 판단해서는 안 되며, 평소의 아동의 특성에 대해 잘 알고 있는 주 양육자를 통해 아동에 대한 충분한 정보를 수집한 후에 이를 반영해야 한다.

〈표 7-1〉 **덴버 발달선별검사(DDST)의 영역**

기능영역	과제의 설명	연령	과제명	과제
개성-사회성	사람들과 함께 살아가고 자신의 신변처리를 스스로 하는 능력을 가리키는 과제	$5\frac{1}{2}$개월	장난감을 당기는 것에 저항한다.	장난감을 가져가는 것에 저항한다.
		$2\frac{1}{2}$개월	관리를 받아 옷을 입는다.	자신의 옷을 입는다.
소근육운동 적응기능	보고, 손으로 물건을 집고, 그리는 능력을 가리키는 과제	$3\frac{1}{2}$개월	물건을 쥐기 위해 손을 뻗는다.	자기 앞에 놓인 장난감을 쥐기 위해 손을 뻗는다.
		2세	8개의 입방체로 탑을 쌓는다	8개 입방체를 균형을 잡고 놓는다.
언어	듣고, 명령을 따르고, 말하는 능력을 가리키는 과제	1세	엄마, 아빠 이외의 3개 단어를 말한다.	세 가지 물건에 대해 적어도 3개의 특정한 단어를 사용한다.
		$4\frac{1}{2}$개월	단어를 정의한다.	용도, 모양, 구성 등의 범주별로 9개 단어(공, 호수, 책상, 집, 바나나, 커튼, 천장, 울타리, 포장도로와 같은 단어) 중 6개를 정의한다.

대근육운동	앉고, 걷고, 점프하는 능력을 가리키는 과제	11개월	몸을 굽히고 편다.	마루를 디디거나 만지지 않고 몸을 구부려 장난감을 집고 다시 일어선다.
		$2\frac{1}{2}$세	넓이뛰기를 한다.	마루 위에 평평하게 놓인 $8\frac{1}{2}$인치 종이 위에 양발로 점프한다.

출처: 곽금주(2002).

2) 게젤 발달검사(GDS)

게젤 발달검사(Gesell Development Schedules: GDS)는 영유아 발달검사 중에서 가장 오래된 검사로서, 오랜 시간 표준화 과정을 거쳐 1941년 게젤(Gesell)과 아마트루다(Amatruda)가 제작하였다. 검사의 목적은 행동적 규준을 가지고 아동의 성숙을 발달적으로 평가하는 것으로, 검사를 통해 발달지수(Developmental Quotient: DQ)를 구해 발달장애를 변별해 내는 것이다. 검사에 소요되는 시간은 1시간 정도이며, 아동의 발달력과 가족력 등을 얻기 위한 예비면접이 이루어진 후에 본검사가 진행된다. 검사는 총 144개의 문항으로 구성되어 있으며, 출생에서부터 60개월의 아동을 대상으로 실시된다. 여기서 중요한 발달적 성취가 이루어지는 주요 연령을 4주, 16주, 28주, 40주, 52주, 18개월, 24개월, 36개월이라고 언급하였으며, 각 연령에서 5개의 발달영역에 해당되는 문항을 포함하도록 검사를 구성하였다. 발달영역의 내용은 〈표 7-2〉와 같다.

[그림 7-2] 아널드 게젤(Arnold Lucius Gesell)

〈표 7-2〉 게젤 발달검사(GDS)의 발달영역

발달영역	세부내용
적응행동	• 가장 중요한 발달영역으로 이를 통해 이후의 지능을 예측할 수 있음. • 사물을 다루는 행동을 통하여 감각 운동적인 성숙, 손-발의 협응, 문제해결, 간단한 추론기술 등이 평가됨.
대근육운동	• 자세 취하기 반응, 머리의 균형 잡기, 앉기, 서기, 기기, 걷기 등이 포함됨.
소근육운동	• 손과 손가락을 사용하는 조작활동들이 평가됨.
언어	• 얼굴표정, 제스처에서부터 언어적 발성, 소리모방, 말하기, 언어수용 기술에 이르기까지 언어적, 비언어적 의사소통 능력들이 평가됨.
개인-사회적 행동	• 식사습관, 배변훈련, 놀이, 대인관계 등 개인적, 사회적 상황에 대한 아동의 반응이 평가됨.

출처: 곽금주(2002).

3. 시지각영역 검사

1) 한국판 시지각발달검사(K-DTVP-3)

[그림 7-3] 한국판 시지각 발달검사(K-DTVP-3) 도구

출처: 인싸이트(http://inpsyt.co.kr).

시지각발달검사(Korea-Developmental Test of Visual Perception-3: K-DTVP-3)는 아동의 시지각 특성을 측정하기 위한 검사로서 1961년 프로스티그(Frostig)가 제작하였다. 이 검사도구는 심리학, 작업치료, 시력측정, 교육 등의 분야에 종사하는 여러 임상 전문가나 연구자들로부터 높은 관심을 받았지만, 표준화의 부적절성과 측정도구의 신뢰도와 관련된 여러 가지 비판을 받아 왔다(문수백, 여광응, 조용태, 2003). 여러 번의 개정을 통해 전국 만 4~12세 아동 1,800명을 대상으로 표준화하여 2017년 한국판 시지각발달검사(K-DTVP-3)가 제작되었다. 이 검사는 다음과 같은 네 가지 주요 목적으로 활용될 수 있다. 첫째, 아동의 시지각 결함의 유무와 정도를 검사를 통해 확인할 수 있다. 둘째, 시지각에 있어서 문제가 있다고 확인된 아동의 보다 심층적인 진단이 가능하다. 셋째, 시지각과 관련된 문제를 개선할 수 있도록 개발된 프로그램의 효과 검증에 사용될 수 있다. 넷째, 기타 여러 연구의 도구로서 큰 가치를 지니며 활용될 수 있는 도구이다.

이 검사의 구성은 〈표 7-3〉에 제시된 바와 같이 눈-손 협응, 따라 그리기, 도형-배경, 시각 통합, 형태 항상성의 다섯 가지 하위 영역으로 구성되어 있다.

이 검사는 검사를 실시할 때의 규칙이 존재하는데, 먼저 아동의 연령과 관계없이 모든 하위검사에서 시작점이 동일하여 1번 문항부터 시작하는 '시작규칙', 아동이 연속된 3개 문항에서 0점을 받으면 검사를 중단하거나, 연속된 5개 문항 가운데 3개 문항에서 오답 반응을 할 경우 세 번째 오답 반응을 한 문항에서 검사를 중단하는 '중단규칙'이 있다.

또한 이 검사의 채점을 통해 원점수 및 원점수에 해당하는 연령지수, 백분위, 하위검사 표준점수, 종합점수 등을 산출하게 되며, 이로 인해 얻게 된 결과로 프로파일을 작성하도록 되어 있다.

〈표 7-3〉 한국판 시지각발달검사(K-DTVP-3)의 하위 영역

종합척도		하위검사	내용
일반시지각 (GVP)	시지각통합 지수 (VMI)	눈-손 협응 (Eye-Hand Coordination)	시각적 경계에 따라 정밀한 직선이나 곡선을 그리는 능력을 측정함.
		따라 그리기 (Copying)	그림의 특성을 재인하는 능력과 모델을 따라 그리는 능력을 측정함.
	운동축소화-시지각지수 (MRVP)	도형-배경 (Figure-Ground)	혼란스럽고 복잡한 배경 속에 숨겨진 특정 그림을 찾는 능력을 측정함.
		시각 통합 (Visual Closure)	불완전하게 그려진 자극 그림을 완전하게 재인하는 능력을 측정함.
		형태 항상성 (Form Constancy)	하나 이상의 변별적 특정(크기, 위치, 음영 등)에 따라 변이된 두 개의 그림을 짝짓는 능력을 측정함.

4. 지능 및 인지 영역 검사

1) 한국 웩슬러 아동지능검사 5판(K-WISC-Ⅴ)

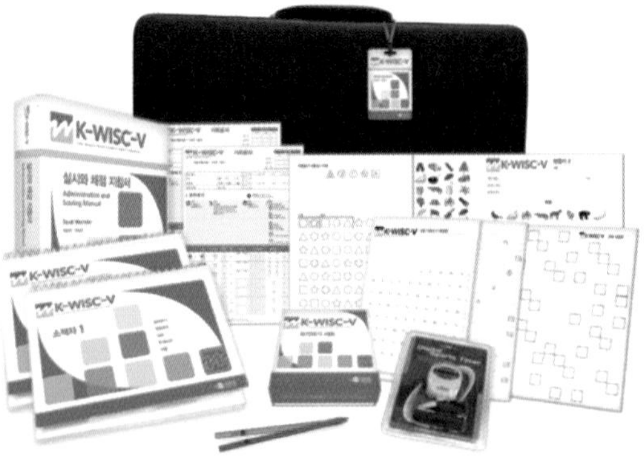

[그림 7-4] 한국 웩슬러 아동지능검사(K-WISC-Ⅴ) 도구

출처: 인싸이트(http://inpsyt.co.kr).

아동이 지닌 인지기능의 전반적인 평가 및 강점과 약점을 파악하기 위해 개별적으로 실시하는 검사도구인 한국 웩슬러 아동지능검사(Korean-Wechsler Intelligence Scale for Children-V: K-WISC-V)는 우리나라에서 가장 보편적으로 사용되고 있는 임상도구이다. 이 검사는 1946년에 성인용 지능검사로 먼저 개발되어 이를 토대로 소검사를 아동 발달에 적합한 문항으로 수정하면서 사용되기 시작하였다. 만 6세 0개월부터 만 16세 11개월까지 아동의 지능을 평가

전체척도

언어이해	시공간	유동추론	작업기억	처리속도
공통성	토막짜기	행렬추리	숫자	기호쓰기
어휘	퍼즐	무게비교	그림기억	동형찾기
상식		공통그림찾기	순차연결	선택
이해		산수		

기본지표척도

언어이해	시공간	유동추론	작업기억	처리속도
공통성	토막짜기	행렬추리	숫자	기호쓰기
어휘	퍼즐	무게비교	그림기억	동형찾기

추가지표척도

양적추론	청각작업기억	비언어	일반능력	인지효율
무게비교	숫자	토막짜기	공통성	숫자
산수	순차연결	퍼즐	어휘	그림기억
		행렬추리	토막짜기	기호쓰기
		무게비교	행렬추리	동형찾기
		그림기억	무게비교	
		기호쓰기		

[그림 7-5] K-WISC-V의 구성

하기 위해 실시하는데, 여러 번의 개정을 통해 현재는 5판까지 출시되었으며, 총 16개의 소검사로 이루어져 있다. K-WISC-V는 유동적 추론의 측정을 강화하는 새로운 세 개의 소검사(무게비교, 퍼즐, 그림기억)가 추가되었고, K-WISC-Ⅳ에서 13개의 소검사(토막짜기, 공통성, 행렬추리, 숫자, 기호쓰기, 어휘, 동형찾기, 상식, 공통그림찾기, 순차연결, 선택, 이해, 산수)가 유지되었지만 소검사의 실시 및 채점 절차가 수정되었다.

2) 한국판 카우프만 지능검사(K-ABC)

한국판 카우프만 지능검사(Kaufman-Assessment Battery Children: K-ABC)는 아동의 지능과 성취도를 평가하기 위해 제작된 종합지능검사이다. 2세 5개월에서 12세 5개월까지의 아동을 대상으로 인지능력과 성취도를 사정할 뿐만 아니라 특수아동의 심리적·교육적 사정을 목적으로 한다. 한국판 카우프만 지능검사의 구성을 살펴보면 〈표 7-4〉와 같다.

〈표 7-4〉 한국판 카우프만 지능검사(K-ABC)의 구성

검사 항목		문항 수	적용 연령
순차처리척도	손동작	21	$2\frac{1}{2}$~$12\frac{1}{2}$
	수 회생	19	$2\frac{1}{2}$~$12\frac{1}{2}$
	단어배열	20	4~$12\frac{1}{2}$
동시처리척도	마법의창	15	$2\frac{1}{2}$~4
	얼굴기억	15	$2\frac{1}{2}$~4
	그림통합	24	$2\frac{1}{2}$~$12\frac{1}{2}$
	삼각형	18	4~$12\frac{1}{2}$
	시각유추	20	5~$12\frac{1}{2}$
	위치기억	21	5~$12\frac{1}{2}$
	사진순서	17	6~$12\frac{1}{2}$
습득도척도	표현어휘	24	$2\frac{1}{2}$~4

습득도척도	인물과 장소	35	$2\frac{1}{2}$~$12\frac{1}{2}$
	산수	38	3~$12\frac{1}{2}$
	수수께끼	32	3~$12\frac{1}{2}$
	문자해독	34	5~$12\frac{1}{2}$
	문장이해	25	7~$12\frac{1}{2}$

이 표에서 알 수 있듯이, 검사는 크게 순차처리척도, 동시처리척도, 습득도척도로 나누어지며, 그에 따른 각각의 하위 영역의 검사를 실시하게 된다. 실제 아동에게 실시되는 하위 영역의 검사는 연령에 따라 다르며, 최소 7개에서 최대 13개까지 실시된다. 실시된 검사의 결과로 아동의 지적 능력과 성취도 점수를 산출하게 되며, 또래집단과 비교하여 아동의 수준이 어떠한지 알 수 있다. 또한 정보처리 선호 패턴을 비교해 볼 수 있으며, 하위검사 간의 비교를 통해 아동이 우수한 영역과 취약한 영역을 분석해 볼 수 있다.

5. 언어영역 검사

1) 우리말 조음 · 음운평가(U-TAP)

[그림 7-6] 우리말 조음 · 음운 평가(U-TAP) 도구

출처: 인싸이트(http://inpsyt.co.kr).

우리말 조음·음운평가(Urimal-Test of Articulation and Phonology: U-TAP)는 1994년 김영태, 신문자가 자음 또는 말소리에 문제를 보이는 조음-음운장애 아동 및 성인이 단어와 문장에서 산출하는 발음을 체계적으로 평가하기 위해 제작한 검사이다. 이 검사의 주 대상은 만 2~12세 아동이지만, 그림을 이용하여 명명하거나 설명하는 과제를 사용하기 때문에 취학 전(만 3~6세) 아동들에게 가장 적합하다. 검사는 낱말 수준에서의 자음 및 단모음을 검사하는 '그림낱말검사'와 문장 수준에서 자음 및 단모음을 검사하는 '그림문장검사'로 구성되어 있다. 먼저, 그림낱말검사는 아동이 목표 단어를 쉽게 산출할 수 있는 30개의 그림으로 구성되어 있으며, 자음 19개와 단모음 10개의 조음을 유도할 수 있다. 그림문장검사는 하나의 그림에서 1~3개의 문장을 유도할 수 있으며, 그림 내의 각 사물을 보면서 문장을 산출할 수 있도록 구성되어 있다.

2) 구문의미 이해력 검사(KOSECT)

[그림 7-7] 구문의미 이해력 검사(KOSECT)

출처: www.goodedu.com.

구문의미 이해력 검사(KOSECT)는 1994년 서울 장애인종합복지관이 발간한 『문장 이해력 검사』를 수정·보완하여 2004년에 개발한 검사도구로서, 아동들의 발화 자료와 저학년 국어과 교과서 및 선행연구 등을 참고하여 검사 문항을 제작하였다. 검사의 대상은 만 4~9세(혹은 초등학교 3학년)의 아동이며, 장애아동의 경우는 생활연령이 9세를 넘더라도 구문 이해력이 초등학교 3학년 아동보다 지체되었을 경우 사용할 수 있다. 또한 이 검사는 언어발달장애를 판별하거나 단순언어장애 아동의 하위 유형을 판별하여 상대적인 강·약점을 파악할 때 사용된다.

구문의미 이해력 검사는 총 57개 문항으로 구성되어 있으며, 쉬운 문항에서 어려운 문항 순으로 배치되어 있다. 아동은 [그림 7-8]에 제시되어 있는 바와 같은, 검사자가 제시하는 그림책의 그림을 보면서 검사자가 읽어 주는 문항을 듣고 3개의 그림 중 가장 적합한 그림을 고르게 된다.

검사자가 읽어 주는 문항	그림책의 그림(예)
"누나가 그림을 그리고 있다."	

[그림 7-8] 검사자의 지시사항과 검사의 그림

6. 정서 및 사회성 영역 검사

1) 집-나무-사람 검사(H-T-P)

집-나무-사람 검사(House-Tree-Person: H-T-P)는 1983년 벅(Buck)이 그림을 통해 사람의 심리적 정보를 얻을 수 있는 검사로 개발하였다. 이후 1958년부터 해머(Hammer)에 의해 임상적으로 적용하는 곳이 확대되어 나갔고, 이 검사는 모든 연령층에게 쉽고 친숙하게 접근할 수 있는 검사로 자리매김을 하였다. 이 검사는 피검사자가 솔직하고 자유롭게 그림을 통해 자신을 표현하며, 피검사자의 무의식적 내면세계를 그림을 통해 관찰할 수 있는 특징을 가지고 있다.

집-나무-사람 검사의 시행 절차는 간단한 편이지만, 검사의 시행에서 피검사자가 제한된 조건에서 자유로운 표현을 할 수 있도록 검사자의 개입을 최소화해야 한다. 또한 검사자는 A4 용지 4장, 연필(2B, 4B), 지우개를 준비하도록 하고, 피검사자가 이 도구들을 사용할 때에 사용 시간, 방법, 소요 시간 등에 대한 단서를 제시하지 않도록 한다. 검사의 실시 순서는 반드시 집, 나무, 사람의 순서로 그리게 되는데, 이는 가장 단순한 묘사부터 순차적으로 그리는 것을 원칙으로 하기 때문이다. 검사자는 종이를 제시한 후, "지금부터 그림을 그려 볼게요. 이것은 잘 그리거나 못 그리는 것을 판단하는 것이 아니기 때문에 부담갖지 말고 편안한 마음으로 그리세요."라고 설명한다. 그 후에 "집(나무, 사람)을 그리세요."라고 말하는데, 이때 피검사자가 "어떻게 그려요?"라고 질문한다면 "당신이 그리고 싶은 것을 그리세요."라고 답해 준다.

2) 한국판 적응행동검사(K-SIB-R)

한국판 적응행동검사(Korean-Scales of Independent Behavior-Revised: K-SIB-R)

는 김승국이 서울시 및 경기도에 거주하는 만 3~15세의 일반 아동 1,465명과 만 3~17세 이상의 교육과 훈련이 가능한 지적장애 아동 1,094명의 총 2,559명을 표집하여 표준화 작업을 거친 후 1990년에 제작하였다. 검사의 주목적은 지적장애 및 학습장애 아동을 대상으로 개인의 행동, 성격, 행동장애 등 행동과 관련된 모든 영역을 포함하는 적응행동을 평가하는 것이다. 이 검사는 검사자가 피검사자와 일대일로 실시하는 개인검사로, 피검사자를 잘 아는 교사나 부모가 시간 제한 없이 실시한다. 검사는 크게 적응행동과 부적응행동으로 나누어지는데, 〈표 7-5〉에서와 같이 적응행동은 9개의 세부 영역을 포함하고 부적응행동은 12개의 세부 영역을 포함한다.

〈표 7-5〉 한국판 적응행동검사(K-SIB-R)의 영역

검사영역	세부 영역	문항영역
적응 행동	1. 독립기능	식사, 용변, 청결, 외모, 의복관리, 입기 · 신기 · 벗기, 왕래, 기타 독립기능(전화, 다방면의 독립기능)
	2. 신체발달	감각발달, 운동발달
	3. 경제활동	돈의 취급과 예산 세우기, 구매기술
	4. 언어발달	언어표현, 언어이해, 사회적 언어발달
	5. 수와 시간	수, 시간, 시간개념
	6. 직업 전 활동	작업의 복잡성, 학교에서의 작업수행, 학업 또는 작업 습관
	7. 자기관리	솔선, 인내, 여가
	8. 책임	개인 소유물, 일반적 책임
	9. 사회화	협력, 다른 사람에 대한 배려, 다른 사람에 대한 인식, 상호작용, 집단활동의 참여, 자기본위, 사회적 성숙
부적응 행동	10. 공격	위협하거나 물리적인 폭행, 자기/타인/공공 수유물의 손상, 성미 난폭
	11. 반사회적 행동	타인에게 집적거리거나 남의 소문을 퍼뜨리고 다님, 우두머리가 되어 다른 사람을 부림, 다른 사람을 방해함, 다른 사람의 소유물을 소중하게 생각하지 않음.
	12. 반항	규칙이나 지켜야 할 일을 무시함, 지시 또는 명령에 따르기를 거부함, 권위에 대해 건방지고 반항적인 태도를 취함.

부적응 행동	13. 신뢰성	허락 없이 남의 물건을 가져옴, 거짓말을 하거나 속임.
	14. 위축	활동하지 않음, 물러나 있음, 수줍어함.
	15. 버릇	상동적 행동을 함, 특이한 자세나 이상한 버릇을 가지고 있음.
	16. 대인관계 예법	대인관계 예법이 적당치 않음.
	17. 발성 습관	발성 또는 발어 습관이 좋지 않음.
	18. 습관	이상하고 받아들일 수 없는 습관을 가지고 있음, 받아들일 수 없는 구강 습관을 가지고 있음.
	19. 활동 수준	과잉행동 성향을 가지고 있음.
	20. 증후적 행동	자기의 능력을 과대평가하는 경향이 있음, 비판을 받았을 때 적절하게 반응하지 못함.
	21. 약물 복용	처방된 약물을 복용함.

7. 아동검사 수행 시 고려사항

1) 일반적 주의사항

검사를 시작하기에 앞서 검사자는 검사에 대한 충분한 이해를 위해 지침서를 반드시 숙지하여야 한다. 또한 능숙하게 검사를 진행할 수 있도록 사전에 많은 연습의 기회를 가져야 하며, 검사의 흐름이 깨지지 않도록 집중하여 검사를 진행하여야 한다. 각 검사마다 제시하고 있는 지시사항은 반드시 지켜야 하며, 환경 구성 및 검사의 상황을 통제하여야 한다. 검사를 진행할 때에는 피검사자가 불편감을 갖지 않도록 속도를 맞춰 주거나 피검사자의 상태를 수시로 체크하여 검사를 진행함에 있어서 반영해야 한다. 또한 피검사자가 최대한 편안한 환경에서 적극적으로 검사에 임할 수 있도록 친근하게 대응하며, 지치지 않고 끝까지 검사를 수행할 수 있게 용기를 북돋아 주고, 절망하거나 상처를 받지 않도록 부정적인 언어나 평가하는 말은 삼가야 한다.

2) 물리적 배치

검사 상황에서 피검사자의 특성을 최대한 정확하게 평가하기 위해서는 검사에 방해되는 요인을 최소화하여야 한다. 예를 들면, 너무 폐쇄적인 공간이라 피검사자가 두려움과 공포를 느끼게 되는 경우, 너무 개방적이라 주의가 산만해질 수 있는 경우, 소음 · 조명(채광) · 환기 등 검사에 부정적인 영향을 줄 수 있는 요인을 최소화하여 피검사자가 편안한 환경에서 검사를 받을 수 있도록 해야 한다. 또한 검사를 실시하는 동안 주변에 아동의 집중을 방해하는 물건들을 모두 치워야 하며, 아동이 긴 시간 동안 불편하지 않게 검사에 임할 수 있도록 아동에게 적합한 책상과 의자를 준비하여야 한다.

3) 라포 형성

검사를 시작하기 전에 피검사자와 충분히 친밀감을 형성할 수 있는 시간을 가져야 한다. 특히 연령이 어린 아동일수록 부모와의 분리가 어렵고 낯선 사람에 대한 경계가 높을 수 있다. 꼭 필요할 시에는 부모가 함께 검사실에 들어갈 수도 있지만, 이는 검사의 결과에 영향을 미칠 수 있으므로 부모는 아동의 시각에서 벗어나 뒤에 앉아 있도록 하며, 가급적이면 검사자와 충분히 친밀감을 형성하여 부모와 독립되어 검사실에 들어갈 수 있도록 해야 한다.

4) 피드백 제공

검사가 시작되면 피검사자는 검사자에게 자신이 체크한 답이 맞았는지 틀렸는지에 대한 질문을 할 수 있다. 이때 검사자는 정답 여부를 말하지 않도록 해야 하며, "정답을 말해 줄 수 없습니다."라는 말 또는 미소로 답해야 한다. 만약 검사가 모두 끝난 후에도 피검사자가 답에 대한 궁금증을 가지고 있다면 답을 말해 줄 수도 있다.

제3부

아동행동연구방법의 이해

제8장 _ 아동연구방법

제8장

아동연구방법

학습목표

1. 연구방법의 중요성에 대해 살펴보고 이해할 수 있다.
2. 연구과정에 대해 공부하고 설명할 수 있다.
3. 연구의 접근방법에 대해 공부하고 이해할 수 있다.
4. 연구 보고서 작성에 대해 알아보고 이해할 수 있다.
5. 연구 보고서 작성 시 유의사항을 설명할 수 있다.

학습개요

연구방법의 과학적 접근은 객관성과 논리성을 전제로 경험적 증거에 의하여 지식을 습득하고 문제를 해결하는 과정이나 절차를 의미하다. 샐킨드(Salkind, 2003)는 연구과정이 문제 제기, 주요 변인 확인, 자료 수집, 가설 설정, 가설 검증, 이론 재구성, 새로운 문제 제기로 이루어진다고 주장한다. 연구의 접근방법은 연구의 이용 목적에 따른 분류, 논리적 형태에 따른 분류, 변인의 조작에 따른 분류, 자료의 수집과 분석에 따른 분류, 연구 실시 시간에 따른 분류로 나눌 수 있다. 연구 보고서 작성 시 순서는 초록, 서론, 이론적 배경, 연구방법, 연구 결과 및 해석, 결론 및 논의, 참고문헌 등이다.

주요용어

연구방법, 연역적 접근, 귀납적 접근, 질적 연구, 양적 연구

1. 연구방법의 중요성과 이해

1) 연구방법의 중요성

연구방법에 관한 지식이 필요한 이유(Leary, 1995)는 다음과 같다. 첫째, 전문 분야와 관련된 연구를 이해하는 데 도움을 준다. 연구방법에 관한 기초는 전문 분야의 유용한 지식과 기술을 제공한다. 둘째, 비판적인 사고발달과 관련되기 때문에 비판적이고 과학적인 접근을 하는 연구의 특성이 문제를 해결하는 데 도움이 되므로 연구방법에 대한 이해가 필요하다. 셋째, 실생활에서 도움을 받을 수 있다. 연구방법에 관한 기본적인 지식이 있는 사람들은 과학적인 증거를 평가하지 못하는 사람들보다 현명한 판단을 내릴 수 있다(황혜정, 문혁준, 안선희, 안효진, 이경옥, 2014).

2) 연구방법의 과학적 접근

(1) 비과학적인 방법

비과학적인 방법으로는 권위에 의한 방법과 직관에 의한 방법 그리고 상식에 의한 방법 등을 들 수 있다.

① 권위에 의한 방법: 권위자들도 틀릴 수 있으며 그들 사이에도 견해가 서로 다를 수 있기 때문에 권위에만 의존하여 얻은 지식은 부정확할 수 있고 오류가 있다.

② 직관에 의한 방법: 개인적 판단을 통해서 주변 세계에 대한 사실이나 정보를 의심 없이 받아들일 것이며, 개인의 주관적 편견이 개입되어 객관성이 없을 수 있고 우연히 관찰한 몇 가지의 예외적인 현상을 전체 현상으로 일반화해 버리는 오류를 범하기 쉽다.

③ 상식에 의한 방법: 과거 경험과 세상에 대한 인식에 기초하는 상식은 제한적일 수 있기 때문에 지식을 형성하는 방법으로 불완전하다(황혜정 외, 2014).

(2) 과학적인 방법

과학적인 방법은 객관성과 논리성을 전제로 경험적 증거에 의하여 지식을 습득하고 문제를 해결하는 과정이나 절차를 의미하며, 과학적 방법은 논리적이며 체계적이고 경험적이어야 하고, 이러한 방법에 의하여 얻어진 지식이 바로 과학적 지식이다. 어떠한 지식을 습득하거나 추구하는 데 있어 가장 타당하고 신뢰할 만한 방법이다.

과학적인 방법의 절차는 먼저 세심한 관찰을 통해 자료를 수집하고, 이후 수집된 자료에 대해 가설을 설정하며, 경험적으로 그 가설을 검증하는 것이다. 검증은 다른 사람에 의해 서로 관찰할 수 있으며 평가할 수 있고 반복할 수 있는 방식이어야 한다(황혜정 외, 2014).

(3) 연구방법의 과학적 접근 관련 용어

- 기술(description): 관심이 있는 현상을 보다 정확하고 체계적으로 묘사하는 것이다. '무엇'에 해당되는 내용과 사실에 초점을 둔다.
- 설명(explanation): 왜 그런 현상이 일어나는가를 밝히는 것이다. 특정 사건이나 현상이 발생한 이유나 원인을 설명하고자 한다.
- 예측(prediction): 어떤 현상이 실제로 일어나기 전에 미리 생각하여 짐작하는 것으로, 확률에 의거한다.
- 통제(control): 어떤 현상이 발생하는 원인이나 선행 조건에 대해 미리 알고 예측한다면 그 현상에 문제를 일으킬 수 있는 조건을 제거하거나 찾아냄으로써 통제가 가능하다.

3) 좋은 연구의 특징

좋은 연구는 다음과 같은 특징을 지닌다.

- 선행 연구결과를 기초로 하여 이루어진다.
- 다른 연구자에 의해 참고문헌으로 사용할 수 있다.
- 다른 연구 상황에도 일반화가 가능하다.
- 논리적인 근거의 기반이 되고 적절한 이론과 결부되어야 한다.
- 연구로만 끝나지 않고 실제 상황에 수행되거나 적용될 수 있어야 한다.
- 기존의 연구문제를 넘어서 새로운 연구문제를 도출해 낸다.
- 더 나은 사회를 만들기 위해 수행되는 특정 정치적인 활동이나 집단 세력과 관계없어야 한다.

2. 연구과정

샐킨드(2003)가 제시한 연구과정의 흐름은 '문제 제기 → 주요 변인 확인 → 가설 설정 → 자료 수집 → 가설 검증 → 가설 검토 → 이론 재구성 → 새로운 문제 제기' 등으로 이루어지며 연구과정은 본성상 순환적이고 나선형이다. 이 연구과정은 연구자의 주제와 연구방법에 따라 다소 변경될 수 있다.

다음은 샐킨드(2003)가 제시한 연구과정의 흐름에 입각한 과정 설명이다.

① 문제 제기: 관심 있는 사회-문화 현상에 대한 연구 주제를 선정하기 전에 연구자가 예측하여 제시하는 단계이며, 이때 연구자의 주제에 따른 연구자의 가치 판단이 반영된다.

② 주요 변인 확인: 연구자의 문제 제기에 따른 주제가 가능한 이전에 조사되지 않았거나 이미 제기된 문제를 이해할 수 있는 변인들을 확인한다.

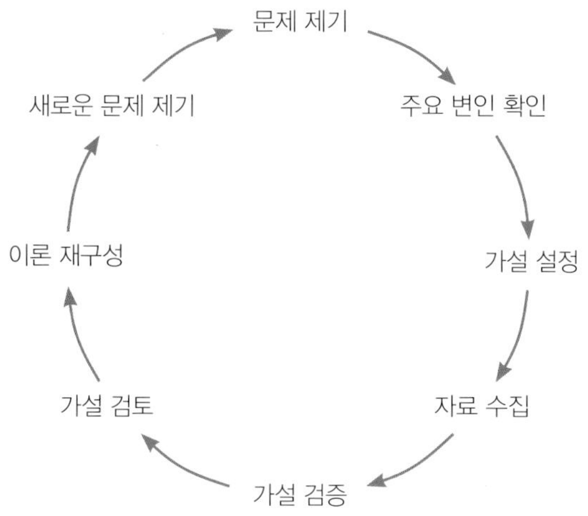

[그림 8-1] **연구과정의 흐름**

이때 연구문제도 함께 주요변인들과 고려되어야 한다.

③ 가설 설정: 연구자는 자신이 제기한 문제에 따라 기존 연구결과를 참조하여 연구문제에 대한 잠정적인 결론을 설정한다.

④ 자료 수집: 연구주제에 따른 가설을 지지하거나 반박할 실증적인 자료나 정보를 수집한다. 연구주제에 적절한 표집 대상과 자료 수집 방법을 결정한다.

⑤ 가설 검증: 연구자의 연구결과에서 지지 가설화는 중요한 요소들 간에 관련성이 있다는 사실이 인정된다는 것이며, 기각 가설화는 중요 요소들 간에 관련성이 없다는 것을 말한다. 그러나 이전에 미처 알지 못했거나 고려하지 않았던 요인들이 있을 수 있다는 것도 확인하게 된다. 연구문제 가설 검증을 하기 위해서는 적합한 연구의 접근방법을 선택하여야 한다. 적합한 연구방법에 의해 신뢰할 만하고 타당한 연구결과가 도출된다.

⑥ 이론 재구성: 기존 선행연구 이론을 통해 연구자의 연구문제와 연구결과를 과거에 발생한 현상과 연결하여 설명해 볼 수 있다. 그리고 연구자의 연구를 통해 미래에 일어날 사건을 예측하는 일련의 이론을 재구성할 수 있다. 이론은 현재 알려진 사실과 일치하게 되고, 경험적인 결과에 의해

지지되는 이론들은 타당한 것으로 받아들여진다. 연구의 결과에 따라 기존 이론들은 지지되거나 수정될 수도 있는데 이것은 이론이 재구성되는 과정이다.

⑦ 새로운 문제 제기: 가설이 지지되거나 기각되는 것과 관계없이 처음에 설정되었던 가설에 따른 연구문제의 해답을 탐색하고 가설 검증을 하는 과정에서 새로운 문제가 도출될 수 있다. 이때 연구결과에서 얻은 시사점과 논의점을 다음번 연구를 위하여 제기하게 된다.

3. 연구의 접근방법

연구의 접근방법은 연구의 이용 목적에 따라, 논리적 형태에 따라, 변인의 조작에 따라, 자료의 수집과 분석에 따라, 연구 실시 시간에 따라 다음과 같이 분류할 수 있다(황혜정 외, 2014).

1) 연구의 이용 목적에 따른 분류

(1) 기초연구

- 기존의 지식에 새로운 지식을 첨가하는 것을 목적으로 하는 연구이다.
- 새로운 발견을 통한 지식 창출을 목적으로 한다.
- 사회적 실체 또는 특성의 본질을 이해하고자 하는 것이다.
- 학문적인 연구(academic research) 또는 순수연구(pure research)이다.
- 여러 정책적인 영역과 연구영역에 일반화할 수 있는 기초적인 지식을 제공한다.

(2) 응용연구

- 연구결과를 실제적으로 활용하는 연구이다.

- 특별한 실제적인 문제를 해결하기 위해서 연구의 결과를 통해 얻은 지식을 적용한다.
- 정책적인 질문에 응답하며 절박한 사회적인 문제를 해결하는 것이다.
- 단기간에 실용적인 연구결과를 얻어 이를 이용할 수 있는 소규모의 연구가 주류이다.

〈표 8-1〉 기초연구와 응용연구의 비교

기초연구	응용연구
기초연구는 본질적으로 자기만족적이며 다른 연구자들에 의해서 판단된다.	응용연구는 일종의 작업이며 연구후원자(sponsor)에 의해서 판단된다.
연구문제와 주제는 제한적이지 않고 자유롭게 선정된다.	연구문제는 연구후원자의 요구와 이용 목적에 맞게 제한적이다.
연구는 과학적으로 엄격한 절대적인 기준과 높은 수준의 학문적 기준에 의해 판단된다.	학문의 엄격성과 기준은 연구결과의 이용 여부에 따라 적당히 또는 높은 기준에 맞출 수 있다.
연구의 기본 관심은 연구설계의 내적 논리와 엄격성이다.	연구의 기본 관심은 연구결과를 연구후원자의 관심영역에 일반화시키는 능력이다.
추구하는 목표는 기본적이고 논리적인 지식에 공헌하는 것이다.	추구하는 목표는 실제적인 이득을 얻거나 연구결과를 활용하는 것이다.
성공 여부는 연구결과를 학술지에 발표하여 다른 연구자에게 영향을 미치는지에 달려 있다.	성공 여부는 연구후원자가 의사결정 시 연구결과를 이용하는지에 달려 있다.

출처: 황혜정 외(2014).

2) 논리적 형태에 따른 분류

연구방법은 논리적 접근에 따라 연역적 접근 연구방법과 귀납적 접근 연구방법으로 분류될 수 있다. 그러나 상반된 연구 접근을 하지만 연역적 연구방법과 귀납적 연구방법은 서로 연관성을 지닌다.

(1) 연역적 접근 연구방법

연역적(deductive) 연구방법은 기존의 이론에서 가설을 도출하여 검증하는 방법이다. 선행 이론적 배경에 근거하여 가설을 설정하고 이를 검증하기 위하여 다양한 대상에게 다양한 측정방법을 사용하여 결과를 비교한다.

(2) 귀납적 접근 연구방법

귀납적(inductive) 연구방법은 실제 사실이나 현상들을 관찰과 면접 그리고 실험 등의 방법으로 탐색하고 분석한 후에 이론을 구축하는 방법이다.

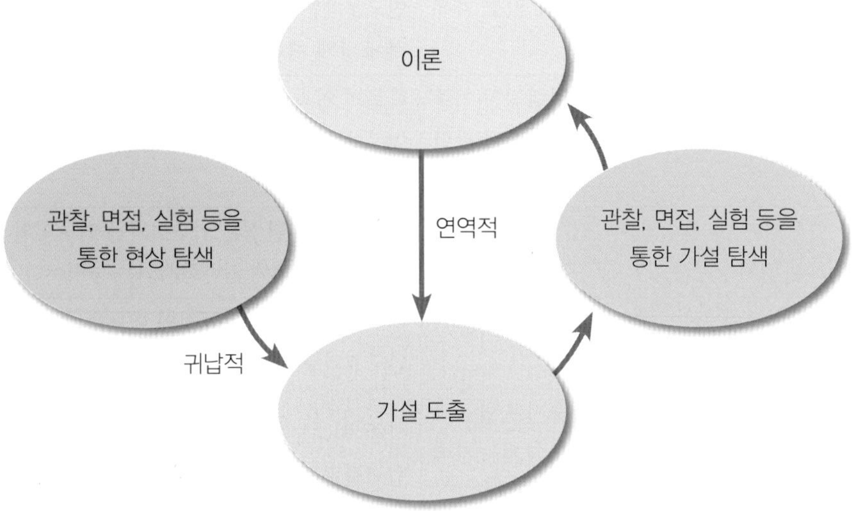

[그림 8-2] **연역적 연구방법과 귀납적 연구방법의 관련성**

연역적 연구방법과 귀납적 연구방법은 관련성이 있다. 연역적 연구방법은 기존 이론에서 가설도출을 한 후에 관찰, 면접, 실험 등을 통해 가설을 탐색하여 기존 이론을 검증한다. 반면, 귀납적 연구방법은 먼저 관찰, 면접, 실험 등을 통해 현상 탐색을 하고 가설을 도출하여 재탐색함으로써 가설 탐색 후 이론을 구축한다. 이렇듯 연역적 연구방법과 귀납적 연구방법은 출발점은 다르나 최종의 목적은 보다 나은 연구를 하기 위함이며, 각 연구방법은 서로 연결되므로 연역적 연구방법과 귀납적 연구방법은 서로 관련성이 있다고 볼 수 있다.

3) 변인의 조작에 따른 분류

변인을 조작할지 조작하지 않을지에 따라 기술적 연구와 실험적 연구로 분류되지만, 기술적 연구는 모든 연구에 선행되어야 하며, 이후 변인의 조작이 필요한 경우는 실험적 연구까지 진행할 수 있다.

(1) 기술적 연구

기술적 연구(descriptive research)란 있는 현상 그대로를 조사하고 비교 · 분석하여 연구의 과정과 결과를 기술하는 연구이다. 변인이나 조건을 통제하지 않고 현상이나 특성을 그대로 기술하고 해석하며, 현상과 변인들 간의 관계성만 파악한다. '무엇이' '어떻게'라는 질문에 초점을 둔다.

기술적 연구의 종류로는 비실험적 연구(non-experimental research), 비조작적 연구(non-manipulative research) 또는 자연적 연구(naturalistic research)가 있으며, 대표적인 기술적 연구로는 조사연구와 관찰연구가 있다.

(2) 실험적 연구

실험적 연구(experimental research)란 변인이나 조건을 조작하고 통제하여 변인 간의 인과관계를 증명하는 연구로, 조작적 연구(manipulative research)이다. 실험을 통해서 독립변인 또는 처치의 효과를 검증하며 '왜' '무엇 때문에'라는 질문에 대한 답을 얻기 위해서 수행된다.

4) 자료의 수집과 분석에 따른 분류

(1) 질적 연구

질적 연구(qualitative research)란 관찰이나 면접을 통해 수집한 다양한 자료를 분석하고 정보를 해석하여 결과를 제시하는 방법이다. 자연주의(naturalism)와 해석주의(interpretivism)를 기반으로 한다. 실험도구나 설문도구 사용하지 않고 상황을 통제하거나 조작하지 않고 인간의 행동이나 현상을 있는 그대로 자세히 기술하고 이런 정보들을 분석한다. 연구자에 따라 다양한 관점과 해석이 가능하며 신뢰도에 비해 타당도를 더 강조하며 측정한 내용이 측정하고자 한 속성을 정확하게 잘 표현했는지가 중요하다.

질적 연구는 특정 활동이 얼마나 자주 일어나는가 또는 그와 같은 활동이 어떻게 평가되어야 하는가의 문제보다는 그러한 활동 · 관계 · 상황 · 자료의 질을 연구하는 방법이다(조윤경, 2010a, 2010b).

질적 연구의 예로 사례연구(case study)는 일정 기간 소수의 대상을 심층적으로 조사하는 연구로, 상세하며 다양하고 심층적이다. 대부분의 사례연구는 질적 자료로 표시되며, 상세하고 심층적인 지식을 통해 수행된다. 연구의 내용을 분석하고 해석하는 과정 자체가 연구의 결과가 된다. 사례연구는 주로 질적 연구에 속하며, 내용분석연구, 역사연구 등이 있다.

(2) 실험적 연구(양적 연구)

실험적 연구는 양적 연구(quantitative research)로서 연구의 자료를 수량화하여 전반적인 경향성을 밝히는 방법이며, 경험주의(empiricism), 실증주의(positivism), 현상주의(phenomenalism)적 입장이다. 통계적인 분석을 사용하여 연구의 결과를 증명하고, 전체적인 결과를 중시하며, 신뢰도와 타당도를 강조함으로써 신뢰롭고 타당한 연구결과를 가져오게 된다. 연구결과를 표준적이고 객관적으로 해석하는 접근방법이며, 실험측정을 통해 얻은 수량화한 자료를 분석하여 그 결과를 일반화하는 것이 목적이다. 실험연구, 조사연구, 상관연구,

인과비교연구 등이 있다.

〈표 8-2〉 질적 연구와 양적 연구의 비교

	질적 연구	양적 연구
철학적 배경	포스트모더니즘, 현상학, 해석학	경험주의, 실증주의, 기계적 인과론
가치론	가치지향(가치가 존재하며 명백하다)	가치중립(가치로부터 자유롭다)
연구목적	개별적 현상 이해 또는 주관적 진실 창조 이론 발견/의미 구성과 해석	일반적 법칙 또는 객관적 사실 발견 이론 검증/설명과 예측
연구논리	귀납적 논리	연역적 논리
표집	목적 표집/독특성 강조/소표집	무선 표집/대표성 강조/대표집
연구대상	현상을 경험한 소수의 정보제공자	전집을 대표하는 다수의 표본
연구대상과의 거리	근거리 참여 감정적 교류와 공감적 이해 필요	원거리 유지 객관성과 중립성 보장
연구설계	비조작적, 자연적, 비개입적 관찰, 심층면접, 기존문서 활용을 통한 감정이입적 이해	통제된 실험, 표준화된 척도, 질문지, 검사, 구조화된 관찰 등 다양한 측정도구 사용
분석 단위	현상에 대한 총체적 이해	변인 및 인과관계 분석
분석 범위	상황에 한정되어 있다.	맥락으로부터 독립적이다.
분석의 초점	상호작용 과정과 사건	변인
자료 초점 및 해석	의도, 정서, 지각 등 내면적 정신과정을 내부자적 관점에서 해석	외현적 행동과 결과를 외부자적 관점에서 해석
자료 형태	언어적(문서), 시각적(영상) 자료	수량화된 자료
분석 방법	총체적/내용 분석/집단 기술	분석적/통계적 분석/집단 비교
검증	타당도(validity)/진정성(authenticity)	신뢰도(reliability)/객관성(objectivity)
연구의 강조점	맥락과의 연계를 통한 과정 이해	결과의 일반화
연구보고	과정 중심의 주관적 해석 서술식 이야기체 보고서/창의적 글쓰기	결과 중심의 객관적 기술 요점식 수량적 보고서 규격화된 보고양식

출처: 황혜정 외(2014).

5) 연구 실시 시간에 따른 분류

(1) 횡단적 연구

횡단적 연구(cross-sectional research)란 한 시점에서 여러 연령의 대상을 동시에 표집하여 그들의 발달치를 측정함으로써 연령 간 발달을 비교하고 이를 통해 발달의 경향을 알아보고자 하는 연구방법이다.

〈장점〉

① 시간, 비용, 노력 면에서 경제적이다.

② 연구 참여자의 탈락으로 인한 표본의 대표성에 문제가 생길 확률이 적다.

③ 발달의 동일한 조건에서 연구가 수행될 수 있다.

〈단점〉

① 발달적 경향을 정확하게 파악할 수 없다.

② 대표성 있는 표집 선정이 어려울 수 있다.

③ 시간 경과에 따른 변화를 이해하는 것이 어려울 수 있다.

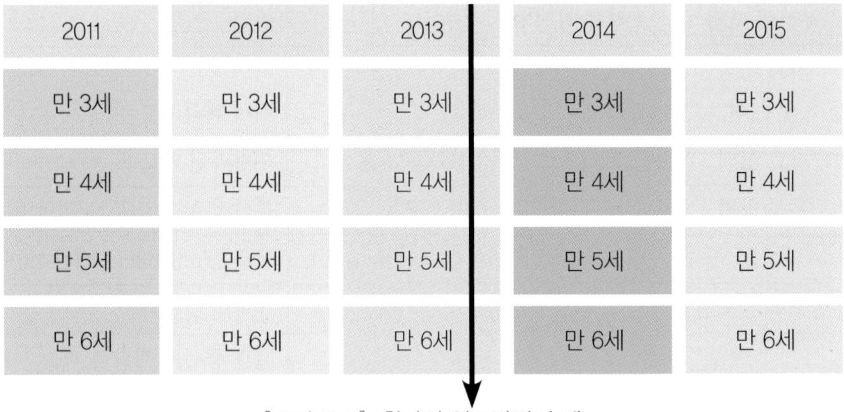

[그림 8-3] 횡단적 연구방법의 예

2013년 만 3세, 만 4세, 만 5세, 만 6세 동시표집연구

(2) 종단적 연구

종단적 연구(longitudinal research)란 표집한 연구대상을 오랜 기간 추적하며 반복적으로 관찰하고 측정하여 자료를 수집하고 이를 분석하여 결과를 얻는 방법이다. 종단적 연구의 유형으로는 시간계열연구와 동시집단연구가 있다.

〈장점〉

① 발달과정에 대한 개인과 개인 간의 정확한 정보를 알 수 있다.
② 동일한 대상으로 연구를 수행하기 때문에 인과관계를 정확하게 파악할 수 있다.

〈단점〉

① 시간, 비용, 노력 등이 막대하여 비경제적이다.
② 연구대상의 탈락률이 높다. 연구대상이 줄어들면서 표본의 대표성 문제가 대두한다.
③ 측정치를 반복적으로 사용함으로써 나타나는 연습 효과가 결과에 영향을 미칠 수 있다.
④ 측정도구의 변동에서 오는 신뢰도 문제가 발생할 수 있다.
⑤ 시간 경과에 따른 역사적 · 문화적 영향을 받을 수 있다.

[그림 8-4] **종단적 연구방법의 예**
2011년부터 2015년까지 동일 대상 만 3세, 만 4세, 만 5세, 만 6세, 만 7세 동시표집연구

① 시간계열연구

- 특정한 집단을 대상으로 같은 유형의 정보를 여러 시점에 걸쳐서 수집하는 연구이다.
- 시간에 따라 각기 다른 표본을 선정하여 변화를 파악하고자 할 때 사용한다.
- 시대의 흐름에 따른 특정 현상의 변화 추이를 알 수 있다.

예를 들어, 10년마다 만 3세 유아의 취원율을 조사하는 경우, 중·고생의 범죄율을 조사하는 경우, 측정 내용은 동일하나 여러 시점(공교육의 확대, 가치관 변화 등)에서 조사 대상을 해마다 달리한다.

② 동시집단연구

- 특정한 시간대에서 유사한 생애 경험을 공유하는 집단을 대상으로 이루어지는 연구이다.
- 동일한 대상[예: 출생동시집단(birth cohort), 동시에 고용된 집단, 동시대에 은퇴한 집단, 동시대에 졸업한 집단 등]을 계속 추적하지 않아도 된다.
- 개인의 성장·발달이란 연령의 증가에 의해서만 영향을 받는 것이 아니라 성장·발달하는 시대 배경에 의해서도 영향을 받는다고 본다는 관점이다.

③ 패널연구

- 동일한 대상을 추적하여 반복적으로 측정하는 연구이다.
- 시간계열연구나 동시집단연구에 비해 수행하기가 어려울 수 있다.
- 노력과 비용이 많이 든다.
- 동일한 대상을 추적하여 특별한 생애 사건의 영향을 명확하게 보여 줄 수 있다.

(3) 단기종단적 연구

① 횡단적 연구와 종단적 연구의 장점을 살려 효율적으로 연구하기 위해서

1965년 샤이(Schaie)가 창안해 낸 접근방법이다.

② 종단적 연구보다 짧은 시간에 발달의 경향을 정확하게 파악할 수 있다.

③ 집단 간의 차이를 통해 발달에 영향을 미치는 역사적 · 문화적 영향력도 파악할 수 있다.

④ 종단적 연구와 횡단적 연구가 가진 연구설계상의 단점을 보완할 수 있다.

〈장점〉

① 종단적 연구에 비해 시간, 비용, 노력 등이 적게 든다.

② 종단적 연구보다 연구대상의 탈락률이 낮아 표본의 대표성 확보가 유리하다.

③ 동시집단(cohort)의 효과를 파악할 수 있다.

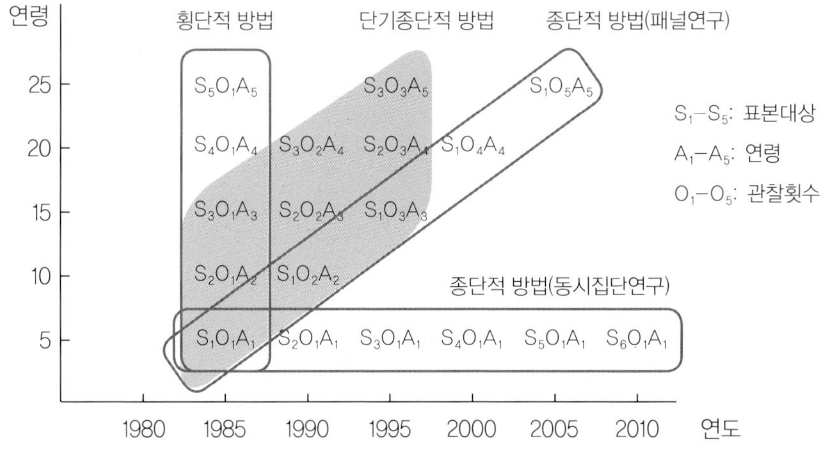

[그림 8-5] **종단적, 횡단적 및 단기종단적 연구의 도식 비교**

4. 연구 보고서 작성

연구 보고서 작성 시 필요한 형식을 연구 보고서 순서대로 다음과 같이 제시한다(황혜정 외, 2014).

1) 표지

① 연구 제목
② 연구자 이름
③ 소속(기관명)
④ 연구 보고서 제출기관

2) 초록

초록은 연구가 종료되고 연구결과 및 논의를 기술한 후 작성해야 한다. 초록에 포함되는 내용은 다음과 같다.

① 연구목적 및 연구문제
② 연구대상
③ 연구절차와 측정도구
④ 연구결과 및 의의

3) 서론

서론은 연구의 시작 부분으로 연구자가 연구의 필요성과 연구의 목적을 밝히며, 연구문제 또는 연구가설을 포함하여 제시해야 한다.

① 연구의 필요성 및 연구목적
② 관련 연구들의 동향(선행연구-이론적 배경에 포함)
③ 연구문제 또는 가설
④ 용어 정리

4) 이론적 배경

연구의 기초가 되는 이론을 전개하는 부분 → 연구주제(연구문제)에 관한 선행연구의 내용을 체계적으로 정리한다. 선행연구를 인용하려면 반드시 출처(간략)를 밝혀야 하고, 참고문헌에서 그것을 상세하게 제시해야 한다. 그 예는 다음과 같다.

① 문혁준(2010)은 부모의 양육 태도를……
② ……라고 지적하였다(문혁준, 2010).
③ Thomas와 Chess(1977)는……
④ ……라고 해석하였다(Thomas & Chess, 1977).

5) 연구방법

(1) 연구대상
- 연구대상자 수
- 연구대상 범위(연령/직업/연구장소/지역 등)
- 연구대상 특성(집단 또는 개인의 특성과 수준)
- 연구목적에 따른 집단분류와 특성(실험집단, 통계집단)

(2) 연구도구(측정도구)
- 연구도구의 제작자, 제작 연도, 문항 수 및 하위 구성영역

- 측정방법, 점수화
- 타당도 및 신뢰도 기록
- 실험연구(실험에서 사용한 도구 설명)
- 처치 프로그램에 관해 설명
- 관찰자 간 또는 관찰자 내 신뢰도계수 보고

(3) 연구절차

- 예비조사 및 본조사 실시 여부
- 기간(자료 수집 기간/교사연수 기간)
- 자료 수집 방법
- 실험연구(실험집단과 비교집단 구분)
- 실험 처치의 내용 및 실험 기간
- 실험 장소, 실험실 상황, 실험과정
- 실험자의 역할

(4) 자료 분석

- 통계적 방법을 연구문제에 따라 설명한다.
- 통계 프로그램(SPSS, AMOS)을 사용하는 경우 다음과 같이 연구문제와 자료 분석을 함께 기록해야 한다.
  - 연구문제 1(배경은 어떠한가?)=기술통계, 빈도분석
  - 연구문제 2(상관이 있는가?)=상관분석
  - 연구문제 3(차이가 있는가?)=t검증 /변량분석
  - 연구문제 4(영향을 미쳤는가?)=회귀분석

6) 연구결과 및 해석

연구결과는 짧게 핵심적인 내용을 기록하되 각각의 연구문제에 대한 답을

구하는 형식으로 연구결과에 따른 상세한 해석을 기록해야 한다. 내용 전달의 명확성을 위하여 표와 그래프로 제시하면 좋다.

(1) 기술통계표(변인 배경 설명)

〈표 8-3〉 교사들의 일반적 배경(N=133)

구분		F(%)
유아교육기관	유치원	95(71.5)
	보육시설	38(28.5)
연령	25세 이하	7(5.3)
	26~30세	75(56.4)
	31~35세	37(27.8)
	36세 이상	14(10.5)
경력	3년 이하	10(7.6)
	3년 초과~5년 이하	24(18.0)
	5년 초과~7년 이하	78(58.6)
	7년 초과	21(15.8)

유아교육기관에서의 온라인 콘텐츠 활용 실태 및 요구에 대해 조사하기 위해 2005년 6월 24일부터 7월 27일까지 경인지역 유치원 및 보육교사 승급 교육 시 220부의 설문지를 배부하고 160부(75%)를 회수하였다. 이 중, 무응답과 불성실하게 응답한 불완전 자료 27부를 제외하고 최종 133부 설문지를 최종적으로 분석하였다. 조사대상 교사들의 일반적 배경은 위의 표와 같다.

출처: 김승옥, 이경옥(2005).

(2) 연구결과 제시에 활용되는 그래프의 종류(예시)

인터넷 안전교육 담당자

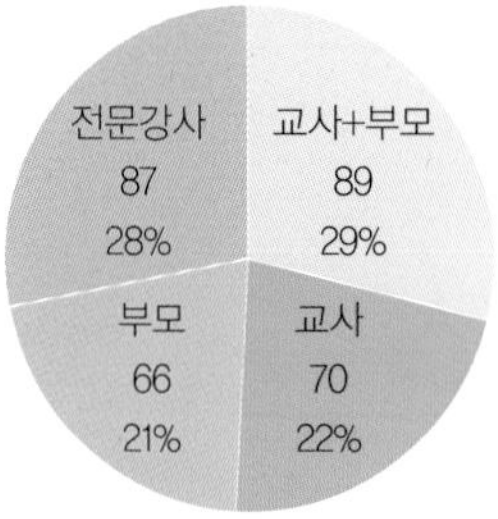

〈원그래프〉

아동 · 청소년 인터넷 이용률(단위: %)

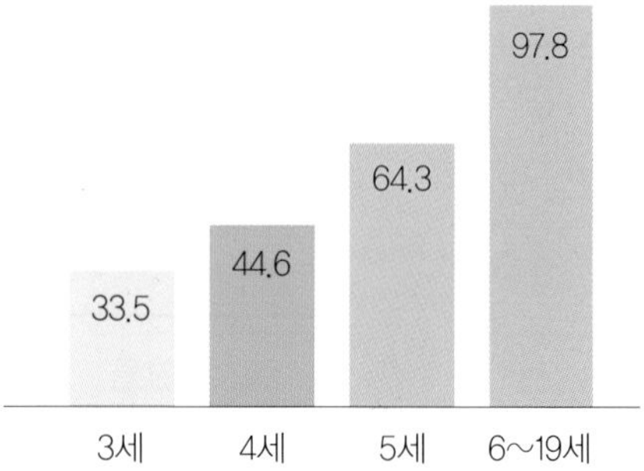

〈막대그래프〉

유아의 사회적 능력

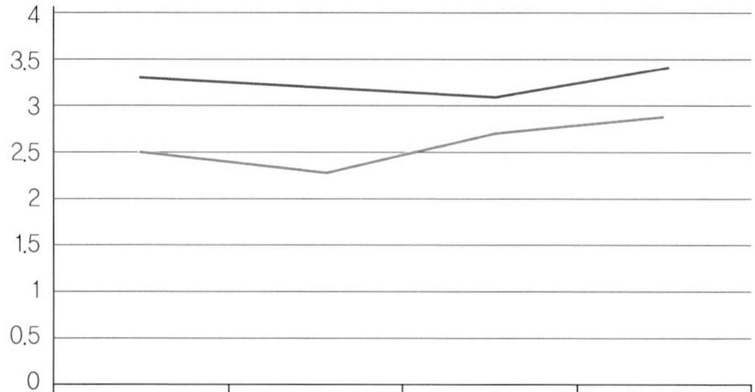

	사회적 능력 전체	주도성	유능성	사교성
── 통제	2.5	2.3	2.7	2.9
── 실험	3.3	3.2	3.1	3.4

〈선그래프〉

(3) 추리통계표에 따른 연구결과 해석방법

① 상관분석 사례

〈표 8-4〉 유아의 거친 신체놀이와 또래 유능성 및 또래 인기도의 상관관계

거친 신체놀이	또래 유능성				또래 인기도
	사교성	친사회성	주도성	전체	
남자(n=29)	.305	.246	.445*	.389*	.753*
여자(n=26)	.008	.063	.004	.026	−.226
전체(N=25)	.324*	.136	.272*	.293*	.211

* $p < .05$.

출처: 이지영, 이경옥(2008), p. 103.

② 차이분석 사례(독립적 t검증)

〈표 8-5〉 성별에 따른 유아의 리더십(N=400)

		남(n=200)	여(n=200)	t
		M(SD)	M(SD)	
리더십	성취감	3.42(.72)	3.62(.73)	−2.54*
	주도력	3.63(.62)	3.74(.67)	−1.51
	비전	3.51(.59)	3.61(.66)	−1.55
	총점	3.51(.57)	3.65(.63)	−2.15*

* $p < .05$.

유아의 성별에 따라 리더십이 차이가 있는가를 알아보기 위해 t검증을 실시한 결과를 위의 표에 제시하였다. 유아의 성별에 따른 리더십을 살펴보면, 리더십 총점에서 여아($M=3.65$, $SD=.63$)가 남아($M=3.51$, $SD=.57$)보다 리더십이 높은것으로 교사들은 평가하였다($t=2.15$, $p < .05$). 하위 영역에서는 성취감(남아 $M=3.42$, $SD=.72$; 여아 $M=3.62$, $SD=.73$)에서만 여아가 남아보다 높게 나타났다($t(398)=-2.54$, $p < .05$).

출처: 문혁준(2010), p. 40.

③ 차이분석 사례(대응적 t검증)

〈표 8-6〉 일반 유아의 장애유아 수용태도 사전점수와 사후점수에 대한 t검증

문항내용	사전	사후	t
	M(SD)	M(SD)	
장애에 대한 관심 및 지식	11.69(3.42)	15.44(3.97)	−3.79***
장애유아의 상호작용	14.50(5.93)	16.94(4.62)	−1.86
공유활동	8.86(3.64)	9.86(3.04)	−1.29
문제상황 해결	9.63(2.84)	10.86(2.05)	−2.18*
전체	44.69(12.81)	53.11(11.51)	−2.82*

* p < .05, ** p < .01, *** p < .0001.

장애유아 교류프로그램이 일반유아의 장애 수용태도에 미치는 영향을 알아보기 위해 장애유아 수용태도의 사전과 사후 검사를 대응표본 t-검증을 실시한 결과, 장애 수용태도 검사 총점의 사전점수는 44.69(SD=12.81)이고 사후점수는 53.11(SD=11.51)로 사후검사의 점수가 높았다. 이러한 차이는 t=2.82(p < .01)로 통계적으로 유의미한 차이가 있었다. 따라서 장애유아 교류프로그램을 실시하는 것이 일반유아의 장애 수용태도 변화에 긍정적인 영향을 미치는 것으로 나타났다.

하위요인별로 살펴보면 장애에 따라 관심 및 지식은 사전점수가 11.69(SD=3.42)이고 사후점수가 15.44(SD=3.97)로 유의미한 차이(t=3.79, p < .001)가 나타났다. 장애유아와의 상호작용은 사전점수가 14.50(SD=5.93)이고 사후점수가 16.94(SD=4.62)로 나타났다. 공유활동은 유의미한 차이는 아니지만 사후점수가 사전점수보다 높은 것으로 나타났다. 문제상황 해결은 사전점수가 9.63(SD=2.84)이고 사후점수가 10.86(SD=2.05)으로 유의미한 차이(t=.281, p < .05)가 나타났다.

출처: 안연경, 홍정선, 박유미(2008), p. 361.

④ 변량분석 사례(ANOVA)

〈표 8-7〉 통합적 미술교육의 중요성 인식에 대한 평균, 표준편차 및 일원변량 분석표

	구분	N	M	SD	F	LSD분석결과
교사학력	대학원	60	4.58	.49	12.559***	4년제 > 3년제 대학원 > 3년제
	4년제	208	4.49	.53		
	3년제	338	4.23	.59		
	기타	7	4.57	.53		
교사경력	1년 미만	90	4.17	.68	3.903**	1년 미만 < 1~3년 미만 1년 미만 < 3~6년 미만 1년 미만 < 6~10년 미만 1년 미만 < 10년 이상
	1~3년 미만	130	4.34	.52		
	3~6년 미만	173	4.35	.60		
	6~10년 미만	86	4.41	.54		
	10년 이상	134	4.47	.51		

** p < .01, *** p < .001.

연구문제로 유아미술교육에 대한 교사의 인식은 어떠한지 알아보면, 미술교육에서 탐색, 표현, 감상의 통합적 접근에 대해서 모든 집단에서 대부분의 교사가 보통 이상으로 중요하게 생각하는 것으로 나타났다(M=4.36, SD=.58). 그러나 각 변인에 따른 집단 간 차이에 대한 분석에서는 위 표에서처럼 교사학력(p < .001), 교사경력(p < .01)에서만 집단 간 차이가 유의하게 나타났다. 각 변인에 대한 사후검증 결과, 4년제와 대학원 학력 교사가 3년제 학력 교사보다 통합적 접근을 더 중요하게 생각하고 있었고, 1년 이상 모든 경력교사들이 1년 미만 경력교사보다 통합교육을 더 중요하게 생각하는 것으로 나타났다.

출처: 유희정(2007), p. 219.

⑤ 다변량분석 사례(MANOVA)

〈표 8-8〉 유아의 연령과 성에 따른 아버지 양육태도

〈표 1. 유아의 연령과 성에 따른 아버지 양육태도의 평균과 표준편차〉

아버지의 양육태도	유아 연령	유아 성	N	평균	표준편차
권위적	3세	남	28	41.8	2.33
		여	23	42.0	2.45
		전체	51	41.9	2.34
	4세	남	28	42.3	3.69
		여	25	42.5	3.33
		전체	53	42.4	3.48
	5세	남	30	40.2	3.52
		여	27	41.8	3.07
		전체	57	41.0	3.44
허용적	3세	남	28	35.9	3.66
		여	23	42.8	2.77
		전체	51	39.4	3.23
	4세	남	28	35.6	3.91
		여	25	39.7	3.49
		전체	53	37.6	3.77
	5세	남	30	35.1	2.15
		여	27	39.8	2.58
		전체	57	37.4	2.11
독재적	3세	남	28	23.9	3.56
		여	23	23.8	3.91
		전체	51	23.9	3.44
	4세	남	28	24.9	3.62
		여	25	23.7	3.57
		전체	53	24.4	3.69
	5세	남	30	25.2	2.65
		여	27	24.5	2.34
		전체	57	24.9	2.77

출처: 김혜금(2008), pp. 47-48.

〈표 2. 유아의 연령과 성에 따른 아버지 양육태도의 다변량분석 결과〉

독립변인	종속변인	Wilk's Lambda	단변인 F	자유도
유아 연령	권위적 태도	.97	.75	2
	허용적 태도		3.16	2
	독재적 태도		.68	2
유아 성	권위적 태도	.86***	.77	1
	허용적 태도		3.25*	1
	독재적 태도		.13	1
유아 연령 × 유아 성	권위적 태도	.96	2.00	2
	허용적 태도		.06	2
	독재적 태도		2.11	2

*$p < 0.5$, *** $p < .001$.

유아의 연령과 성에 따른 아버지 양육태도의 평균과 표준편차는 〈표 1〉과 같다. 〈표 1〉의 기술통계량의 결과를 기초로 하여 유아의 연령과 성별에 따른 아버지의 양육태도에 대한 다변량분석(MANOVA)을 실시한 결과는 〈표 2〉와 같다. 〈표 2〉에서 나타난 바와 같이 유아의 연령과 성에 따라 아버지의 양육태도에 차이가 있는지를 알아본 결과, 유아의 성(Wilk's Lambda=.86, F=9.17, $p < .001$)에 따라 유의미한 차이가 나타났지만 유아의 연령, 그리고 유아의 연령과 성의 상호작용 효과는 나타나지 않았다. 유아의 성의 주효과에 대한 단변인 F검증 결과, 아버지의 허용적 양육태도(F=3.25, $p < .05$)에서 통계적으로 유의미한 차이가 나타났는데 여아가 남아보다 높게 나타났다. 이는 아버지의 양육태도는 유아의 연령에 따라 차이가 없으며 허용적인 양육태도를 가지고 있는 아버지일수록 여아에게 더 허용적인 태도를 보인다는 것을 나타내는 것이다.

출처: 김혜금(2008), pp. 47-48.

⑥ 회귀분석 사례

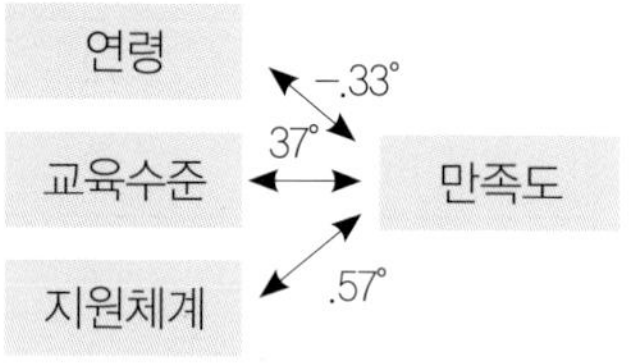

단순 상관관계 모델

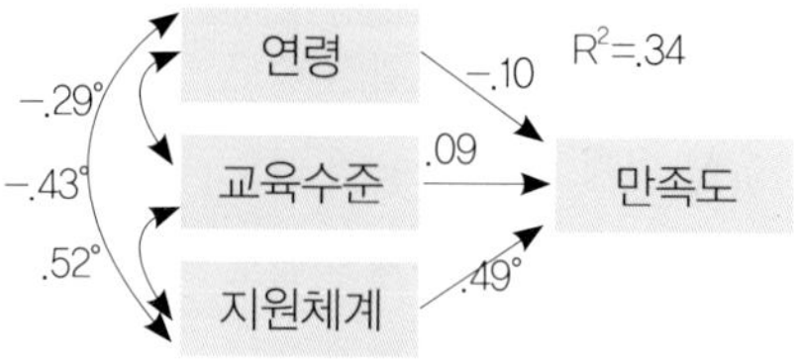

동시적 회귀분석 모델

단계	모델에 포함된 예측변인	B	R^2
1	지원체계	.485	.343

단계적 회귀분석 모델

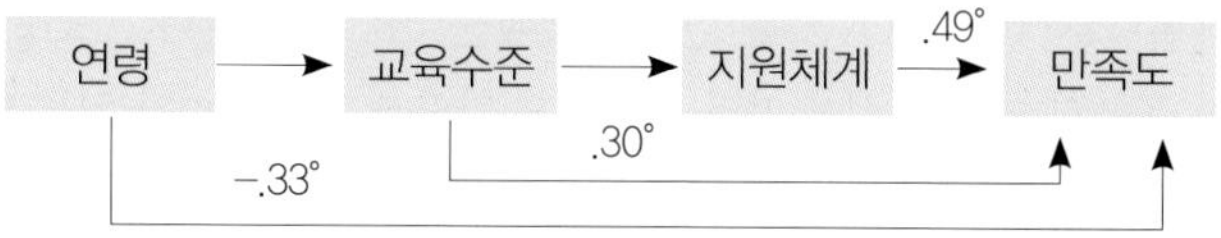

단계	예측변인	B	R^2	ΔR^2
1	연령	−.332	.110	−
2	교육수준	.298	.191	.081
3	지원체계	.485	.343	.152

위계적 회귀분석 모델

[그림 8-6] 여러 가지 회귀분석 모형

⑦ 다중회귀분석 사례

〈표 8-9〉 사회적 자발성에 대한 관련 변인들의 영향력

모델			B	Beta	R	F	R^2	ΔR^2
사회적 자발성	1단계	상수	4.65					
		자아강도	.57	.70	.70	111.90***	.49	
	2단계	상수	2.01					
		자아강도	.41	.50	.76	80.11***	.58	.09
		기관에서의 생활	.30	.36				
	3단계	상수	.02					
		자아강도	.29	.36	.80	66.63***	.64	.06
		기관에서의 생활	.27	.32				
		친사회적 행동	.28	.29				

*** p < .001.

놀이성의 하위 요인인 사회적 자발성에 대한 관련 변인의 하위 요인을 단계적으로 투입해 회귀분석을 한 결과, 위 표에 제시된 바와 같이 그 결과가 나타났다. 자아강도, 기관에서의 생활 그리고 친사회적 행동이 유의한 설명력을 갖는 것으로 나타났다. 유아의 놀이성의 하위 요인인 사회적 자발성에 대한 설명력을 살펴보면, 교육기관 적응의 하위 요인인 자아강도(F=111.90, p < .001)가 49%로 가장 많은 설명력을 갖는 것으로 나타났으며, 그다음으로는 기관에서의 생활(F=80.11, p < .001)이 첨가됨으로써 9%의 설명력이 증가되었고, 마지막으로 친사회적 행동(F=66.63, p < .001)이 추가되어 설명력이 6% 증가되어 총 64%의 설명력을 나타냈다.

7) 결론 및 논의

결론 및 논의에서는 다음 사항 등이 포함된다.

① 결과 요약 및 해석, 시사점, 결론, 연구의 제한점 및 후속연구를 위한 제언 그리고 연구의 의의 등으로 구성한다.

② 논의에서 가장 핵심은 연구에서 얻어진 결과를 선행연구들에 비추어 설

명하고 추론한다.

③ 결과를 통해 유추할 수 있는 실제적 또는 이론적 함의를 제시한다.

④ 연구결과를 보다 심층적으로 해석하고 연구결과가 미치는 영향도 재음미할 수 있어야 한다.

⑤ 연구의 제한점: 실질적으로 연구과정에서 나타난 연구문제에 따른 한계점을 기록한다.

⑥ 후속연구를 위한 제언: 본 논문에서는 미처 다루지 못한 주제, 소재 또는 특정 변인에 대해 자세하게 기술한다.

8) 참고문헌 표기방법

아동 관련 학문 분야에서는 APA 양식을 많이 사용한다. APA 양식이란 미국심리학회(American Psychological Association: APA)가 정한 논문 작성에서의 일정한 기준이다.

APA 인용방법은 주로 영어로 된 저작물에 초점이 맞춰져 있어 우리말 저작물에 대해서는 APA 양식과 같은 명확한 지침은 없으며 학회마다 차이가 있을 수 있다. 다음에 제시된 참고문헌 표기방법은 영어 저작물을 중심으로 되어 있다.

(1) 단행본

문혁준, 김정희, 안선희, 양성은, 임연진, 한세영(2009). 아동발달. 서울: 창지사.

한국아동학회(편)(2003). 아동청소년발달백서. 서울: 창지사.

Banks, S. R. (2005). *Classroom assesment: Issue and practices*. Boston, MA: Allyn & Bacon.

Clarke-Stewart, A., & Brentano, C. (2006). *Divorce: Callses and comsequences*. New Haven, MA: Yale University Press.

Clements, D. H., & Sarama, J. (Eds.). (2004). *Engaging young children in mathematics: Standards for early childhood mathematics*. Mahwah, NJ: Lawrence Erlbaum.

(2) 정기간행물

문혁준(2010). 취학전 남아와 여아의 리더십에 영향을 미치는 변인: 기질, 또래 상호작용, 어머니의 언어통제유형, 가정환경을 중심으로. 아동학회지, 31(1), 35-45.

정다운, 문혁준(2009). 보육교사의 조직특성이 조직갈등과 조직몰입에 미치는 영향. 유아교육연구, 29(5), 167-187.

Seo, S. J., & Moon, H. J. (2005). Rethinking education program in early childhood education: Qualitative analysis of parents's perceived program effectiveness and implications. *Asian Journal of Association for Home Economic, 12*(4), 265-275.

이영자(2001. 8.). 유치원교육 프로그램의 구성 및 운영에서 주력할 점. 한국유아교육학회소식, 52, 1-4.

한국경제(2001. 10. 11.). 서울시, 유아 미각형성 프로그램 100곳 확대운영(p. 15).

(3) 학위청구논문

조한숙(2010). 다문화가정 초등학교 아동의 자아정체감 연구-어머니양육행동과 학교생활만족도와의 관계를 중심으로-. 가톨릭대학교 대학원 박사학위청구논문.

Moon, H. J. (1997). *An ecological analysis of variables associated with parental disciplinary practices*. Unpublished doctoral dissertation, Michigan State University, E Lansing, USA.

Moon, H. J. (1994). *Korean child day care services: From an ecological perspectives*. Unpublished master's thesis, Michigan State University, E Lansing, USA.

(4) 연구 보고서

한국여성개발원(2005). 2004년도 전국 보육 교육 실태조사 2-보육시설 실태조사 보고(2005-04). 서울: 여성부.

Doherty, G., Lero, D. S., Goleman, H., Lagrange, A., & Tougas, J. (2000). *You bet I care! A canada-wide and practices in child care centers.* Guelph, Ontario: Center for Families, Work and Will-Being, Department of Nutrition, University of Guelph (ERIC Document Reproduction Services No. ED 453903).

(5) 시청각 자료(비디오테이프, DVD)

교육인적자원부(2002). 유능하고 행복한 자녀로 키우기(비디오테이프). 서울: 교육인적자원부.

한국교육방송공사(2003). 아기 성장 보고서 1편: 세상을 향한 첫걸음(DVD). 서울: 한국교육방송공사.

(6) 웹사이트 자료

최영(2001). 정신과적 측면에서 본 아동학대. http://drchoi.pe.kr (2001년 10월 15일 인출).

국민일보(2001.10.13.).인천, 전국 첫 '무상보호 시대'연다. http://news.kukinnew.com (2001년 10월 15일 인출).

5. 연구 보고서 작성 시 유의사항

1) 표절

(1) 표절

표절이란 타인의 저작물을 저작자의 허락을 받지 않고 사용하는 것이며, 저작자의 허락 없이 상업적으로 사용하거나 출처를 분명히 밝히지 않고 이용하는 것이다. 이에 비해 인용은 타인의 저작물을 합법적인 절차를 통해 자신의 저작물에 이용하는 것이다. 즉, 저작자에게 허가를 받아 이용하거나 인용부호를 적절히 사용하고 출처를 정확하게 밝히면서 이용하는 것을 말한다.

2) 표절을 피하는 방법

〈표 8-10〉 표절을 피하는 방법

주제	표절을 피하는 방법
공동연구 (collaboration)	• 공동으로 집필한 원문에 공저자를 모두 게재함. • 학문적 동료 혹은 심사자와의 대화를 통해 얻은 중요한 아이디어나 공헌 역시 밝혀야 함.
말 바꾸기 (paraphrasing)	• 'X에 따르면' 혹은 'X가 주장하는 바와 같이' 등의 방식으로 원저자를 인정하고 출처를 본문 혹은 각주(혹은 미주)와 참고문헌에 제시함.
인용 (citation)	• 축약적으로 인용한 경우에는 인용부호를 붙이고 출처를 본문 혹은 각주(혹은 미주)와 참고문헌에 제시함. • 인용구 주위 혹은 특정 구/술어 주변에 인용부호를 직접적으로 사용하고 각주, 미주, 주석, 참고문헌에 원본을 제시함. • 인용하되 축약적이지 않은 경우에는 말바꾸기에서 같이 'X에 따르면' 혹은 'X가 주장하는 바와 같이' 등의 방식으로 원저자를 인정하고 출처를 본문 혹은 각주(혹은 미주)와 참고문헌에 제시함.

받아 적기 (note-taking)	• 그대로 인용할 경우 인용부호를 사용함. • 출처를 제시함. • 인용문장에서 삭제된 단어를 표시하기 위해 '……'을 사용함. • 추가되거나 변화시킨 단어를 표시하기 위해 괄호 '[ ]'를 사용함.
전자 자료 (electronic sources)	• 전자적(문헌에 대한) 출처를 인용함(올바른 인용방식을 모른다고 해서 표절을 정당화하는 이유가 될 수 없음). • 인터넷에서 자료의 무단복사(cutting and pasting)를 금지함.

출처: 황혜정 외(2014).

제4부

아동관찰 및 행동연구의 활용

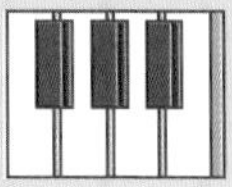

제9장

아동관찰 유형의 실제

학습목표

1. 아동관찰 유형별 개념과 특성에 대해서 안다.
2. 아동관찰 유형별 장단점에 대해서 안다.
3. 아동관찰 유형별 관찰 지침에 대해서 안다.

학습개요

관찰은 연구방법 중에서 오랜 역사를 가진 방법으로 아동의 발달을 이해하기 위해 일상생활에서 이루어지는 자연스러운 행동을 자세히 관찰하여 기록하는 것이다. 관찰을 통해 교사들은 아동에 대한 정보를 얻을 수 있다. 또한 여기서 얻은 정보는 교수-학습 활동에 반영할 수 있고 부모상담에 유용한 정보를 제공할 수 있다. 이 장에서는 아동관찰 유형으로 표본기록법, 일화기록법, 평정척도법, 시간표집법, 사건표집법, 행동목록법의 개념과 특성, 장단점, 관찰 지침에 대해 알아보고자 한다.

주요용어

표본기록법, 일화기록법, 평정기록법, 시간표집법, 사건표집법, 행동목록법

1. 표본기록법

표본기록법은 지속적 관찰기록법 또는 연속기록법이라고도 한다. 최초의 연속기록법은 1901년 드레슬러(Dresslar)의 '아기의 아침 관찰'이라는 제목에서 비롯되었다. 이 외에도 이야기식 기술법이라고도 한다. 아동의 어떤 행동의 일정 부분만이 아닌 전체를 기록하는 것이라고 볼 수 있다. 아동은 움직임이 많기에 행동을 기록함에 있어 완벽한 기록은 불가능할 것이라 본다. 그렇기에 관찰의 목적을 항시 기억해야 하며 아동에 대한 보다 자세한 기록을 원한다면 녹음기나 비디오카메라를 이용하여 재검토한 후 기록할 수 있다.

1) 표본기록법의 개념 및 특성

(1) 개념

표본기록법에서는 관찰 대상이나 장면, 시간을 미리 선정한 후 그 장면에서 일어나는 아동의 행동과 상황을 집중적으로 기록한다.

(2) 특성

표본기록법은 상황이나 행동을 자세하게 묘사하기 때문에 아동의 발달이나 행동, 작은 변화를 기록하는 데 유용하다. 상황을 보지 않은 사람이 기록만으로 그 당시 상황을 재현할 수 있을 정도로 자세하게 기록한다.

2) 표본기록법의 장단점

표본기록법의 장단점은 다음과 같다(조윤경, 2010b; 황해익, 2010).

(1) 장점

- 아동의 행동에 대한 자세한 기록이기에 아동에 대한 많은 정보를 얻을 수 있다.
- 표본기록에서 얻은 정보는 아동의 교육과정에 반영할 수 있다.
- 특별한 도구 없이 최소한의 필기도구와 관찰기록지만 있으면 관찰이 가능하다.
- 시간 경과에 따른 순서대로 기록하였기에 사건의 전후관계를 알 수 있다.

(2) 단점

- 다른 관찰법에 비해 기록과 평가에 많은 시간이 소요된다.
- 관찰자의 주관적인 해석 또는 추론이 있을 수 있다.
- 관찰대상 아동을 주시하고 기록하기 때문에 여러 명을 관찰하기보다는 한번에 한 명 정도만 관찰 가능하다.
- 다량의 자료를 수집했을 때 분류하고 분석하는 데 소요되는 시간이 많이 필요하다.

3) 표본기록법의 관찰 지침

표본기록법으로 아동의 행동을 관찰할 경우 다음과 같은 지침에 따른다.

- 표본기록은 보통 10~30분 정도 한다.
- 관찰날짜, 관찰시간, 관찰대상, 관찰자의 이름을 미리 적어 놓는다.
- 아동의 행동이 관찰된 장소와 장면을 표시한다.
- 보고 들은 그대로 가감 없이 기록한다. 즉, 객관적인 사실만을 기록하며 관찰자의 해석이나 주관적인 판단 혹은 추론은 포함시키지 않는다. 그래도 필요하다면 기록지의 오른쪽 면에 여백을 남기어 활동에 대한 보충설명이나 관찰자의 해석을 별도로 적어서 상황을 이해하는 데 도움이 되게 한다.

- 관찰대상뿐 아니라 관찰대상과 상호작용하는 모든 이의 언어적 · 비언어적 메시지도 함께 기록한다.
- 현재형으로 기록한다.
- 직접화법으로 관찰대상이 한말은 인용부호(" ") 속에 기록한다.
- 사건이 일어난 순서대로 기록한다.
- 기록의 왼쪽 여백에 10분 동안의 기록이면 1분마다, 30분 동안의 기록이면 5분마다 시간 표시를 하거나 장면이 바뀔 때마다 시간 표시를 해 둔다. 이것은 아동이 어떤 행동에 특히 관심을 보이고 또 주의집중 시간이 어느 정도 되는가를 알아보는 데 매우 유용한 자료가 된다.
- 표본기록의 마지막에는 발달영역별로 간단한 요약을 해 놓는다.

4) 표본기록법의 작성 양식

표본기록법 작성 양식에는 관찰대상의 이름과 성별, 생년월일, 관찰날짜, 관찰자, 관찰장면을 미리 기록해 둔다.

〈표 9-1〉 표본기록법 작성 양식의 예

관찰대상:	생년월일: 년 월 일 (남/여)
관찰일: 년 월 일	관찰일 현재 아동 연령: 년 개월
관찰시간: 오전/오후	관찰장면:
관찰상황:	관찰자:

시간	기록	평가
요약		

5) 표본기록법의 실례

표본기록법을 사용하여 자유놀이영역에서 또래 간 상호작용을 관찰한 것이다. 관찰자의 해석은 기록과 분리하여 기록한다.

〈표 9-2〉 표본기록법의 관찰 예

관찰아동: 김나연	생년월일: 2012. 11. 11.
관찰일: 2017. 4. 17.	관찰자: ○○○
관찰시간: 오전 9시 30분~9시 50분	관찰장면: 자유놀이영역
관찰상황: 자유놀이영역에서 또래 간 상호작용	

9시 30분

나연이가 연서에게 다른 곳에 가서 놀자고 이야기한다. 나연이가 놀고 있던 와플 블록을 무너뜨리고 정리한다. 옆에서 놀이하던 연서에게 "연서야, 우리 정리하고 미술영역으로 가서 그림 그리자."라고 말한다. 그래도 연서가 계속해서 블록놀이를 하고 있자 나연이가 다시 정리하라고 말한다. "알았어. 지금 정리할 거야." 라고 말하며 정리를 한다. 나연이는 연서가 정리하는 것을 돕는다. 정리를 한 후 미술영역으로 이동한다.

9시40분

스케치북을 찾아서 태희 옆에 앉는다. "나도 그림 그릴 거야." 하며 스케치북의 빈 곳을 찾아 편 후 색연필을 꺼내어 그림을 그린다. 처음에는 검정색으로 자동차를 그리더니 다음엔 노란색으로 자동차를 그린다. 색연필이 마음에 들지 않는지 크레파스를 가지고 온다. "난 크레파스로 색칠할래." 하며 옷소매를 걷더니 색을 칠한다. 태희가 "나연아, 뭐 그린 거야?" 하고 묻자 "어~ 이거는 아빠 차야. 우리 아빠 이번에 차 샀거든. 검정색이야. 그리고 이건 우리 엄마 차야. 엄마 차는 아빠 차보다 작아. 그런데 엄마 차는 내가 좋아하는 노란색이야."라고 이야기한다.

평가

나연이는 자기가 하고 싶은 말을 친구에게 할 수 있다. 자신이 활동을 하다가 원하는 것이 있으면 직접 가서 원하는 것을 가지고 올 수 있다.

요약

신체발달: 소근육발달은 정상적인 수준임.
언어발달: 친구에게 자신의 생각을 이야기하는 상호작용 및 언어표현능력이 양호함.
인지발달: 차의 색깔과 크기를 정확히 구분할 수 있음.
사회정서발달: 집중하여 작업함. 또래 간 상호작용이 활발히 일어남.

2. 일화기록법

일화기록법은 아동의 행동을 직접 관찰하여 객관적인 서술식으로 기록하는 것이다. 중요한 사건이나 핵심이 되는 행동을 중심으로 짧게 기록하는 방법이다. 사건 직후에 기록하는 것이 좋으나 여의치 않을 때는 6하원칙(언제, 어디서, 누가, 무엇을, 어떻게, 왜)에 따라 짧게 기록해 두고는 나중에 기록한다. 간단하게 기록해 두고 시간이 한참 지난 후에 기록할 경우 교사의 편견이나 해석이 들어갈 수 있기에 정확한 기록이 나오지 않을 수 있다. 그러므로 가능한 한 미루지 말고 사건 직후에 기록하도록 한다.

1) 일화기록법의 개념 및 특성

(1) 개념

일화기록법은 시간과 장소에 구애받지 않고 아동의 특정 행동이나 사건에 초점을 맞추어 있는 그대로 사실적으로 기록한다.

(2) 특성

일화기록법은 사실적이고 객관적인 기록이다. 아동 관찰법 중 가장 쉽고도 간단한 기록방법이라 할 수 있다. 예상하지 못했던 행동에 대한 기록이다. 또한 관찰자가 관심 있게 생각하는 영역이나 행동에 초점을 둔다. 일화기록법에서는 관찰 대상 아동의 특별하고 의미 있는 행동뿐 아니라 전형적인 행동을 기록한다.

2) 일화기록법의 장단점

일화기록법의 장단점은 다음과 같다(안선희 외, 2015; 이정환, 박은혜, 2011; 전남련 외, 2014).

(1) 장점

- 간결한 형태로 기록되므로 많은 시간이 필요하지 않다.
- 일화기록을 통해 아동의 의사소통과 행동에 집중적으로 초점을 맞추므로 그때의 상황에 대해 정확하고 분명한 기록을 남길 수 있다.
- 누적된 관찰 자료는 아동의 행동을 이해하고 수업을 계획할 때 중요한 자료가 된다.
- 사전 준비나 별도의 계획 없이 진행되므로 메모지와 연필만 있으면 언제든지 가능하며 간편하게 기록할 수 있다.
- 관찰대상 아동에 대한 기록 누적을 통해 발달 상황을 확인할 수 있다.
- 관찰의 초점이 있다.

(2) 단점

- 시간이 지난 후 기록하게 되는 경우 사건이 일어나게 된 원인이나 이유에 대해서 정확히 알기 힘들다.
- 사건 즉시 기록하지 않고 간단히 메모만 한 후 추후에 작성할 경우 내용을 잊어버리거나, 관찰자의 편견이 들어갈 수 있다.
- 아동의 행동 중 일부만 기록하기 때문에 해석의 오류를 범할 수 있다.
- 정확하고 객관적인 기록이 아닐 경우 아동에 대한 부정적 이미지를 가질 수 있다.

3) 일화기록법의 관찰 지침

일화기록법으로 아동의 행동을 관찰할 경우 다음과 같은 지침에 따른다.

- 관찰 아동이 보이는 특별한 사건이나 행동을 중심으로 짧게 기록한다.
- 사건이나 행동이 일어난 직후 기록한다.
- 6하원칙(언제, 어디서, 누가, 무엇을, 어떻게, 왜)에 따라 간단히 메모해 둔다.

- 관찰대상의 말과 행동을 구별해서 기록한다.
- 내용은 직접화법으로 인용부호(" ")로 기록한다.
- 관찰대상의 말과 행동뿐만 아니라 주변 사람들의 반응도 기록한다.
- 관찰자의 해석 또는 평가를 명확하게 구분하여 기록한다.
- 객관적이고 사실적으로 기록한다.

(1) 일화기록의 다섯 가지 특징

일화 기록법의 다섯 가지 특징을 살펴보면 다음과 같다(Goodwin & Driscoll, 1980).

- 직접 관찰한 것을 기록한다.
- 하나의 사건을 관찰한 즉시 정확하고 구체적으로 기록한다.
- 관찰한 행동에 대한 정황을 담고 있다.
- 관찰상황에 대한 해석은 객관적 관찰상황 제시와 분리하여 별도로 표시하여 제시한다.
- 일화기록은 아이들의 전형적인 행동과 특별한 행동 모두 초점을 맞추어 기록한다.

(2) 일화기록을 평가할 때 포함해야 할 항목

일화기록을 평가할 때 포함해야 할 항목은 다음과 같다(Brandt, 1972).

- 관찰장면, 관찰시간, 진행 중인 활동 상황 등의 자료가 포함되어 있어야 한다.
- 대상아동의 주요 행동이 묘사되어 있어야 한다.
- 아동이 말한 것이 그대로 기록되어야 한다.
- 아동의 말과 행동 외에 상호작용하는 다른 아동이나 교사의 말과 행동도 그대로 기록되어야 한다.
- 기록은 객관적이고 사실적이어야 하며 관찰자의 추론과 해석은 배제되어야 한다.

〈표 9-3〉 일화기록법의 옳은 예와 나쁜 예

옳은 예	나쁜 예
밀가루 점토를 주먹만큼 떼어 친구에게 주었다.	은주는 밀가루 놀이를 좋아한다.
하품을 한다.	미정이는 너무 수줍어한다.
정미는 혜정이의 어깨에 손을 올렸다.	혜정이는 놀란 것처럼 보였다.
"친구에게 미안하다고 사과했어요."	태완이는 항상 친구를 괴롭힌다.
"선생님, 기분이 좋아요."	행복한 얼굴이다.
"선생님 배가 아파요."	태영이는 배가 아프다고 말했다.

출처: 안선희 외(2015)에서 재구성.

4) 일화기록법의 작성 양식

일화기록법의 경우 별도의 양식 없이 기록할 수 있으나 제시된 양식을 사용하여 기록할 수도 있다.

〈표 9-4〉 일화기록법 작성 양식의 예 1

관찰아동		관찰일	
현재 연령		관찰시간	
관찰자		관찰장면	

출처: 한국보육진흥원(2011).

〈표 9-5〉 일화기록법 작성 양식의 예 2

관찰아동:	생년월일:	성별:
관찰자:	관찰일:	관찰시간:
관찰일 현재 아동의 연령:		
관찰장면:		
기록		
발달영역:		
요약:		

출처: 전남련 외(2014).

〈표 9-6〉 일화기록법 작성 양식의 예 3

관찰아동:	생년월일:	(남/여)
관찰일:		
관찰자:		
장면:		
기록:		
발달영역:		

출처: 김지은(2008).

〈표 9-7〉 일화기록법 작성 양식의 예 4

관찰아동		성별		관찰일	
관찰자		관찰시간			
누리과정 영역					
관찰장면					
기록					
해석 및 평가					

출처: 안선희 외(2015).

5) 일화기록의 실례

(1) 영아

영아를 대상으로 한 일화기록법의 실제로 등원, 낮잠 시간의 사례를 제시한다.

① 등원

<table>
<tr><td>관찰영아</td><td>1세 남아</td><td>관찰일시</td><td>2017년 3월 13일 8시 30분</td></tr>
<tr><td>관찰자</td><td>교사 ○○○</td><td>관찰장소</td><td>○○○어린이집 교실</td></tr>
<tr><td>관찰장면</td><td colspan="3">○○이가 아빠와 함께 등원을 한다. 아빠와 헤어지기 싫은지 잠시 눈물을 보인다. “○○아, 아빠와 헤어지기 싫었구나~ 우리 ○○이 많이 속상하구나~ 그래도 아빠에게 ‘아빠 다녀오세요.’라고 씩씩하게 말해 줄 수 있어요?” ○○이가 고개를 끄덕인다. “그럼 ○○아, ‘아빠 다녀오세요.’라고 말해 볼까요?” 하니 울먹이며 “아빠 다녀오세요.” 하며 인사를 한다. 아빠가 “○○아, 밥 잘 먹고 친구들하고 재밌게 놀고 있어요. 일하고 저녁에 만나요.” 하고 교실을 떠난다. 교사의 품에 안겨서 있다가 잠시 후에 놀이를 하러 간다.</td></tr>
<tr><td>평가</td><td colspan="3">학기 초 부모와의 분리 상황에서 울음을 보이는 경우는 교사가 안아 주고 현재의 상황을 그대로 받아들일 수 있도록 영아에게 이야기하고, 아빠가 퇴근 후에 다시 온다는 것을 상기시켜 주면 안정을 취하는 데 도움을 줄 수 있다.</td></tr>
</table>

② 낮잠 시간

<table>
<tr><td>관찰영아</td><td>1세 여아</td><td>관찰일시</td><td>2017년 4월 3일 1시 30분~2시</td></tr>
<tr><td>관찰자</td><td>교사 ○○○</td><td>관찰장소</td><td>○○○어린이집 교실</td></tr>
<tr><td>관찰장면</td><td colspan="3">낮잠 시간에 이불을 펴고 영아들이 자리에 눕는다. ○○이가 울면서 잠들지 않으려고 한다. “○○아, 잠이 오지 않아요? 그럼 어떻게 하면 ○○이가 잠을 잘 잘 수 있을까? 선생님이 ○○이가 좋아하는 인형을 하나 가져다줄까요?” 하니 고개를 끄덕인다. 인형을 ○○이에게 주니 ○○이가 인형을 꼭 껴안는다. “○○아, 인형도 지금 많이 졸리대. ○○이가 인형을 재워 줄 수 있겠니? 선생님이 ○○이를 재워 줄게~ ○○이는 인형을 재워 줄까요?” 하니 고개를 끄덕인다. 교사가 토닥여 주니 ○○이가 잠이 든다.</td></tr>
<tr><td>평가</td><td colspan="3">학기 초 적응기간이 끝난 영아의 경우 낮잠 자는 것이 쉽지 않다. 가정과 같은 분위기를 조성하고 영아가 마음의 안정을 취할 수 있도록 자장가를 들려주거나 영아가 좋아하는 인형을 안고 잠들 수 있도록 도와주어야 한다.</td></tr>
</table>

(2) 유아

유아를 대상으로 한 일화기록법의 실제로 식습관과 자유놀이 활동 사례를 제시한다.

① 식습관

관찰유아	3세 여아	관찰일시	2016년 2월 6일 3시 30분~4시
관찰자	교사 ○○○	관찰장소	○○○어린이집 교실
관찰장면	(오후 간식시간) 단호박 수프와 식빵이 간식으로 나왔다. ○○이가 단호박 수프를 한 번 쳐다보더니 고개를 절레절레 흔든다. “○○아, 노오란 수프의 재료가 뭔지 알아요?” 하니 고개를 흔든다. “이건 단호박 수프야. ○○이 단호박 찐 거 먹어 봤지요? 한번 먹어 볼까요?” ○○이가 계속 고개를 흔든다. 교사가 숟가락에 단호박 수프를 묻혀서 입술에 살짝 찍어 묻히자 혀로 할짝거리며 먹는다. “어때요? 맛있지요?” 교사가 식빵에 단호박을 찍어 입에 넣어 주자 ○○이가 먹는다. ○○이가 스스로 단호박 수프에 식빵을 찍어 먹으면서 “맛있다.”며 친구들과 이야기 나누고 웃으며 즐겁게 간식을 먹는다.		
평가	급 · 간식 시간에는 아동의 연령과 개인의 특성에 맞추어 식생활지도를 해야 한다. 알레르기가 있는지 먼저 체크하고 있다면 대체식품을 제공해 주어야 한다. 음식의 맛, 색, 형태에 관심을 가질 수 있도록 도와주어야 한다.		

② 자유놀이

관찰유아	3세 여아	관찰일시	2016년 5월 31일 9시 30분~10시
관찰자	교사 ○○○	관찰장소	○○○어린이집 교실
관찰장면	(역할영역에서) ○○이가 아기 인형을 안고서 우유를 먹이며 놀이하고 있는 △△이에게 다가간다. “△△아, 아기 우유 먹어?” 하고 물어본다. △△이가 고개를 끄덕이자 ○○이가 아기 인형에게 다가가서 “맛있겠다. 많이 먹어 아가야.”라고 이야기하며 아기 인형을 만진다. △△이가 “○○아, 너도 아기 우유 먹여 볼래?” 하니 ○○이가 “그래, 그럼 나도 아기 우유 먹여 볼래.” 하며 △△이에게서 아기 인형을 건네받는다. ○○이가 “아가야, 맛있게 먹어. 많이 먹고 많이 커~”라고 이야기하며 ○○이와 △△이는 즐겁게 웃는다.		
평가	역할영역에서 혼자놀이를 하는 것보다 서로 상호작용하면서 놀이할 수 있도록 도와주어야 한다.		

3. 평정척도법

평정척도법은 사람이 가지고 있는 어떤 특성이나 특질 혹은 성격을 미리 정해진 범주에 따라 평가할 때 사용되는 관찰의 보조도구이다. 평정척도는 행동이 어느 정도까지 나타나는지의 질적 판단을 하기 위해 필요한 방법이다. 평정척도는 기술평정척도, 숫자평정척도, 도식평정척도 등의 여러 유형이 있다. 평정척도는 한번에 광범위한 행동들을 평가할 때 매우 효과적이다.

1) 평정척도법의 개념 및 특성

(1) 개념

어떤 특징이나 특질 혹은 성격을 미리 정해진 범주에 따라 행동의 질적인 차이를 평가할 때 사용하는 방법이다. 어떤 행동의 출현 유무를 체크하는 체크리스트를 보완한 것이라 할 수 있다. 주로 인성이나 사회적 적응, 신체발달을 평가하는 데 사용되며 계속되는 행동을 관찰하면서 평가할 수도 있지만 일반적으로는 행동이 끝난 후 시간이 흐른 뒤 하거나 아동이 없을 때 기록한다(김지은, 김진숙, 1999).

(2) 특성

평정척도는 한번에 광범위한 행동을 평가할 때 매우 좋은 방법이다. 아동의 행동을 일정한 기간에 지속적으로 관찰하고 나서 선정된 기준에 따라 행동의 특성을 판단하기 위해 평정척도를 사용할 수 있다. 평정척도의 유형으로는 기술평정척도, 숫자평정척도, 도식평정척도, 표준평정척도 등이 있다. 다음의 평정척도에서 1은 '항상 그렇다', 3은 '보통 정도', 5는 '전혀 그렇지 않다'를 의미한다.

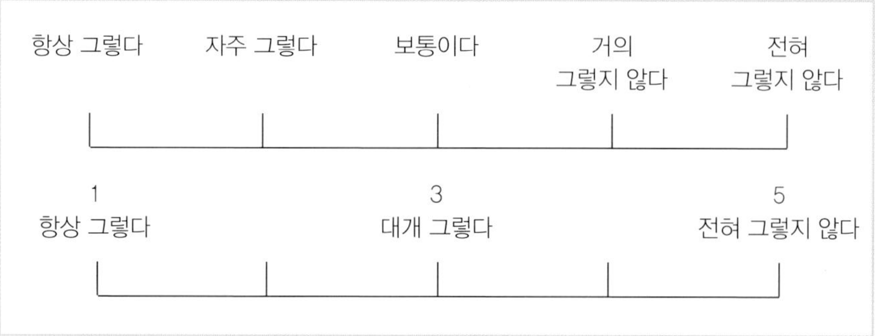

2) 평정척도법의 장단점

평정척도법의 장단점은 다음과 같다(김지은, 2008; 안선희 외, 2015; 전남련 외, 2014; 홍순정, 최석란, 2010).

(1) 장점

- 작성하기 쉬우며, 짧은 시간 안에 많은 항목을 평가하기 용이하다.
- 문항을 읽고 체크하기에 특별한 훈련 없이 사용할 수 있다.
- 한번에 여러 아동의 특성이나 영역을 평가하기에 유용하다.
- 아동의 발달 단계를 평가하는 데 유용하다.
- 체크리스트와 나르게 행동의 질도 평가할 수 있다.
- 관찰하면서 바로 기록하지 않고, 관찰자가 편리한 시간에 기록할 수 있다.

(2) 단점

- 매우 주관적이므로 평정자의 오류와 편견이 발생할 수 있다.
- 관찰자가 나타내고자 하는 것이 모두 포함된 정확하고 객관적인 척도를 개발하기가 쉽지 않다.
- 관찰상황에 관계 없이 행동 수준만을 기록하므로 일어나는 행동의 원인에 대해 거의 시사하지 않는다.

- 목록 이외의 것은 관찰할 수 없다.
- 모호한 용어 사용으로 문제가 발생할 수 있다.

평정자 오류에 대해서

평정척도법을 사용하는 경우 다음과 같은 오류를 주의해야 한다(김지은, 2008; 이은해, 1996; 황해익, 2012).

후광효과

아동을 평가할 때 관찰대상 주변의 요소가 평정에 작용하는 것을 말한다. 관찰대상에 대한 사전의 정보나 호감, 인성이 평정에 영향을 주어 관찰대상을 과대평가하거나 반대로 과소평가하여 평정하는 오류이다. 이러한 후광효과는 쉽게 제거하기 어려운 요인으로 평정자들이 가장 많이 범하는 오류이다.

관용의 오류

평정자들이 지나치게 관대하게 평정하는 경향이다. 아는 사람에 대해 실제보다 더 높게 평정하거나, 타인에 대해 관대하게 평정하는 오류를 말한다.

중앙집중의 오류 혹은 중심화 경향의 오류

평정자가 평정을 할 때 양극단 점수를 피하고 중간 점수를 많이 주게 되는 경향을 말한다. 특히 관찰자가 평정할 때 대상에 대해 판단하기 어려운 경우, 평정하는 대상에 대해 잘 모르는 경우 이와 같은 경향이 많이 나타난다.

엄격성의 오류

엄밀하고 낮은 평정을 하는 경향이다. 지나치게 엄격한 기준으로 평정하여 거의 모든 대상에게 낮게 평정하는 오류를 말한다.

논리성의 오류

논리적으로 서로 관련되어 있는 문항에 대해 같은 평정을 하게 되는 것을 말한다. 주도적으로 행동한다는 문항과 독자적으로 행동한다는 문항이 논리적인 관계를 갖고 있다고 생각하는 평정자들은 이 문항들을 유사하게 평정하는 경향이 있다.

근접의 오류

평정자들이 시공간적으로 가까이 있는 항목들에 대해 유사하게 평정하는 오류를 말한다. 평정척도에서 문항 간의 상관을 알아보았을 때 가까이 있는 문항과의 상관이 멀리 떨어진 문항과의 상관보다 더 높게 나타났다.

비교의 오류와 대비의 오류

평정자가 관찰대상을 어떻게 지각하고, 자신이 지니고 있는 특성을 관찰대상이 가지고 있는지 없는지를 비교하여 자신과 유사하게 또는 자신과 정반대로 평정하는 오류를 말한다.

3) 평정척도법의 관찰 지침

평정척도법으로 아동의 행동을 관찰할 경우 다음과 같은 지침을 따른다(Nicolson & Shipstead, 1994). 관찰 지침은 행동 목록의 작성방법과 유사하다.

- 적절한 주제를 선정한다.
- 평정할 문항을 명확하고 분명하게 제시한다.
- 기록방법을 결정한다.
- 예비조사를 실시한다.

평정척도에서의 유의사항을 살펴보면 다음과 같다(김지은, 2008; 안선희 외, 2015).

- 평정에 앞서 대상 아동에 대한 다른 사람의 의견을 물어보지 않는다.
- 평정에 앞서 모든 항목을 확인한다.
- 평정할 때 대상아동에 대한 사전의 전반적인 인식에 영향을 받지 않도록 한다.
- 평정척도 양식에 대상 아동의 발달에 대해 간단하게 요약해 둔다.

4) 평정척도법의 실례

(1) 기술평정척도

기술평정척도는 평정하는 행동을 수준에 따라 구체적인 행동으로 서술해 구성한 척도이다. 행동의 한 차원을 연속성 있는 몇 개의 범주로 나누어 기술하고 관찰자에게 대상의 행동을 가장 잘 나타내는 진술문을 택하게 하는 방법이다. 진술문은 행동적으로 기술되어야 하고, 범주 간 차이가 구별될 수 있어야 한다. 한 행동에 대해 3~5개 범주에 따라 평가한다.

〈표 9-8〉 기술평정척도의 예 1

그림에 관한 아동의 관심은 어떠한지 평정하시오.

___ 그림책을 읽기 시작하면 자리를 떠난다.
___ 그림책을 읽는 동안 움직이지 않고 놀잇감을 가지고 논다.
___ 그림책을 읽는 동안 보여 주는 페이지를 쳐다보지만 흥미를 가지지 않는다.
___ 관심을 약간 가진다.
___ 관심을 많이 가진다.

〈표 9-9〉 기술평정척도의 예 2

관찰기록을 기초로 아동의 행동을 가장 잘 나타내는 곳에 체크하시오.

말하기: 사항에 맞게 바른 태도로 말하기

___ 때와 장소, 대상에 알맞게 바르고 고운 말을 사용하지 못한다.

___ 교사의 도움이 있으면 때와 장소, 대상에 알맞게 바르고 고운 말을 사용한다.

___ 스스로 때와 장소, 대상에 알맞게 바르고 고운 말을 사용한다.

기록: ____

____

____

출처: 이미화 외(2012).

〈표 9-10〉 기술평정척도의 예 3

차례 지키기 행동

___ 차례를 지켜야 함을 모른다.

___ 차례를 지켜야 하는 것을 알지만, 거의 지키지 못한다.

___ 차례를 지키는 편이나, 지키지 못할 때도 있다.

___ 자기 차례를 잘 지킨다.

출처: 이은해, 이미리, 박소영(2006).

〈표 9-11〉 아동의 쓰기 행동을 평가하는 데 사용한 기술평적척도의 예

아동의 행동을 가장 잘 나타내는 곳에 체크하시오.

쓰기: 쓰기도구 사용하기

___ 쓰기도구를 바르게 사용하는 것을 어려워한다.

___ 교사의 도움이 있으면 쓰기도구를 바르게 사용한다.

___ 스스로 쓰기도구를 사용한다.

출처: 이미화 외(2012).

(2) 숫자평정척도

숫자평적척도는 어떤 특성을 나타내려는 정도에 따라 각 항목에 숫자를 부여해 점수를 줌으로써 자료를 평정하는 척도이다. 이때 숫자는 일종의 점수로 평정된 자료를 수량화하여 분석할 수 있게 한다. 5점 척도의 경우 5, 4, 3, 2, 1로 배정하고, 3점 척도일 경우 3, 2, 1로 배정한다. 이 외에 +와 −로 나누어 배정하는 방법도 있다. 관찰자는 측정되는 행동에 대해 가장 적절한 숫자를 선택한다. 기술평정척도의 각 범주에 숫자를 배정하면 기술평정척도를 숫자평정척도로 전환할 수 있다.

〈표 9-12〉 숫자평정척도의 예

평가문항	우수 (3)	보통 (2)	미흡 (1)
비슷한 발음을 듣고 구별하며 문장을 듣고 뜻을 이해한다.			
이야기를 듣고 이해하며 궁금한 것에 대해 질문한다.			
동요, 동시, 동화를 듣고 이해하며 우리말의 재미를 느낀다.			

출처: 이미화 외(2012).

〈표 9-13〉 유아 놀이행동

<table>
<tr><th>관찰유아</th><td>5세 남아</td><th>관찰일시</th><td>2015년 12월 7일 11시~11시 30분</td></tr>
<tr><th>관찰자</th><td>교사 ○○○</td><th>관찰장소</th><td>○○어린이집 교실</td></tr>
<tr><th>평가문항</th><td colspan="3">
<table>
<tr><th>문항</th><th>미흡 (1)</th><th>보통 (2)</th><th>우수 (3)</th></tr>
<tr><td>1. 스스로 정직하고 언행에서 다른 사람을 배려한다.</td><td></td><td></td><td>V</td></tr>
<tr><td>2. 주변 사람에게 예의 바르게 행동하고 약속 및 공공규칙을 지킨다.</td><td></td><td>V</td><td></td></tr>
<tr><td>3. 자원을 절약하고 자연을 보호해야 하는 이유를 알고 이를 실천한다.</td><td></td><td></td><td>V</td></tr>
</table>
</td></tr>
<tr><th>평가</th><td colspan="3">사회적 가치를 알고 지키는지를 알아보는 내용으로 다른 사람을 배려하여 행동하고 타인의 시선을 의식해 공공규칙을 지키려는 편이며, 자원을 아끼는 습관을 가지고 있다.</td></tr>
</table>

출처: 성미영, 전가일, 정현심, 김유미, 정하나(2017).

〈표 9-14〉 읽기 특성에 관한 숫자평가척도

초기수준

아동이름:

교사이름:

날짜: 생년월일: 시설명:

1=부족함 2=평균 이하 3=평균 4=평균 이상 5=우수함

평가	1	2	3	4	5	교사의견
읽기 기술						
말하기/글자관계를 인식한다.						
글자/단어를 이해한다.						
책을 적절하게 다룬다.						
읽기에 대한 태도						
여가 시간 동안 읽을거리를 선택한다.						
여러 가지 책/이야기를 읽는다.						
이야기를 주의 깊게 듣는다.						
읽기에 대한 흥미						
좋아하는 책/이야기가 있다.						
좋아하는 책/이야기에 대해 논의한다.						
책/이야기에 관한 논의에 참여한다.						
읽기 기술/전략						
읽을 때 의미를 구성한다.						
이야기 정황과의 관계에 대해 설명한다.						
독자로서의 자신감을 보여 준다.						

평가요약

	현재 평가			평가 이후		
평가	뛰어남	평균	부족함	발전함	비슷함	나빠짐
읽는 양						
읽는 태도						
읽기 기술/전략						

출처: Farr(1994); Harcourt Educational Measurement(1990).

(3) 도식평정척도

도식평정척도는 관찰자의 판단을 돕기 위해 기술적인 유목에 선을 첨가한 형태의 척도이다. 도식평정척도에서는 일정한 직선을 제시하는데, 관찰자는 판단을 할 때 도식평정척도의 선을 시각적 단서로 활용할 수 있고 관찰하는 행동의 연속성을 가정하여 판단한다. 직선상의 동일한 간격은 각각의 단계가 동일한 급간임을 보여 주기에 다른 평정척도에 비해 효과적인 특성이 있다.

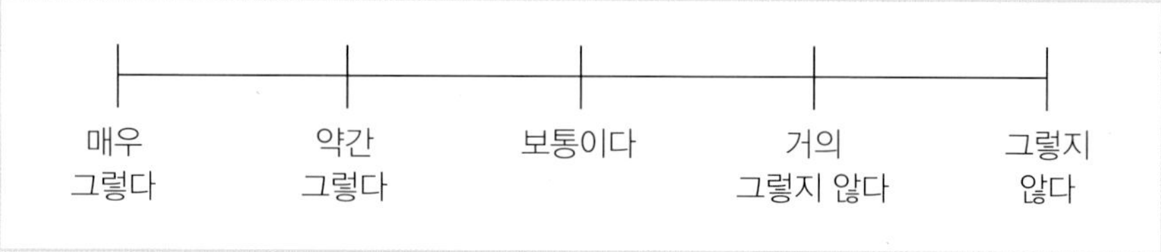

보육 현장에서 아동을 대상으로 다양한 영역의 발달을 점검하기 위해 빈번하게 사용된다.

〈표 9-15〉 **도식평정척도의 예**

유아의 과제수행 능력에 해당되는 곳에 체크하시오.

	매우 그렇다	약간 그렇다	보통 이다	거의 그렇지 않다	그렇지 않다
1. 교사의 지시를 주의 깊게 듣는다.					
2. 교사의 지시에 따른다.					
3. 과제에 집중한다.					
4. 과제를 끝마친다.					
5. 과제를 열심히 한다.					
6. 또래와 협동하여 과제를 한다.					
7. 혼자서 과제를 할 줄 안다.					

출처: 홍순정, 최선란(2010).

〈표 9-16〉 **영아 놀이행동**

관찰영아	2세 여아	관찰일시	2015년 7월 6일 10시 30분~11시		
관찰자	교사 ○○○	관찰장소	○○어린이집 실외놀이터		
평가문항	문항	전혀 그렇지 않다	다소 그렇지 않다	보통이다	다소 그렇다	매우 그렇다
	1. 놀이에 규칙이 있음을 안다.				V	
	2. 규칙에 따라 놀이한다.				V	
	3. 놀이기구와 놀잇감을 안전하게 사용한다.				V	
평가	○○이는 놀이터에서 놀이기구를 안전하게 사용하는 모습을 보였다.					

출처: 성미영 외(2017).

(4) 표준평정척도

표준평정척도는 관찰자가 평정 대상을 다른 일반 대상과 비교할 수 있도록 구체적인 준거나 표준을 제시하는 방법이다. 각 범주를 보다 객관적인 유목으로 기술한 형태로 숫자평정척도나 도식평정척도와 함께 사용된다.

〈표 9-17〉 **표준평정척도의 예**

	최상위 5%에 속함	상위 20%에 속함	중간 50%에 속함	하위 20%에 속함	최하위 5%에 속함
1. 어휘 구사력					
2. 의사소통 능력					
3. 문장력					
4. 언어 이해력					

4. 시간표집법

시간표집법은 지정된 시간 안에서 행동의 빈도수를 기록하기 위해 이용된다. 관찰자는 관찰대상의 어떤 행동이 관찰될지, 시간 범위를 어떻게 할지, 행동을 어떻게 기록할지를 미리 결정해야 한다. 또한 관찰이 일어날 당시 관찰시간 이외에 보이는 행동은 제외한다.

1) 시간표집법의 개념 및 특성

(1) 개념

시간표집법은 정해진 시간 안에 관찰하고자 하는 행동이 얼마나 자주 일어나는지를 기록함으로써 아동의 행동발달을 관찰하고 기록하는 방법이다.

(2) 특성

시간표집법은 짧은 시간 동안 나타나는 행동을 관찰할 때 사용할 수 있는 방법이다. 반면, 아동의 생각, 감정과 같이 행동으로 표현되지 않거나 자주 발생하지 않는 행동에 대해서는 시간표집법을 사용하는 것이 적절하지 않다. 말을 못하는 영아, 장애아의 행동을 관찰하기에 유용하다.

〈표 9-18〉 빈도기록법, 간격기록법, 시간표집법의 비교

기록방법	설명	예
빈도기록법	• 다른 관찰기록 방법에 비해 비교적 긴 시간 동안 기록함. • 정해진 시간 안에 행동이나 사건이 출현한 빈도임. • 사건표집법과 유사한 개념임.	• 총 10분 동안 발생한 공격적 행동의 횟수를 기록함. • 10분 동안 4회 발생함.

간격기록법	• 관찰과 기록 시간의 간격을 일정하게 정해 놓은 상태에서 기록함. • 관찰시간 간격 중에 행동이나 사건이 출현한 빈도를 기록함.	• 총 10분 동안, 15초 간격으로 관찰과 기록을 실시함. 10초 동안 유아의 놀이행동을 관찰하고 5초 동안 기록함. • 40회의 관찰시간 간격 중에 혼자놀이 10회 발생함.
시간표집법	• 사건이나 행동이 출현할 때까지 비교적 긴 시간(예: 10분) 기다리다가 발생하면 기록함. • 전에 반응이 나타난 시간의 비율을 기록함.	• 9분 55초 동안 기다리다가 5초 동안 기록함.

2) 시간표집법의 장단점

시간표집법의 장단점은 다음과 같다(김지은, 2014; 안선희 외, 2015; 황해익, 최혜진, 정혜영, 권유선, 2014).

(1) 장점

- 다른 관찰 유형보다 관찰자 간 신뢰도, 객관성이 높다.
- 대표성을 가진다.
- 수량화가 용이해서 통계 처리가 가능하다.
- 짧은 시간 내에 많은 정보를 얻을 수 있으며 여러 명의 아동을 관찰할 수 있다.
- 서술적인 관찰방범에 비해 효율적으로 관찰할 수 있으며 쉽고 빠르게 기록할 수 있다.
- 행동이나 사건 발생 빈도를 파악함으로써 행동수정의 목표를 정하는 데 유용하다.
- 일상생활을 방해하지 않고 자연스러운 상황에서 관찰 가능하며 기록과 채점이 가능하다.

(2) 단점

- 일반적이며 높은 빈도로 나타나는 행동만을 기록할 수 있다.
- 단편적인 정보만을 얻을 수 있다.
- 외현적 행동만을 기록할 수 있다.
- 기록 체계에 따른 기록이 아닐 경우 인과관계를 알 수 없다.
- 측정행동에만 초점을 두기 때문에 아동 간 상호작용을 기록할 수 없다.
- 관찰을 시작하기 전에 많은 준비를 해야 한다.
- 용어를 명확히 이해해야 한다.

3) 시간표집법의 관찰 지침

시간표집법으로 아동의 행동을 관찰할 경우 다음과 같은 지침에 따른다.

- 관찰의 목적을 분명히 정한 후 실시한다.
- 자주 나타나는 행동을 관찰한다(15분에 1회 정도-시간표집법이 적당함).
- 관찰이 가능한 행동을 선정한다.
- 총 시간과 시간 단위를 정한다.
- 관찰대상을 정한다.
- 관찰 기록 부호를 미리 정한다.
- 양식을 만들어 사용한다.
- 양식에 여백을 비워 둔다.

4) 시간표집법의 작성 양식

시간표집법은 관찰 목적에 따라 종류가 다양하다. 다음은 시간표집법의 양식의 예이다.

〈표 9-19〉 시간표집법 작성 양식의 예 1

관찰대상: 김태완 생년월일: 2011년 4월 11일 관찰일 현재 유아 연령: 4년 8개월
관찰자: 이은주 성별: 남
관찰일자: 2015년 12월 2일 관찰시간: 9:15~9:20

시간	사회적 놀이			비놀이			활동	메모
15초 동안	혼자 놀이	평행 놀이	집단 놀이	몰입하지 않는 행동	쳐다보는 행동	전환		
15초					V			역할영역에서 태완이가 소꿉놀이 하는 것을 쳐다봄.
15초		V						나무 장난감 가스레인지를 작동함.
15초		V						소꿉놀이 도구를 이용함.
15초		V						소리가 나자 태완이가 쳐다봄.
15초			V					태완이가 같이 놀자고 함.
15초			V					소꿉놀이 도구 여러 개를 분주하게 꺼냄.

〈표 9-20〉 시간표집법 작성 양식의 예 2

관찰행동: 아동의 흥미영역 선택
관찰아동(1) 이름: 성별: 생년월일:
관찰일시: 관찰장면:
관찰자:

이름	월			화			수			목			금		
	9:00	9:30	10:00	9:00	9:30	10:00	9:00	9:30	10:00	9:00	9:30	10:00	9:00	9:30	10:00
아동 1	역	화	음												
아동 2	지	역	역												
아동 3	쌓	쌓	쌓												
아동 4	과	조	화												

*역: 역할놀이, 미: 미술놀이, 쌓: 쌓기놀이, 언: 언어놀이, 과: 과학놀이, 조: 조작놀이, 음: 음악놀이, 화: 화장실, 지: 지켜보기, ×: 부재중

출처: 안선희 외(2015).

5) 시간표집법의 실례

영아를 대상으로 한 시간 표집법의 실제로 식습관과 등하원의 사례를, 유아를 대상으로 한 시간표집법의 실제로 놀이행동과 대소집단 활동의 사례를 제시한다.

(1) 영아

① 식습관

<table>
<tr><th>관찰영아</th><td>2세 남아</td><th>관찰일시</th><td>2017년 4월 18일
12시 30분~12시 33분</td></tr>
<tr><th>관찰자</th><td>○○○ 교사</td><th>관찰장소</th><td>교실</td></tr>
<tr><th>관찰시간</th><td>3분</td><th>관찰간격</th><td>15초</td></tr>
<tr><th>관찰행동</th><td colspan="3">손으로 밥을 먹는 행동</td></tr>
<tr><th>초</th><th>행동발생</th><th colspan="2">메모</th></tr>
<tr><td>15초</td><td>○</td><td colspan="2">2회</td></tr>
<tr><td>15초</td><td>×</td><td colspan="2"></td></tr>
<tr><td>15초</td><td>×</td><td colspan="2"></td></tr>
<tr><td>15초(1분)</td><td>×</td><td colspan="2"></td></tr>
<tr><td>15초</td><td>○</td><td colspan="2">1회</td></tr>
<tr><td>15초</td><td>○</td><td colspan="2">2회</td></tr>
<tr><td>15초</td><td>×</td><td colspan="2"></td></tr>
<tr><td>15초(2분)</td><td>×</td><td colspan="2"></td></tr>
<tr><td>15초</td><td>○</td><td colspan="2">1회(포크 함께 사용)</td></tr>
<tr><td>15초</td><td>○</td><td colspan="2">2회</td></tr>
<tr><td>15초</td><td>×</td><td colspan="2"></td></tr>
<tr><td>15초(3분)</td><td>×</td><td colspan="2"></td></tr>
<tr><td>합계</td><td colspan="3">총 12회 중 5회</td></tr>
</table>

② 등하원

관찰영아	1세 여아	관찰일시	2017년 5월 2일 9시 30분~9시 33분
관찰자	○○○ 교사	관찰장소	교실
관찰시간	3분	관찰간격	15초
관찰행동	아빠가 보고 싶어 불안 행동을 보임(교사에게 안기기, 울기 등)		
초	행동발생	메모	
15초	○	아빠에게서 아이를 인계받음. 울기	
15초	○	울면서 계속 아빠 찾음.	
15초	○	교사가 내려놓음. 바로 울기	
15초(1분)	○	안아 달라 함.	
15초	×		
15초	×	교사가 내려놓음.	
15초	○	안아 달라 함.	
15초(2분)	×		
15초	×		
15초	×		
15초	×	교사가 내려놓음.	
15초(3분)	○	교사를 쫓아다니며 울기	
합계	총 12회 중 6회		

(2) 유아

① 놀이행동

관찰유아	4세 여아	관찰일시	2017년 5월 17일 16시~16시 3분
관찰자	○○○ 교사	관찰장소	교실
관찰시간	3분	관찰간격	15초
관찰행동	친사회적 행동(협동, 돕기, 양보하기 등)		

초	행동발생	메모
15초	○	역할영역에서 그릇을 꺼내 친구에게 줌.
15초	×	
15초	○	음식을 만들어서 친구를 초대함.
15초(1분)	×	
15초	○	"네가 엄마 해 볼래?" 하고 친구에게 말함.
15초	×	
15초	○	음식모형을 친구가 달라고 하자 건네줌.
15초(2분)	×	
15초	○	같이 음식을 만들자고 이야기함.
15초	×	
15초	○	피자 만들기를 도와줌.
15초(3분)	×	
합계	총 12회 중 6회	

② **대소집단 활동**

관찰유아	4세 여아	관찰일시	2015년 4월 27일 10시 30분~10시 33분
관찰자	○○○ 교사	관찰장소	교실
관찰시간	3분	관찰간격	15초
관찰행동	자기 자리에 앉아 있지 않고 돌아다니는 행동		

초	행동발생	메모
15초	○	교사에게 다가감.
15초	○	역할영역으로 감.
15초	×	
15초(1분)	○	교사에게 감.
15초	×	
15초	×	

15초	○	화장실에 감.
15초(2분)	×	
15초	○	교사에게 감.
15초	×	
15초	×	
15초(3분)	○	쌓기영역에 감.
합계	총 12회 중 6회	

5. 사건표집법

사건표집법은 관찰대상의 행동이 특정한 상황에서 발생하는 경향이 있거나 빈번히 발생하지 않을 때 사용하는 방법으로, 행동의 원인과 결과를 파악하기 위해 사용한다. 관찰자는 대상 행동이 일어날 가능성이 높은 때가 언제인지를 알고 그 행동이 발생하기를 기다린다. 사건표집법의 종류로는 서술식 사건표집법, 빈도 사건표집법이 있다.

1) 사건표집법의 개념 및 특성

(1) 개념

사건표집법은 자연스러운 상황에서 일어나는 행동의 원인과 결과를 알고자 하거나 특정 행동이 얼마나 자주 일어나는지 알아보고자 할 때 유용한 관찰방법이다.

(2) 특성

사긴표집법은 관찰의 단위가 사건 자체이며 빈도 사건표집법과 서술식 사건표집법이 있다. 자연스러운 상황에서 관찰 및 기록할 수 있어서 어린이집에서 쉽게 사용할 수 있다. 서술식 사건표집법은 아동의 행동이 발생하는 원인을 파악하기 위한 관찰 기록방법으로 유용하다.

2) 사건표집법의 장단점

서술식 사건표집법과 빈도 사건표집법의 장단점은 다음과 같다(김지은, 2014; 안선희 외, 2014; 황해익 외, 2014).

(1) 장점

① 서술식 사건표집법의 장점

- 사건의 인과관계에 대해 알 수 있다.
- 관찰대상에 제약이 없다.
- 자연스러운 상황에서 관찰할 수 있어서 생태학적 타당성을 가진다.
- 개별 아동을 단위로 관찰할 수 있다.
- 아동발달의 질적인 정보를 제공한다.
- 사건의 흐름에 따른 변화를 비교적 정확히 알 수 있다.

② 빈도 사건표집법의 장점

- 편리하다.
- 수량화하여 분석할 수 있다.
- 시간이 적게 든다.
- 여러 발달영역을 동시에 관찰할 수 있다.

(2) 단점

① 서술식 사건표집법의 단점

- 수량화할 수 없다.
- 시간과 노력이 많이 든다.
- 편견이 개입될 수 있다.

② 빈도 사건표집법의 단점

- 행동이나 사건의 질적인 측면을 알 수 없다.
- 행동이나 사건의 원인을 알 수 없다.

3) 사건표집법의 관찰 지침

사건표집법으로 아동의 행동을 관찰할 경우 다음과 같은 지침에 따른다(안선희 외, 2015; 전남련 외, 2014; 황해익 외, 2014).

(1) 서술식 사건표집법 사용 지침

- 관찰하고자 하는 사건이나 행동을 선정한다.
- 관찰 가능한 상황을 파악한다.
- 관찰 양식을 정한다.
- 관찰 보조도구를 활용한다.

(2) 빈도 사건표집법 사용 지침

- 관찰하고자 하는 사건이나 행동을 명확히 정한다.
- 관찰 기록 양식과 관찰 기록 방법을 정한다.
- 관찰대상을 정한다.

4) 사건표집법의 작성 양식

〈표 9-21〉 사건표집법 작성 양식

아동이름:	날짜 및 시간:
관찰장소:	관찰자:
관찰된 발달유형:	사용된 관찰유형:

관찰의 목적:
1.
2.
3.

질문:
1.
2.
3.

관찰모사(일화기록법, 시간표집법, 연속기록법, 사건표집법)

기록된 주요 행동요약 및 주석

출처: 조윤경, 김경해(2013).

〈표 9-22〉 ABC(서술식) 사건표집법 관찰 양식

관찰아동: 관찰장소:
관찰 날짜와 시간: 관찰자:
관찰행동(발달유형):

시간	A(선행사건)	B(행동)	C(결과)

5) 사건표집법의 실례

다음 ABC 서술식 사건표집법과 빈도 사건표집법 관찰양식을 적용하여 관찰한 사례이다.

〈표 9-23〉 ABC(서술식) 사건표집법의 예

관찰아동: 김태영(남), 만 5세
관찰장소: ○○○어린이집
관찰 날짜와 시간: 2010년 3월 15일 2:30~3:30
관찰자: 김진희
관찰행동(발달유형): 사회 · 정서 발달(태영이의 빈번한 폭력적 행동)

시간	A(선행사건)	B(행동)	C(결과)
2:40	태영이와 진희는 과자를 먹고 있었다. 진희는 태영이의 과자를 조금 가져갔다.	태영이는 진희를 때렸다.	진희는 선생님을 불렀다.
3:20	채원이는 도서관에서 책을 보고 있었다. 태영이가 책을 보여 달라고 했으나 채원이는 거절했다.	태영이는 채원이를 책으로 때렸다.	채원이는 태영이를 때리고 책을 돌려받았다. 태영이는 다른 책을 가지고 와서 자리에 앉았다.

〈표 9-24〉 빈도 사건표집법의 예 1

흥미영역에서의 교사역할 관찰
- 기준: 교사의 역할

환경 구성 및 정비	놀이자료를 첨가해 주거나 놀이환경을 재구성해 주는 것
둘러보기	유아와의 상호작용 없이 유아들이 놀이하는 것을 둘러보고 가는 것
정보 구하기	현재 무슨 놀이를 누구와 어떻게 하고 있는지에 관한 정보만을 구하는 것
참여유도	유아가 해당 영역에서 놀도록 유도하는 것

유지	현재 진행되는 놀이가 계속되도록 놀이를 보조하고 돕는 것
칭찬/격려	유아의 놀이의 과정이나 행동, 성취에 대해 칭찬하고 격려하는 것
참여	놀이에 유아와 동등한 수준으로 참여해서 놀아 주는 것
방향 재지시	놀이가 중단되거나 진전이 없을 때 새로운 요소를 첨가해 활성화되도록 하는 것
시범	교사가 직접 시범을 보이는 것
교수	사실, 개념, 과정 등을 직접 설명하거나 가르치는 것
일상적인 대화	놀이와 직접 관련이 없는 내용의 대화(예: 날씨, 머리, 옷)를 하는 것
갈등의 해결	해당 영역에서 일어나는 유아들 간의 갈등을 해결하도록 돕는 것
정리정돈	놀이를 마친 후 정리하게 하는 것
부인	"~하지 마." "안 돼."라는 말들을 하는 것
기타	위에 제시된 것 이외의 역할유형이 관찰되면 기록하고 분류한다.

• 지시
  – 교사의 역할을 관찰한다.
  – 교사의 행동이 변화할 때마다 제시된 열네 가지의 범주 중 하나로 기록한다.
  – 표시의 방법은 /으로 한다.
  – 교사가 교실을 이탈할 경우 '역할이 없음'으로 본다.
• 관찰교사: 강○○(여)
• 관찰장소: 파랑어린이집 나리반(만 3세)
• 관찰행동: 흥미영역에서의 교사역할
• 관찰 날짜와 시간: 2010년 4월 10일 9:10~9:30(20분)
• 관찰자: 박○○

흥미영역 역할유형	블록	역할	언어	수 · 과학	조작	조형	음률	교실 이탈
환경 구성/정비						/		
둘러보기				/				
정보 구하기	/							
참여유도							/	
유지	/					/		

칭찬/격려								
참여								
방향 재지시						//		
시범						//		
교수						///		
일상적인 대화						/		
갈등의 해결	/					/		
정리정돈	/					/		
부인						/		
기타								
역할이 없음								///
빈도	4	0	0	1	0	13	1	3

〈표 9-25〉 **빈도 사건표집법의 예 2**

관찰아동: 이○○(남) 2003년 ○월 ○일생(만 5세)
관찰장소: ○○○ 어린이집
관찰일: 2010년 4월 16일(☆), 4월 23일(○), 4월 26일(△)
관찰자: ○○○
관찰행동: 일과시간 중에 밖으로 나가려고 하거나 문에 다리를 올리는 등의 행동

시간	난간에 다리만 올림.	비상문으로 나감.	2층 출입문으로 나감.	3층으로 올라가려 함.
10:00				
10:30	○			
11:00				☆(문만 열고 서 있음)
11:30	☆☆			
12:00	△	☆		
12:30	☆			
13:00	☆☆☆/△			☆/△

13:30			○/△	
14:00		☆		
14:30	☆/○		○	
15:00	☆☆		☆	○(문만 열고 서 있음)
15:30				
16:00			○/△	
16:30				

〈표 9-26〉 시간표집법과 사건표집법의 비교

비교항목	시간표집법	사건표집법	
		서술식	빈도
기록단위	시간	사건이나 행동	
기록방법	발생빈도, 발생여부	원인과 결과 서술	발생빈도, 발생여부
제공정보	양적	질적	양적

출처: 김지은(2014).

6. 행동목록법

행동목록법은 범주별로 나열된 일련의 행동의 목록으로서 관찰자가 아동이 어떤 행동을 보였는지의 여부를 기록하는 데 사용된다. 이 방법은 여러 행동을 관찰해야 할 경우 관찰된 행동을 신속하게 기록하는 데 도움이 되며 사용하기 쉽다.

1) 행동목록법의 개념 및 특성

(1) 개념

행동목록법은 관찰자가 관찰할 행동의 목록을 작성하여 해당되는 행동이 있는지 없는지를 관찰하여 표시하는 방법이다. 특정 행동의 출현 유무를 확인하기 위한 것으로 사전에 아동의 행동 특성에 관한 목록을 미리 작성하기 때문에 체크리스트법이라고도 한다.

(2) 특성

행동목록법은 다른 관찰방법과 다르게 구조화된 작업을 필요로 한다. 관찰을 하기 전에 특정 행동에 대해 관찰할 수 있도록 기록 양식을 행동목록 또는 체크리스트를 만든다. 목록을 만드는 과정은 매우 중요하며, 목록은 문항 간에 서로 중복됨이 없어야 하고 구체적으로 작성해야 한다. 행동목록은 주어진 상황에서 특정한 행동의 출현 여부에 초점을 두어 작성한다.

2) 행동목록법의 장단점

행동목록법의 장단점은 다음과 같다(김지은, 2008; 안선희 외, 2015; 전남련 외, 2014; 홍순정, 최석란, 2010).

(1) 장점

- 빠른 시간 안에 작성이 가능하다.
- 쉽게 수량화할 수 있다.
- 사용하기 쉽다.
- 관찰자가 시간이나 장소에 제한받지 않아 편리하다.
- 다른 관찰에도 적용이 가능하다.
- 집중적인 관찰이 필요한 행동을 발견하는 데 도움이 된다.
- 반복적 사용으로 아동의 단계적인 발달을 기록하고 관찰하는 데 도움이 된다.

(2) 단점

- 행동목록에 제시되어 있는 문항 이외의 관찰이 불가능하다.
- 행동목록을 개발하는 데 시간과 노력이 많이 든다.
- 행동의 출현 빈도나 지속성, 질적 수준에 대한 다양한 정보를 제공하지 못한다.
- 관찰자의 편견이 개입될 수 있다.
- 체크할 문항이 많은 경우 시간이 많이 소요된다.

3) 행동목록법의 관찰 지침

행동목록법으로 아동의 행동을 관찰할 경우 다음과 같은 지침에 따른다.

- 적절한 주제를 선택한다.
- 관찰행동의 범주를 명확하게 정의하고 항목을 구체적으로 기술한다.
- 문항을 명료하게 기술한다.
- 문항이 만들어지면 행동목록표를 논리적으로 조직한다.
- 목록을 만든 이후에는 예비조사를 해야 한다.

4) 행동목록법의 작성 양식

영아와 걸음마기 아동을 위한 행동목록은 그들이 생후 2년 동안의 빠른 성장기에 있으므로 특히 의미 있다고 볼 수 있다. 〈표 9-27〉에는 6~12개월 된 영아의 발달행동목록이 제시되어 있다.

〈표 9-27〉 발달행동목록: 6~12개월의 영아

연령: 6~12개월	일자		
신체발달, 인지발달			
1. 혼자 앉기			
2. 한쪽 손에서 다른 쪽 손으로 물건 옮기기			
3. 컵으로 마시기			
4. 엄지와 집게로 작은 물체 들어 올리기			
5. 숨겨진 장난감 찾아내기			
6. 그림책 보기			
7. 두 개의 장난감 잡기			
8. 말하는 소리 따라 하기			
9. 한 곳에서 다른 곳으로 기어가기			
10. 혼자 앉기			
11. 계속 서 있기			
12. 계속 걷기			
13. 보관함에 물건 넣기			
14. 물건 다루기			
15. '엄마' '아빠'와 같은 한 단어 말하기			
16. 행동 따라 하기			
17. 컵, 숟가락 또는 손가락으로 혼자 먹기			
사회·정서 발달			
1. 사람, 물건, 장소에 대한 좋고 싫음을 나타냄.			
2. 거울에 비친 모습 보고 놀기			
3. '아니요' 이해하기			
4. 새로운 사람의 출현에 대한 반응			
5. 기쁘거나 즐거울 때 소리 지르기			
6. 부모와 떨어지는 동안에 불안감을 나타냄.			
7. 다른 사람과 게임하고 놀기(예: 손바닥 치기 놀이)			
8. 소통하기 위한 몸짓이나 동작의 사용			

행동목록을 작성할 때는 대상 아동의 성별, 연령, 생년월일, 날짜 등의 정보와 행동 모두가 포함되어야 한다. 〈표 9-28〉에는 교사가 아동의 언어발달 중 말하기와 듣기 영역의 발달이 어느 수준인지를 알고 싶을 때 유용하게 사용할 수 있는 행동목록이 제시되어 있다.

〈표 9-28〉 **행동목록법 작성 양식의 예**

말하기 및 듣기 영역 발달			
관찰아동		관찰일	
생년월일		관찰자	
발달지표	평가문항	예	아니요
지시 따르기	유아가 항상 보고 사용하는 일상 사물에 대한 지시를 적절하게 수행한다.		
부정 표현 이해하기	'안 돼요' '그만' '아니야' 등의 부정문을 듣고 이해한다.		
의문사 이해하기	쉬운 의문사(무엇, 누구, 어디) 질문을 이해한다.		
질문에 반응하기	예/아니요 질문에 바르게 반응한다.		
단어 사용하기	간단한 호칭, 사물이름, 명령어, 인사 등 표현하는 말이 20개 이상 된다.		
의문사 사용하기	쉬운 의문사(무엇, 누구)를 사용하여 질문한다.		
기본적인 요구를 말로 표현하기	다른 사람에게 말로 요구한다.		
부정 표현하기	상대방이 한 말이나 지시에 거부나 부정을 표현한다.		

출처: 이종숙 외(2009).

어린이집에서 관찰 기록지를 토대로 기본생활습관과 관련하여 〈표 9-29〉와 같은 행동발달 관찰 기록지를 작성해 보았다.

〈표 9-29〉 관찰 기록지의 예

<table>
<tr><th colspan="7">행동발달관찰 기록지</th></tr>
<tr><td colspan="4">관찰유아: 김○○</td><td colspan="3">연령: 1세(여)</td></tr>
<tr><td colspan="7">관찰자: 이○○</td></tr>
<tr><td rowspan="2">관찰일</td><td>1회</td><td>2회</td><td>3회</td><td>4회</td><td>5회</td><td>6회</td></tr>
<tr><td>9/20</td><td></td><td></td><td></td><td></td><td></td></tr>
<tr><td>영역</td><td></td><td>1회</td><td>2회</td><td>3회</td><td>4회</td><td>5회</td></tr>
<tr><td rowspan="10">언어 발달</td><td>1. 교사의 질문에 “예”라고 대답할 수 있다.</td><td>V</td><td></td><td></td><td></td><td></td></tr>
<tr><td>2. 발음을 정확하게 한다.</td><td>V</td><td></td><td></td><td></td><td></td></tr>
<tr><td>3. 사진을 보고 친구 이름을 안다.</td><td>V</td><td></td><td></td><td></td><td></td></tr>
<tr><td>4. 교사가 부르면 대답할 수 있다.</td><td>V</td><td></td><td></td><td></td><td></td></tr>
<tr><td>5. 색연필을 잡고 끼적이기를 한다.</td><td>V</td><td></td><td></td><td></td><td></td></tr>
<tr><td>6. 쉬가 마려우면 교사에게 말한다.</td><td>V</td><td></td><td></td><td></td><td></td></tr>
<tr><td>7. 노래를 따라 한다.</td><td>V</td><td></td><td></td><td></td><td></td></tr>
<tr><td>8. 본인의 이름을 말할 수 있다.</td><td>V</td><td></td><td></td><td></td><td></td></tr>
<tr><td>9. ‘고마워, 미안해’ 등의 말을 사용한다.</td><td>V</td><td></td><td></td><td></td><td></td></tr>
<tr><td>10. 앉아서 동화책을 본다.</td><td>V</td><td></td><td></td><td></td><td></td></tr>
</table>

출처: ○○어린이집 2017년 관찰기록지 중 일부.

5) 행동목록법의 실례

영아를 대상으로 한 행동목록법의 실제로 놀이행동, 대소집단 행동의 사례를, 유아를 대상으로 한 행동목록법의 실제로 놀이행동과 자조행동의 사례를 제시한다.

(1) 영아

① 놀이행동

관찰영아	1세 남아	관찰일시	2017년 3월 30일
관찰자	○○○ 교사	관찰장소	○○어린이집 강당
평가문항	1. 앙금질을 할 수 있다.	○	
	2. 두 발로 점프할 수 있다.	○	
	3. 한발을 들고 중심을 잡을 수 있다.	×	
	4. 자동차를 타고 가다 장애물을 피할 수 있다.	×	
	5. 대근육 매트를 오르고 내릴 수 있다.	○	
	6. 점프하여 두 발로 착지한다.	×	
	7. 공을 발로 찰 수 있다.	○	
평가	○○이는 강당에서 놀이하면서 공을 발로 차거나 두 발로 점프할 수 있고 두발로 착지도 할 수 있다. 앙금질도 잘하고 대근육 매트를 올라가고 내려오는 활동을 잘 수행하였으나 한 발을 들고 몸의 중심을 잡는다거나 자동차를 타고 가다가 앞의 장애물을 피하는 것에 어려움이 있다.		

② 대소집단 활동

관찰영아	2세 남아	관찰일시	2017년 9월 4일
관찰자	○○○ 교사	관찰장소	○○어린이집 교실
평가문항	1. 따뜻한 것과 차가운 것을 구분한다.	○	
	2. 가로선을 그릴 수 있다.	○	
	3. 1~5까지 수를 셀 수 있다.	○	
	4. 위, 아래를 구별할 수 있다.	○	
	5. 오늘의 날씨를 이야기할 수 있다.	○	
	6. 세 가지 이상 색을 말할 수 있다.	○	
	7. 4조각 퍼즐을 맞출 수 있다.	○	
	8. 오른쪽, 왼쪽을 구분할 수 있다.	○	
	9. 밝음과 어두움을 구분할 수 있다.	○	
	10. 두 단어를 사용하여 말할 수 있다.	○	
	11. 모양(네모, 세모, 동그라미)의 이름을 알고 찾을 수 있다.	○	

평가	○○이는 차가운 것과 따뜻한 것에 대해 자세히 알고 있었다. 책을 볼 때 그림의 색을 버릇처럼 이야기한다. 색을 이야기할 때는 색의 종류를 영어로 말한다. 한글로 물어보면 정확하게 색을 이야기한다. 수는 5까지 셀 수 있으며 쌓기 놀이의 경우 다양한 모양의 색과 이름을 이야기하고 주제에 따라 원하는 것을 스스로 잘 만들어 낸다. 퍼즐조각도 잘 맞추는데 자신의 일을 방해하는 친구에게는 크게 소리를 지르거나 친구를 미는 등 감정조절을 힘들어하는 것 같다.

(2) 유아

① 놀이행동

관찰유아	4세 여아	관찰일시	2017년 10월 30일
관찰자	○○○ 교사	관찰장소	○○어린이집 교실
평가문항	1. 붓으로 그림을 색칠할 수 있다.	○	
	2. 작은 블록을 조립하여 높이 쌓아 볼 수 있다.	○	
	3. 종이를 찢어 그림에 붙일 수 있다.	○	
	4. 손으로 공을 주고받을 수 있다.	×	
	5. 공을 굴려 볼링핀을 쓰러뜨릴 수 있다.	○	
평가	○○이는 종이를 찢어서 붙이거나 붓으로 그림을 그리는 활동을 좋아한다. 작은 블록을 가지고 높이 쌓거나 무언가 만드는 것을 즐겨 한다. 공을 굴려 볼링핀을 쓰러뜨리기는 하나 친구가 공을 손으로 던져 주면 무서워서 고개를 돌리는 모습을 볼 수 있었다.		

② 자조행동

관찰유아	5세 남아	관찰일시	2017년 6월 13일
관찰자	○○○ 교사	관찰장소	○○어린이집 교실 복도

평가문항

문항	1회	2회
1. 자유선택활동 후 정리를 할 수 있다.	○	○
2. 화장실이 가고 싶을 경우 교사에게 이야기한다.	○	○
3. 교사 및 성인에게 존댓말을 사용한다.		○
4. 편식을 하지 않는다.		○
5. 친구들과 사이좋게 잘 지낸다.		○
6. 크고 정확한 발음으로 이야기한다.		
7. 물을 마시고 뒷정리를 할 수 있다.	○	○
8. 도움이 필요한 친구를 도와줄 수 있다.	○	○
9. 외투를 혼자서 입고 벗을 수 있다.	○	○
10. 친구에게 같이 놀자고 말할 수 있다.		○

평가	○○이는 편식이 있었으나 조금씩 나아지고 있으며 교사나 성인에게 "응"과 같은 말을 사용하였으나 "네~" 하는 존댓말을 사용하게 되었다. 친구들과의 놀이에 있어서도 같이 놀자고 할 수 있게 되었다. 반면, 여전히 작은 목소리에 교사나 친구들은 답답함을 느끼고 있어 더욱더 변화된 모습이 필요하다.

제10장

실내 · 외 환경 및 일과운영에 따른 아동관찰

학습목표

1. 아동의 발달 특성에 따른 실내 · 외 교육환경을 영역별로 이해할 수 있다.
2. 연령별 놀이영역 구성을 알고, 하루일과 운영에 적용할 수 있다.
3. 일일 운영에 따른 아동의 하루일과를 이해할 수 있다.
4. 평가인증 평가제 지표에 따른 교육환경을 체크해 볼 수 있다.

학습개요

실내 · 외 환경은 일과운영을 효과적으로 하도록 돕고, 또래와의 상호작용 질뿐만 아니라 아동발달을 촉진시켜 준다. 그러므로 교사는 아동의 일상생활과 놀이를 격려할 수 있는 실내 · 외 환경을 구성해야 하며 아동의 욕구와 흥미, 발달적 특성을 잘 파악해야 한다. 이는 추후 교사의 관찰을 토대로 아동에 대한 정보를 부모에게 제공할 수 있다. 이에 이 장에서는 실내 · 외 환경 및 일과운영에 따른 아동관찰에 대해 구체적으로 살펴보고자 한다.

주요용어

실내 · 외 환경, 일과운영, 평가인증, 아동관찰, 학부모 면담

1. 실내 · 외 환경 관찰

1) 실내 환경 관찰

아동은 환경과의 긴밀한 상호작용을 통해 새로운 지식을 습득하고 발달하므로 교실의 환경 구성은 매우 중요하다. 특히 교실환경은 아동의 놀이와 활동에 영향을 미치는 공간으로 실내 교실환경을 구성할 때에는 아동의 일상생활과 놀이를 격려할 수 있는 교육환경을 조성해야 한다. 또한 교실환경이 아동의 발달 수준과 흥미를 잘 반영하여 구성되었는지, 영역별로 교구들이 다양하고 충분하게 제공되어 있는지에 대한 관찰이 필요하다.

- 실내 공간 구성 시 아동이 안정되고 용이하게 일상생활과 놀이를 할 수 있도록 구성하면 아동의 일과를 보다 쾌적하고 원활하게 지원할 수 있고, 효율적인 반 운영이 이루어져 아동의 편안한 일상생활을 도모하고 자율적인 생활 습관을 형성할 수 있다.
- 하루의 많은 시간을 보내는 실내 공간은 아동이 편안하고 쾌적하게 사용하며 자율적으로 이용할 수 있도록 연령과 발달 특성에 적합하게 구성할 필요가 있다.
- 교실은 다수의 아동이 함께 생활하며 같은 시간대에 여러 가지 놀이나 활동을 하는 공간이기 때문에 아동의 자율적인 선택과 능동적인 참여를 촉진하기 위해서는 자신의 흥미에 따라 놀이와 활동을 선택하고 몰입할 수 있는 놀이영역을 구성할 필요가 있다.

평가인증 평가제에 따른 실내 환경에 관한 체크리스트는 다음과 같다.

(1) 보육실 내 놀이영역은 영유아의 연령, 발달특성 및 놀이를 반영하여 구성한다.

	2-1-1 실내 공간 구성 및 운영	체크	
		Y	N
①	보육실은 영유아의 연령, 발달특성, 어린이집의 보육 프로그램을 반영한 놀이영역으로 구성되어 있음(관찰)		
②	놀이영역은 영유아의 놀이가 방해받지 않을 정도의 크기로 구성되어 있음(관찰)		
* 2개 모두 충족해야 Y로 평정			

① 보육실은 영유아의 연령, 발달특성, 어린이집의 보육 프로그램을 반영한 놀이영역으로 구성되어 있음

- 보육실 공간은 영유아의 연령 및 발달특성, 놀이에 따른 놀이영역으로 구성되어 있음
- 놀이영역은 어린이집(유치원) 보육(교육) 프로그램의 특성, 영유아의 흥미와 요구에 맞게 구성된 놀이공간임
  - –놀이영역 구성의 예: 물감놀이, 점토놀이, 팽이놀이, 가게놀이, 공룡테마파크놀이 등

  ※ 홍미영역으로도 구성 가능하나 영유아의 놀이가 반영되어 있는 놀이영역 구성이 우선되어야 함
- 놀이영역의 수는 어린이집(유치원) 보육(교육) 프로그램의 특성, 영유아의 홍미와 요구에 따라 다를 수 있음
- 보육실의 공간이나 여건이 충분하지 않은 경우, 유사한 성격의 놀이 및 활동이 이루어지는 영역을 통합하여 구성할 수 있음
  - –소규모 어린이집(정원 20인 이하)의 경우, 어린이집(유치원) 전체 공간에 놀이영역을 배치할 수 있으며, 배치된 놀이영역은 영유아들이 일과 중 자유롭게 이용할 수 있음

② 놀이영역은 영유아의 놀이가 방해받지 않을 정도의 크기로 구성되어 있음
- 놀이영역은 해당 공간에서 놀이하는 영유아 간에 다툼이 일어나지 않고 놀이가 안정적으로 이루어질 수 있을 정도의 크기로 구성되어 있음
- 보육실 내 활동자료장과 책상, 의자 등은 영유아의 수나 보육실 크기 등을 고려하여 필요한 만큼 구비되어 있음
  –보육실에 활동자료장과 책상, 의자 등을 지나치게 많이 비치하여 놀이에 방해가 되지 않도록 하고 있음
- 활동자료장이나 책상 배치 시 영유아의 이동 통로를 충분히 확보하고 있음
- 특정한 영역에 영유아의 관심이 집중되는 경우 영유아가 편안하게 놀이하도록 교구장이나 책상, 의자 등을 재배치하여 융통성 있게 운영함

(2) 실내 시설 및 설비가 영유아의 발달 수준에 적합하다.

	2-1-2 실내 공간 구성 및 운영	체크	
		Y	N
①	실내 시설 및 설비가 영유아의 연령 및 신체에 적합한 크기와 높이로 되어 있어 영유아 스스로 사용하기에 용이함(관찰)		
②	(영아) 기저귀 갈이대, 수유공간 등 영아를 위한 공간이 마련되어 있으며, 해당 공간에 수유와 기저귀 갈이 시 필요한 물품을 비치하여 사용하고 있음(관찰)		
③	(장애아전문) 실내 시설 및 설비는 장애영유아의 특성에 적절하게 설치되어 있으며, 장애영유아를 위한 보조도구가 마련되어 있음(관찰)		

* 영아: 2개 모두 충족해야 Y로 평정
–(영아가 없는 경우) 1개(①) 충족하면 Y로 평정
* 장애아전문: 3개 모두 충족해야 Y로 평정
–(영아가 없는 경우) 2개(①, ③) 충족하면 Y로 평정

① 실내 시설 및 설비가 영유아의 연령 및 신체에 적합한 크기와 높이로 되어 있어 영유아 스스로 사용하기에 용이함

- 영유아용 책상, 의자, 활동자료장 등은 영유아의 신체 크기에 적합하고, 영유아 스스로 사용 가능함
- 실내외 공간에 마련되어 있는 설비 및 가구 등은 영유아의 신체 크기에 적합함
- 세면대, 변기 등 일상생활을 위한 설비가 마련되어 있고, 영유아가 사용하기에 적절한 크기임

  ※ 화장실에는 수세식 유아용 변기를 설치하여야 함

  ※ 소규모 어린이집(정원 20인 이하)의 경우, 영유아가 성인용 변기 및 세면대 사용 시 반드시 안전발판, 보조변기 등을 활용하도록 함. 안전발판은 성인용 변기 및 세면대에 각각 마련하여야 함

② (영아) 기저귀 갈이대, 수유공간 등 영아를 위한 공간이 마련되어 있으며, 해당 공간에 수유와 기저귀 갈이 시 필요한 물품을 비치하여 사용하고 있음

- 기저귀 갈이대, 수유 공간 등 영아의 일상생활을 위한 공간이 마련되어 있음
  - 해당 공간에 수유와 기저귀 갈이 시 필요한 물품을 비치하여 사용하고 있음

  ※ 어린이집에 기저귀 갈이, 수유를 하는 영아가 있는 경우에 한해 평정함

③ (장애아전문) 실내 시설 및 설비는 장애영유아의 특성에 적절하게 설치되어 있으며, 장애영유아를 위한 보조도구가 마련되어 있음

- 장애영유아의 특성에 적절한 실내외 시설 및 설비, 보조도구 등이 마련되어 있음
  - 이동에 불편함을 겪는 장애영유아를 위하여 계단 외에 승강기 또는 경사로가 설치되어 있음
  - 시각장애 영유아를 위한 점자 유도 블록, 핸드 레일과 같은 편의시설을 갖춘 물리적 환경이 갖추어져 있음
  - 화장실에는 대 · 소변기의 높이가 다양한 것이 바람직하며, 휠체어 사

용이 가능할 만큼의 공간이 확보되어 있음
- 피더시트, 기립보조 책상, 자세교정 의자, 앉아 있는 채로 이동이 용이한 의자 등 장애 유형에 맞는 기구들과 설비들이 마련되어 있음

(3) 영유아의 요구를 충족하는 보육실 이외의 별도의 공간을 마련하고 있다.

<table>
<tr><th rowspan="2"></th><th rowspan="2">2-1-3 실내 공간 구성 및 운영</th><th colspan="2">체크</th></tr>
<tr><th>Y</th><th>N</th></tr>
<tr><td>①</td><td>영유아의 요구를 충족하는 보육실 이외의 별도의 공간(유희실, 도서공간, 양호공간, 식당 등)이 어린이집 내에 두 군데 이상 마련되어 있음(관찰)</td><td></td><td></td></tr>
<tr><td>②</td><td>보육실 내 영유아의 휴식공간이 있음(관찰)</td><td></td><td></td></tr>
<tr><td>③</td><td>영유아의 개별 물품을 보관할 수 있는 공간이 마련되어 있음(관찰)</td><td></td><td></td></tr>
<tr><td colspan="4">* 3개 모두 충족해야 Y로 평정</td></tr>
</table>

① 영유아의 요구를 충족하는 보육실 이외의 별도의 공간(유희실, 도서공간, 양호공간, 식당 등)이 어린이집 내에 두 군데 이상 마련되어 있음

- 보육실 외 영유아의 요구를 충족하는 별도의 공간이 원 내에 두 군데 이상 마련되어 있으며, 다음의 설비 및 비품들이 비치되어 있음
  - 대근육 활동을 할 수 있는 유희실이 마련되어 있고, 대근육 활동을 위한 놀이기구, 놀잇감 등이 비치되어 있음
  - 영유아가 그림책을 편안하게 볼 수 있도록 책꽂이와 의자(소파) 등이 비치된 도서 공간이 별도로 마련되어 있음
  - 아픈 영유아가 누워서 쉴 수 있는 양호공간이 어린이집 내(원장실 등)에 마련되어 있고, 공간 내 비상약품, 간이침대(매트) 등이 비치되어 있음
  - 시청각실 등 기타 공간이 별도로 마련되어 있음

※ 별도로 마련된 공간이 아니더라도 그 기능을 대신할 수 있는 공간도

인정함[예: 원장실을 양호공간으로 사용하거나, 소규모 어린이집(정원 20인 이하)의 경우 거실을 유희실로 사용하는 경우 등]

② 보육실 내 영유아의 휴식공간이 있음

- 영유아들이 혼자 있고 싶어 하거나 놀이하지 않고 쉬고 싶을 때 언제든지 이용할 수 있는 휴식공간이 보육실마다 마련되어 있음
- 휴식공간은 놀이공간과 구별되는 별도의 공간으로 마련되어 있음
  - –휴식공간을 별도로 마련하기 어려운 경우, 조용한 영역(언어영역 등)과 통합하여 구성할 수 있음
- 휴식공간은 보육실의 조용한 곳에 배치되어 있음
- 소규모 어린이집(정원 20인 이하)의 경우, 어린이집 전체 공간 중 한 곳에 휴식공간을 배치할 수 있으며, 휴식공간은 영유아들이 일과 중 자유롭게 이용할 수 있음

  ※ 영유아의 접근이 어렵거나 필요할 때만 일시적으로 공간을 마련해 주는 것은 휴식공간으로 인정되지 않음

③ 영유아의 개별 물품을 보관할 수 있는 공간이 마련되어 있음

- 영유아의 개인 소지품이나 영유아가 만든 작품 등을 보관할 수 있는 개별 공간(사물함)이 영유아의 수에 맞게 마련되어 있음
  - –개별 사물함에는 영유아가 자신의 것임을 인식할 수 있도록 이름이나 사진을 부착함
- 개별 사물함은 영유아가 자신의 물건을 스스로 꺼내거나 보관해 둘 수 있도록 영유아의 키 높이에 맞아야 하며, 보육실 내 또는 보육실 인근에 마련되어 있음
  - –개별 사물함은 잠금장치 등이 없어 영유아 스스로 사용할 수 있음

(4) 비품과 활동자료를 보관하는 별도의 공간이 있고 체계적으로 정리하고 있다.

	2-1-4 실내 공간 구성 및 운영	체크	
		Y	N
①	비품과 활동자료를 보관하는 별도의 공간이 있고, 체계적인 분류기준에 따라 명칭, 내용, 관련 영역 등을 표시하여 보관하고 있음(관찰)		
* 1개 충족해야 Y로 평정			

① 비품과 활동자료를 보관하는 별도의 공간이 있고, 체계적인 분류기준에 따라 명칭, 내용, 관련 영역 등을 표시하여 보관하고 있음

- 각 보육실에서 현재 사용하지 않는 비품과 활동자료는 영유아의 활동공간과 구분된 별도의 장소(창고나 자료실, 베란다 등)에 보관하고 있음
  - 어린이집 창고나 자료실이 없거나 부족한 경우, 영유아가 활동하는 공간이 아닌 곳(교사실이나 원장실, 상담실 등)에 장소를 마련하여 보관함
- 별도의 장소가 없어서 복도나 유희실 등을 불가피하게 이용할 경우에는 상단에 자료장을 만들어 보관하여 영유아의 이동이나 활동이 원활히 이루어지도록 하고 있음

  ※ 소규모 어린이집(정원 20인 이하)은 별도의 장소가 없어도 실내에 자료장을 마련하여 비품과 활동자료를 보관하고 있으면 인정함
- 비품과 활동자료를 연령, 주제 또는 영역 등 체계적인 분류기준에 따라 내용을 표시하여 보관하고 있음

〈영유아를 위한 환경 관찰〉

- 0세 영아를 위한 놀이영역별 환경은 신체영역, 언어영역, 감각 · 탐색영역으로 구분할 수 있다.
- 1세 영아를 위한 놀이영역별 환경은 신체영역, 언어영역, 감각 · 탐색영역, 역할 및 쌓기 놀이 영역으로 구분할 수 있다.

- 2세 영아를 위한 놀이영역별 환경은 신체영역, 언어영역, 감각 · 탐색영역, 미술영역, 음률영역, 역할 및 쌓기 놀이 영역으로 구분할 수 있다.
- 3~5세 유아를 위한 놀이영역별 환경은 언어영역, 미술영역, 음률영역, 수 · 조작영역, 과학영역, 역할놀이 영역, 쌓기 놀이 영역으로 구분할 수 있다.

2) 실외환경 관찰

아동은 실외놀이를 하면서 실내에서 쌓였던 긴장감이나 좌절감을 발산하게 된다. 아동들은 고정된 놀이시설과 유동시설이 잘 혼합 구성된 환경과 걷고 달릴 수 있는 넓은 공간 속에서 재미있고 활발하게 놀이할 수 있다. 이들 놀이시설이나 놀이기구는 아동의 신체크기에 적절해야 하며, 배치되는 놀이기구가 단조롭게 구성되기보다는 서로 연결되어 아동이 다양한 움직임을 경험할 수 있도록 해야 한다.

- 아동의 발달에 적합한 실외 공간 구성은 아동이 신체적 · 정서적으로 건강하게 성장할 수 있도록 도울 수 있고, 자연환경의 탐색을 통해 친환경적 사고와 탐구력을 기를 수 있도록 한다.
- 실외 공간은 실내 공간과 달리 아동이 개방된 공간에서 뛰고 움직이면서 내적 에너지를 마음껏 발산할 수 있는 기회를 제공하므로 다양한 대 · 소근육 활동이나 자연체험 등의 활동이 이루어질 수 있는 안전한 환경을 구성할 필요가 있다.

평가인증 평가제에 따른 실외환경에 관한 체크리스트는 다음과 같다.

(1) 옥외놀이터 등을 구비하고 있다.

	2-2-1 실외 공간 구성 및 운영	체크	
		Y	N
①	옥외놀이터가 구비되어 있음(관찰)		
②	옥외놀이터가 구비되어 있지 않은 경우, 대체놀이터를 이용하고 있음(관찰)		
* 2개 중 1개를 충족해야 Y로 평정			

① 옥외놀이터가 구비되어 있음

- 놀이터에는 고정식 대근육활동 놀이기구 1종 이상을 포함하여 최소 3종 이상의 놀이기구가 설치되어 있음

  ※ 정원 50인 이상 어린이집은 옥외놀이터 설치가 원칙이나, 옥외놀이터 설치가 불가하여 대체놀이터로 인가받은 경우 대체놀이터 이용이 가능함

② 옥외놀이터가 구비되어 있지 않은 경우, 대체놀이터를 이용하고 있음

  ※ 인근놀이터의 사용승낙서 구비 여부는 확인하지 않음

  ※ 정원 50인 미만 어린이집으로 인근에 놀이터가 전혀 없거나 실제 이용이 불가능한 위치에 설치되어 있는 경우, 어린이집 인가 공간 내 유희실(대근육 활동 공간)이 마련되어 있으면 실내놀이터의 기능을 충족하는 것으로 평정함

  ※ 정원 50인 이상 어린이집에서 타 시설(유치원, 어린이집)의 놀이터를 이용하는 경우, 보육시간 내 원활한 이용이 어려우므로 충족하는 것으로 인정하지 않음

(2) 영유아 발달을 지원하는 다양한 놀이 및 활동자료가 준비되어 있다.

	2-2-2 실외 공간 구성 및 운영	체크	
		Y	N
①	영유아의 발달을 지원하는 다양한 놀이기구 또는 놀이 및 활동자료가 구비되어 있음(관찰)		
②	놀이기구 또는 놀이 및 활동자료는 영유아의 발달에 적합한 크기와 기능을 가지고 있음(관찰)		
③	자연을 경험할 수 있는 바깥놀이 환경이 마련되어 있음(관찰, 면담)		

① 영유아의 발달을 지원하는 다양한 놀이기구 또는 놀이 및 활동자료가 구비되어 있음

- 옥외놀이터 또는 대체놀이터에는 영유아의 발달수준 및 연령에 적합한 놀이기구 또는 놀이 및 활동자료가 구비되어 있음
  - –놀이기구: 미끄럼틀, 흔들말, 그네, 놀이집 등
  - –놀이 및 활동자료: 모래놀이용 미니삽, 물뿌리개, 자전거, 물놀이 자료, 바람개비, 비눗방울, 훌라후프 등
- 놀이기구 또는 놀이 및 활동자료는 영유아들이 바깥놀이에 몰입하여 즐길 만큼 충분히 마련되어 있음
  - –즉, 바깥놀이에서 놀이를 찾지 못해 배회하는 영유아가 없고, 하나의 놀잇감을 가지고 영유아 간 다툼이 일어나지 않음

② 놀이기구 또는 놀이 및 활동자료는 영유아의 발달에 적합한 크기와 기능을 가지고 있음

- 옥외놀이터 또는 대체놀이터에 있는 놀이기구 또는 놀이 및 활동자료는 영유아가 사용하기에 적절한 크기와 기능을 가지고 있음

③ 자연을 경험할 수 있는 바깥놀이 환경이 마련되어 있음

- 영유아가 햇빛, 바람, 나무, 꽃, 흙, 모래, 물 등과 같은 자연을 경험할 수 있는 실외환경이 작은 면적이라도 마련되어 있음

–모래놀이터, 물놀이 공간, 동물 관찰 영역, 텃밭, 화단 등

- 교사 면담

–영유아가 자연을 경험할 수 있는 실외환경으로 무엇을 마련하였는가? 영유아가 자연을 경험할 수 있도록 어떻게 지원하였는가?

(3) 영유아의 발달에 적합한 다양한 바깥놀이 및 활동이 이루어진다.

	2-2-3 실외 공간 구성 및 운영	체크	
		Y	N
①	바깥놀이 시 영유아의 발달에 적합한 다양한 놀이와 활동이 이루어짐(관찰, 면담)		
②	바깥놀이 시 자연과 친숙해지는 경험이 이루어짐(관찰, 면담)		

① 바깥놀이 시 영유아의 발달에 적합한 다양한 놀이와 활동이 이루어짐

- 영유아는 자신의 요구와 흥미에 따라 바깥놀이를 주도하고 지속함

–땅에 나뭇가지로 그림 그리기, 흙 위에 물로 그림 그리기 등과 같은 특별한 자료가 필요하지 않은 활동부터 미끄럼틀 타고 오르내리기, 그네 타기 등 놀이기구를 활용한 놀이까지 영유아 스스로 즐겁게 하는 놀이와 활동이 모두 포함됨

- 교사는 바깥놀이에서 할 수 있는 놀이나 활동을 제한하지 않음
- 교사가 놀이나 활동을 제안할 수 있지만, 특정 놀이나 활동을 강요하지 않음
- 교사 면담

–바깥놀이에서는 주로 어떤 놀이나 활동이 이루어지는가? 어떻게 진행되는가?

② 바깥놀이 시 자연과 친숙해지는 경험이 이루어짐

- 영유아가 햇빛, 바람, 나무, 꽃, 흙, 모래, 물 등과 같은 자연을 직접 경험하는 활동을 함

–바깥에서 바람 느껴 보기, 꽃잎 관찰하기, 흙 밟아 보기, 구름 관찰하기

등과 같은 일상적인 활동도 포함됨

- 교사는 영유아가 자연물을 만지고, 냄새 맡고 보고 듣는 경험을 마음껏 할 수 있도록 함
- 교사 면담
  - 바깥놀이에서 자연을 직접 경험하는 활동으로 어떤 것이 이루어지는가? 어떻게 진행되는가?

2. 일과운영에 따른 아동관찰

아동의 하루일과는 아동의 자발적인 선택과 의사를 존중하는 일과운영으로 실행되어야 하며, 개별적인 아동관찰을 통해 아동을 배려하고 그에 따른 적절한 활동이 이루어져야 한다. 아동은 하루일과 중 세상을 살아가는 데 가장 기초적인 기술을 습득하고, 또래나 어른과의 협동, 자율적인 행동, 지역사회 이해, 삶의 의미 창출, 창의성, 문제해결 능력, 인내심 등을 습득하기도 한다. 그러나 때로는 정서적으로 부정적인 영향을 주기도 하고, 대인관계에 공격적이기도 하다(이경미, 2009). 따라서 교사는 아동에게 편안한 일상생활을 제공하고, 자유로운 놀이를 위한 놀이자료와 환경을 마련하며, 의미 있는 활동이 가능하도록 해야 한다(한국보육진흥원, 2020).

유아교육기관의 일과운영 중 하루는 아동을 따뜻하게 맞이하는 일에서부터 시작하고, 아동의 신체적 욕구를 반영해야 하며, 유아교육 프로그램은 철학에 기초를 두고 일과를 융통성 있게 운영해야 함을 강조할 수 있다(Decker & Decker, 1984). 또한 일관성 있는 일과운영은 아동의 독립성과 자율성과 같은 사회적 발달을 돕고, 유능한 교사들은 환경을 잘 조성하고, 하루일과를 잘 운영함으로써 아동이 적극적으로 활동하도록 동기화시킨다(Seefeldt & Barbour, 1998). 유아교육기관에서 하루일과에 따른 관찰 내용은 다음과 같다.

1) 등원 및 맞이하기

일과운영은 아동이 유아교육기관에 도착하면서부터 자연스럽게 이루어진다. 교사는 아동이 등원할 때 반갑게 맞이하며 인사한다.

(1) 인사 나누기

아동과 학부모, 다른 교사와 함께 반갑게 맞이하면서 바르게 인사를 한다. 아동의 기분, 계절에 맞게 교사가 이야기를 이끌어 간다. "오늘은 ○○가 유치원(어린이집)에 오면서 기분이 아주 좋구나!" "○○이의 얼굴에서 땀이 나는 걸 보니 바깥 날씨가 무척 더운가 보구나!"와 같이 인사를 하면서 옷이나 가방, 기타 용품 등을 아동 스스로 정리하게 한다.

(2) 학부모와의 간단한 대화

학부모와 아동의 건강, 위생 상태를 파악하고 아동의 기분을 확인하면서 하루일과에 도움이 될 만한 내용으로 전날 특별한 일이 있었는지에 대한 간단한 대화를 나눈다.

(3) 아동관찰

아동의 얼굴 표정을 비롯하여 건강 상태 등 전반적인 상태를 관찰하고, 아동의 개별적인 요구나 질문을 주의 깊게 듣고 적절하게 반응한다.

(4) 아동과 부모의 인사

아동이 부모와 인사를 하고 잘 헤어질 수 있도록 하기 위해 교사는 아동에게 믿음과 신뢰를 형성한다. 간혹 부모와 헤어지기 어려워하는 아동에게 조금 더 관심과 사랑을 줌으로써 아동의 기분이 존중될 수 있도록 배려한다.

(5) 신발, 가방, 옷, 소지품 등을 각자의 자리에 정리하기

신발을 벗어 신발장에 정리를 하고 계절에 따라 외투, 모자 등을 벗고 가방, 소지품을 자기 자리에 스스로 정리하도록 한다.

2) 일과 구성 및 놀이

(1) 일과 구성

유아교육기관에서의 일과는 놀이, 일상생활, 활동이 매일 반복된다. 개정 누리과정은 무엇보다 일과에서 유아의 놀이가 충분히 이루어지도록 편성하여 운영할 것을 강조하고 있다. 하루일과는 교사가 미리 계획할 수도 있지만 유아와 의논하여 정할 수도 있고, 유아의 놀이 흥미 지속 여부에 따라서 융통성 있게 구성할 수 있다.

- 일과를 구성할 때에는 바깥놀이를 포함하여 놀이시간을 가장 우선적으로 편성하고 충분한 시간을 편성한다.
- 일상생활은 놀이를 하는 과정에서도 허용할 수 있도록 융통성 있게 운영한다.
- 유아가 생각하는 충분한 놀이시간을 허용한다.
- 놀이와 연결하여 활동을 운영한다(놀이의 흐름에 따라 진행해 본다).
- 일과의 순서를 고정하지 않고 놀이 흐름에 따라 변경할 수 있도록 허용한다.
- 유아가 주도적으로 일과를 구성해 볼 수 있도록 기회를 준다.

※ 놀이시간이 지속될 때, 놀이에 몰입하면서 의미 있는 배움의 기회를 갖도록 돕는다.

※ 일상생활이 융통성 있고, 유아 주도적으로 이루어질 때 즐거운 배움이 일어나도록 돕는다.

※ 놀이 중에 발생한 문제를 활동과 연계하여 해결하도록 한다.

(2) 놀이공간

유아교육기관에서 환경으로서의 공간은 실내 · 외 공간 또는 유아가 이용하는 지역사회까지 포함된다. 유아교육기관은 유아들에게 물리적인 건축물 이상의 의미를 가지며, 내부에서 살아가는 구성원과의 상호작용을 통해 의미를 부여받는 장소이다. 유아는 놀이를 통해 하나의 공간을 자신들의 놀이에 적합한 공간으로 새로운 목적을 부여하여 사용하기도 하고, 놀이할 공간을 스스로 찾아내거나 만들기도 하며, 공간과 공간을 연결하여 새로운 놀이로 확장하면서 놀이가 이루어진다.

- 놀이영역의 공간을 유아들의 자유로운 '놀이'에 따라 재조정한다.
- 놀이공간의 크기를 유아의 놀이에 따라 확장 또는 축소할 수 있도록 한다.
- 흥미영역의 제한(두 영역의 융합, 책상의 수 늘리기 등)을 두지 않는다.
- 놀이에 따라 교실의 책상과 의자를 최소한으로 배치해 본다.
- 유아에게 놀이공간 배치의 주도권을 준다.
- 교실 외에 다른 공간(복도, 로비, 계단, 강당 등)에서 놀이를 해 본다.
- 실내 놀이를 바깥에서 진행해 본다.
  ※ 유아들이 주도적으로 원하는 공간을 구성할 때 교실은 자신들의 놀이공간이 된다.
  ※ 놀이 속에서 공간과 공간이 이어질 때 놀이가 확장된다.

(3) 놀이자료

놀이자료는 유아가 세상을 만나고 자신의 감정과 생각을 표상하는 매개이다. 유아가 매일 마주치는 일상의 사물들, 자연물이나 자연현상 등 모든 것이 놀이자료이며, 교실마다 놓여 있는 블록, 소꿉놀이 세트, 퍼즐, 미술도구뿐만 아니라 흙, 모래, 돌, 나무 무엇이든 유아가 가지고 놀이하는 순간 '놀이자료'가 된다.

- 정형화된 상업적인 놀잇감보다는 다양한 '열린 자료'를 제공한다.

- 유아 놀이를 관찰하여 필요한 놀이자료를 제공한다.
- 유아 놀이에 따라 놀이자료를 과감히 빼거나 풍부하게 제공한다.
- 유아의 일상에서 만나는 모든 것이 놀이자료가 될 수 있음을 이해한다.
- 놀이자료를 정해진 방법으로만 사용하도록 제한하지 않는다.
- 유아가 정한 놀이자료 활용 방법을 격려한다.

※ 우연히 발견한 놀이자료로 유아의 놀이는 시작된다.

※ 유아의 경험과 연계된 놀이자료를 발견했을 경우, 놀이는 활발해진다.

※ 정형화되어 있거나 교사의 교육적 목표를 가진 자료도 유아는 다른 방식으로 놀이한다.

(4) 놀이와 안전

교사는 여러 가지 이유로 위험요소가 포함된 놀이를 허락하는 것에 부담을 갖는다. 놀이 중 유아 간 다툼이 일어날 수도 있고, 놀이의 흐름에 따라 과격한 신체놀이를 하거나, 위험한 상황을 예측하지 못하여 안전사고가 발생하기도 한다. 교사는 안전한 놀이를 보장하기 위해 먼저 물리적 환경의 안전성을 점검하고 위험한 곳은 접근하지 않도록 해야 한다. 물리적 안전성이 확보되었다면 유아 스스로 자신의 몸을 조절하고 통제할 수 있도록 지원하고 필요한 경우 유아와 규칙을 정해 볼 수 있다.

- 안전이라는 이유로 놀이를 불필요하게 또는 과도하게 제한하지 않았는지 검토해 본다.
- 유아 스스로 놀이 중 위험요소가 있는지 살펴볼 시간과 기회를 준다.
- 새로 찾아본 놀이공간의 안전을 유아와 함께 점검해 본다.
- 놀이 안전에 대해 부모와 소통을 한다.

※ 놀이 속 안전은 유아와 함께 이야기하며 해결할 때 더 의미 있다.

3) 대 · 소집단 활동

대 · 소집단 활동이란 아동이 여러 가지 교육 활동을 함께 모여서 하는 것으로, 단원, 주제, 행사와 일과 등에 따라 유아들이 전체 혹은 소집단으로 모여서 활동하는 것이다(교육부, 2000). 대집단 활동 시간은 전체 아동이 함께 참여하는 이야기 나누기, 동화 · 동시 들려주기, 노래 배우기, 게임, 신체 표현 등 아동이 활동을 위해 대집단으로 모이는 시간이다. 영아의 경우에는 대집단 활동보다는 각 영역별 소집단 또는 개인별 활동을 권장한다.

4) 정리정돈

개별적인 정리정돈은 누구의 지시나 권고에 의한 것이 아니라 자신이 하던 놀이를 끝내고 다른 놀이로 전이하려 할 때 먼저 했던 놀이의 교구나 자리를 정돈하는 것이다. 전체적인 정리정돈 시간은 반 유아 모두가 함께 동시에 참여하는 것으로 실내외 자유놀이가 끝난 후 이루어진다(교육부, 2000). 정리정돈 시간을 통해서 유아들은 기본생활습관을 익힐 뿐만 아니라 사물의 이름과 모양을 구별할 수 있어 언어 및 수학적 능력을 기를 수도 있다. 정리정돈 시 교사의 역할을 살펴보면, 전체 정리정돈 시에는 유아가 사용하기 적합한 크기의 빗자루, 걸레, 쓰레기통 등 필요한 물품을 같은 자리에 마련해 두고 선반 위에 같은 놀잇감 사진을 붙여 두거나 밑그림을 붙여 주어 유아가 좋아하는 놀잇감을 항상 같은 자리에서 찾고 또한 정리하기 쉽도록 한다(여성가족부, 2007).

5) 간식 및 식사

간식이나 점심시간은 성장 발육기에 있는 아동에게 심신이 고루 발달되도록 필요한 영양소를 공급하며, 합리적인 식생활 지식과 태도를 길러 주는 시간이다(교육부, 2000).

간식 및 점심시간은 아동이 바른 식습관을 기르고, 다양한 음식에 대한 긍정적인 태도를 형성하게 하고, 올바른 식사 예절을 지도할 수 있는 기회가 된다. 아동은 조용한 음악을 들으면서 먹을 수도 있고, 친구들과 즐겁게 대화하면서 식사를 할 수도 있다. 교사는 급·간식을 먹기 전에 위생과 청결을 철저하게 유지하여야 한다. 그리고 교사가 급·간식을 준비하는 동안 아동이 지루하지 않도록 한다. 아동이 급·간식을 즐겁게 경험함으로써 하루의 긴장을 풀고 에너지를 얻으며, 쾌적한 신체여건을 유지하여 하루일과를 활기차게 보낼 수 있게 된다(한국보육진흥원, 2020).

평가인증 평가제에 따른 급·간식 및 식사에 관한 체크리스트는 다음과 같다.

① 영양의 균형을 고려한 급·간식을 제공하고 있다.
② 식자재의 구입·보관 및 조리 공간을 위생적으로 관리하고 있다.
③ 조리 및 배식 과정을 청결하고 위생적으로 관리하고 있다.

6) 낮잠 및 휴식

유치원 연장제 및 종일제와 어린이집 종일제의 경우, 오전 활동의 연장선상에서 오후 활동이 이루어지므로 반드시 휴식 및 낮잠 시간이 마련되어 유아들의 긴장 완화를 도와야 하며, 휴식 시간의 교육적 활용과 저녁 취침에 대한 배려도 하여야 한다. 3세 이하의 영유아는 일과 중 반드시 낮잠시간을 계획, 실행해야 하고, 만 4세 이상 유아는 필요시 낮잠(또는 휴식)시간을 운영한다. 교사는 영유아의 개별적인 낮잠 습관을 수용하고, 개인차에 따라 개별적으로 지도하며, 영유아가 편안하게 낮잠을 잘 수 있는 환경과 분위기를 조성한다(한국보육진흥원, 2020). 교사는 유아들이 낮잠뿐 아니라 중간중간에 개별적 휴식을 취하도록 공간을 마련해 주어야 한다. 휴식과 낮잠은 유아가 오전의 활동으로 인해 쌓인 피로를 풀고 활기차게 오후 교육 활동에 참여할 수 있도록 하며 면역력을 높여 준다. 또한 유아가 잠을 자는 동안 뇌세포는 쉬고 기억을 재정비하기 때문에 이 과정에서 유아의 기억력이 강화되기도 한다(여성가족부, 2007).

7) 귀가 지도

귀가 시간은 교사와 부모가 하루일과에 대한 정보와 의견을 나누는 시간이며, 아동에게는 부모와 다시 만나는 시간이다(여성가족부, 2007). 효율적인 귀가 지도를 위해서 교사는 개별 아동이 하루의 일과를 조용히 정리하고 즐거운 마음으로 부모를 만날 수 있도록 정서적 지지를 해 주고 그들이 옷을 입고 소지품을 챙길 수 있도록 충분한 시간을 두고 계획하여야 한다. 또한 하루일과, 특이사항, 공지사항 등 부모에게 전달할 내용을 미리 정리하여 준비하고 아동이 약속된 보호자와 함께 귀가하는지를 반드시 확인하여야 한다. 만약 아동이 그룹으로 남게 된다면 책을 읽거나, 음악을 듣거나, 그림을 그리는 것으로 그 날을 마무리하도록 한다.

8) 일일 교육계획에 따른 하루일과

<table>
<tr><th colspan="6">영아반 보육일지(만 1세)</th></tr>
<tr><td>기간</td><td colspan="3">5월 10일~5월 14일</td><td>담임</td><td>원장</td></tr>
<tr><td>이번 주
교사의 기대</td><td colspan="3">가족에 관심을 가지고 놀이를 경험해 본다.</td><td rowspan="2"></td><td rowspan="2"></td></tr>
<tr><td>놀이기록방법</td><td colspan="3">계획, 반영 및 확장, 대체, 축소</td></tr>
<tr><td>요일
일과</td><td>월</td><td>화</td><td>수</td><td>목</td><td>금</td></tr>
<tr><td>등원 및
통합보육
(7:30~9:00)</td><td colspan="5">–등원하는 영아와 반갑게 인사 나눈다.
–건강상태 및 전달사항 등을 확인한다.
–통합보육실에서 자유롭게 놀이한다.
–놀이 후 놀잇감을 정리하고 각 반으로 이동한다.</td></tr>
<tr><td>오전 간식
(9:00~9:30)</td><td colspan="5">–개인별로 손을 깨끗이 씻은 후 간식을 준비해 준다.
–간식 식단을 알아보고, 즐거운 분위기에서 간식을 먹는다.
(간식 시간에 영양교육을 한다.)</td></tr>
</table>

자유놀이 (9:30~11:00)	-------->	촉감공을 굴려요 책으로 만든 집	-------->	-------->	블록을 높이 쌓아요
	치카치카 곰돌이 가족에게 양치해요	울퉁불퉁 종이에 끼적여요	-------->	-------->	-------->
	밀가루 반죽으로 국수를 만들어요	-------->	-------->	오이를 썰어요	-------->
	달팽이가 꼬물꼬물 책을 읽어요	'엄마를 보면 나도 몰래' 듣고 몸으로 표현해 보기	-------->	-------->	-------->
바깥놀이(대체) (11:00~11:50)	햇볕 따라 움직이기 (계단 매트 오르내리기)	-------->	그림자를 따라 가요	장애물을 뛰어 넘어요	신나게 점프해요
점심식사 (11:50~13:00)	-식사 전 손을 깨끗이 씻은 후 점심식사 준비를 한다. -영아의 발달 및 요구사항을 고려하여 즐거운 분위기에서 점심식사를 하도록 한다. -영아 스스로 양치질을 해 볼 수 있도록 교사가 개별적으로 도움을 준다. -교사의 도움을 받아 기저귀 갈이 및 손 씻기를 한다. -수시로 교실을 환기시킨다.				
낮잠 및 휴식 (13:00~15:00)	-영아의 개별 침구를 준비해 주고, 조명을 낮추며 조용한 음악을 틀거나 그림책을 읽어 주어 영아가 편안하게 낮잠을 잘 수 있는 환경과 분위기를 잘 조성해 준다. -먼저 일어나거나 낮잠 자지 않는 영아는 조용한 놀이를 할 수 있도록 개인의 낮잠 습관을 수용해 주고, 개인차에 따라 개별적으로 지도한다. -낮잠 후 기분 좋게 일어날 수 있도록 하고, 교실 환기를 시킨다.				
오후 간식 (15:00~15:30)	-손을 깨끗이 씻은 후 간식 먹을 준비를 한다. -자리에 앉아 즐겁게 간식을 먹는다. -교사의 도움을 받아 기저귀 갈이 및 손 씻기를 한다.				
오후 자유놀이 (15:30~16:00)	-오전에 진행했던 자유놀이를 확장하여 놀이한다.				
귀가 및 통합보육 (16:00~19:30)	-순차적으로 귀가를 한다. -놀잇감을 바르게 정돈 후 연장반 선생님과 인사한다. -통합보육을 하며 각 영역에서 자유롭게 놀이하며 개별 귀가한다.				

놀이 평가 및 다음 날 지원계획	월	점토로 만든 달팽이를 제공해 주자 영아들이 달팽이에 대해 관심을 보였다. 달팽이가 꼬물꼬물 책을 소개해 주고, 달팽이를 영아의 손등 위에 올려 주면서 '달팽이가 어떻게 생겼지? 달팽이가 어떻게 움직일 수 있을까?'라는 궁금증을 가지고 질문하면서 책을 읽어 주었더니 더 집중을 하고 달팽이에 대해 관심을 보였다. 교사가 지원하는 상호작용(의태어)을 듣고 따라 하는 모습을 보였다. 확장활동으로 달팽이처럼 엎드려 꿈틀꿈틀 기어가는 흉내 내기를 너무 즐거워하였다. 날씨가 흐리고, 비가 내려 유희실에서 대체활동을 하였다. 대형 블록으로 계단을 만들어 계단을 오르락 내리락 해 보고, 매트 위에서 달팽이처럼 다리를 움직여 보면서 자유롭게 놀이하였다.
	화	촉감공을 영아들에게 제시해 주었는데 새로운 놀이를 하려고 준비를 하고 있는지 관심을 보이지 않았다. 영아들의 놀이를 관찰해 보니 한 영아가 책을 꺼내어 바닥에 삼각형으로 세워 집을 구성하고 있었다. 다른 영아가 다가와 같이 책을 꺼내어 집을 구성하여 하는 놀이에 참여하자 "○○가 집을 만들고 있구나! 와! 집이 세워졌다!" 하면서 긍정적 상호작용을 해 주었다. 집 만드는 놀이에 집중을 하며 즐겁게 놀이하고 있는데, 방해를 하는 친구가 나타나자 놀이가 멈춰 속상해하는 모습을 보였다. 영아들이 하던 놀이에 집중을 할 수 있도록 충분한 공간을 확보해 주고, 방해하는 친구는 다른 놀이에 흥미를 갖도록 해 주었더니 집 구성하기 놀이에 몰입하는 모습을 볼 수 있었다. 햇빛이 내리쬐어 놀이터로 나갔더니 그림자가 생겨서 그림자놀이를 하였다. 영아들의 움직임에 따라 검은색 그림자가 따라 움직이고 손으로 모양을 만들자 검은색 그림자 모양이 생기자 관심을 보였다. 교사를 따라 움직이기도 하고, 햇빛이 있는 곳으로 가서 햇빛이 눈부신 것과 그림자가 생기는 것에 호기심을 보였다. 햇빛과 그림자에 관한 내용의 그림책을 지원해 주어야겠다.
	수	실외놀이터에서 햇빛이 비추자 영아들이 눈부신 행동을 표현하였다. 햇빛과 그늘에 대해 알려 주고, 놀이터에 생긴 햇빛과 그늘을 찾아보았다. 그늘 찾기 놀이를 한 후 교사의 몸의 모습과 똑같이 생긴 그림자를 따라다니는 놀이에 흥미를 보였다. 그림자임을 영아들에게 알려 주고, 서로 그림자를 따라 다니는 놀이에 집중을 하였다. 그늘로 숨자 그림자가 안 보이게 되어 더욱 궁금해하였고, 그늘 밖으로 나오자 그림자가 다시 나타난다는 것에 즐거워하였다. 그림자 놀이 그림책을 제공해 주었더니 그림자놀이가 점점 확장되어 바깥놀이에 더 즐겁게 참여하였다.

놀이 평가 및 다음 날 지원계획	목	오이를 자유롭게 썰어 보는 놀이를 하였다. 영아들이 오이와 칼에 관심을 보였고, 오이가 안 썰어지자 두 손의 힘을 모아 썰어 보면서 다양한 방법을 생각해 내는 것을 보았다. 자신이 자른 오이를 가지고 탑을 쌓아 보는 영아도 있었고, 스스로 성취감을 표현해 보는 영아도 있었다. 오이 반찬을 먹지 않던 영아도 자신이 썰어 본 오이는 맛을 보며 오이를 먹는 것을 거부하지 않았다. 영아들의 컨디션이 좋지 않아 바깥놀이 대신 유희실에서 대체활동을 진행하였다. 영아들이 점프하는 놀이를 좋아하였고, 긴 블록막대를 바닥에 두자 뛰어 넘는 것을 보였다. 한 명의 친구가 뛰어넘자 다른 영아들도 관심을 보였고, 두 발로 뛰기, 한 발씩 뛰기 등 신체를 조절하여 점프놀이를 하였다.
	금	영아들이 바깥놀이 시간에 점프를 하는 놀이에 흥미를 보였다. 점프를 하기도 하고 술래잡기도 하였다. 술래잡기를 할 때 교사도 놀이친구가 되어 참여를 하였는데 영아들이 더 적극적으로 놀이하였다. 뛰면서 땀을 흘렸지만 영아들이 교실에 가기 싫다고 하며 놀이에 집중을 하였다. 그늘에서 놀이를 할 수 있도록 놀이기구를 옮겨 주었고, 점프를 하면서 스스로 넘어지는 경우도 있었지만 넘어졌을 때 다시 일어날 수 있도록 도움을 주었다. 교실에서 자유놀이 시간에 다른 놀이에는 관심을 주지 않고 블록을 높이 쌓는 활동에 집중을 하였다. 블록의 수가 부족하여 블록의 추가로 제공을 해 주자 영아들이 자신의 키보다 더 높이 블록을 쌓았고, 쌓으면서 즐거움을 느끼는 모습을 보였다.
주간평가	이번 주는 가족의 사랑을 느끼고, 촉감으로 만져 보는 놀이를 하였다. 오이를 이용한 탐색활동 후 오이를 직접 썰어 보고 맛보며 오이의 딱딱한 식감을 경험하였고, 바깥놀이를 통해 그림자와 햇빛과 그늘에 대해 호기심을 가져 보는 놀이를 하였다. 영아들이 놀이를 하면서 더운 날씨를 느껴 보았으며, 계획되지 않은 자유놀이를 할 때(예: 블록으로 높이 쌓기) 같은 놀이가 반복되어도 그 놀이 속에서 지원해 줄 부분을 관찰 후 지원(블록의 수, 다른 재질 블록 제공)해 줌으로써 놀이가 확장되고 즐거워하는 것을 보면서 교사의 지원이 무엇보다 중요하다는 것을 알게 되었다.	

유아반 보육일지(만 3세)					
기간	3월 2일~3월 5일			담임	원장
이번 주 교사의 기대	원 공간을 둘러보며, 새로운 환경에 호기심을 가지고 알아본다.				
놀이기록방법	계획, 반영 및 확장, 대체, 축소				
요일 일과	월	화	수	목	금
등원 및 통합보육 (7:30~9:00)	-등원하는 유아와 반갑게 인사 나눈다. -건강상태 및 가정 전달 사항 등을 확인한다. -놀이 후 놀잇감을 정리하고 각 반 보육실로 이동한다.				
오전 간식 (9:00~9:30)	〈'잘 먹겠습니다' 인사하고 간식을 먹어요〉 -차례로 손을 깨끗이 씻은 후 핸드타월에 닦는다. -간식 식단을 알아보고, 즐거운 분위기 속에서 간식을 먹는다.				
자유놀이 (9:30~11:00)	○○반에 왔어요	------->	------->	------->	------->
	우리 반 물건을 빌려드립니다	------->	○○ 가게놀이	------->	------->
	○○반의 친구들 카드를 살펴요	------->	------->	------->	------->
	우리 교실의 다양한 공간	------->	------->	궁금상자 속 ○○반	------->
	다양한 미술 도구로 꾸며요	------->	------->	------->	------->
	새로운 악기와 만나요	------->	------->	------->	------->
대 · 소집단 활동 (11:00~11:20)	○○반에 왔어요(○○반 친구들/ 선생님, 하루 일과 알아보기)	○○반 놀이 이야기 (○○반의 놀이 공간)	모두모두 자리가 있어요	○○반 하루일과와 우리들의 약속	○○반에 왔어요 퀴즈
바깥놀이(대체) (11:20~12:20)	우리 원의 바깥풍경(우리 원을 둘러보아요)				

<table>
<tr><td>점심식사
(12:20~13:20)</td><td colspan="2">〈즐거운 마음으로 점심을 먹어요〉
–차례로 손을 깨끗이 씻은 후 핸드타월에 닦는다.
–유아의 발달상황 및 요구를 고려하며 즐겁게 점심식사를 하도록 지원한다.
–유아가 스스로 양치질을 한다.</td></tr>
<tr><td>낮잠
(13:20~15:00)</td><td colspan="2">〈편안한 분위기 속에서 낮잠을 자요〉
–유아의 개별 침구를 준비해 준다.
–조명 및 편안한 분위기를 만들어 낮잠 환경을 조성해 준다.
–조용한 음악을 들으면서 낮잠을 잔다.
–낮잠을 자지 않는 유아, 먼저 일어난 유아는 조용한 놀이를 할 수 있도록 배려한다.</td></tr>
<tr><td>오후 간식
(15:00~15:30)</td><td colspan="2">〈'잘먹겠습니다' 인사하고 간식을 먹어요〉
–질서를 지키며 화장실에 다녀온다.
–차례로 손을 깨끗이 씻은 후 핸드타월에 닦는다.
–간식 식단을 알아보고 즐거운 분위기 속에서 간식을 먹는다.</td></tr>
<tr><td>오후 자유놀이
(15:30~16:30)</td><td colspan="2">–오전 활동을 확장하여 놀이한다.
–자유롭게 놀이한다.
–놀이 후 놀잇감을 정리하고 소지품을 챙겨 통합보육실로 이동한다.</td></tr>
<tr><td>귀가 및 통합보육
(16:30~19:30)</td><td colspan="2">–통합보육을 하며 각 영역에서 자유롭게 놀이한다.
–부모님이 오시는 시간에 따라 개별적으로 귀가한다.
–부모님과 유아의 하루일과에 대해 이야기를 나눈다.</td></tr>
<tr><td rowspan="2">놀이 평가 및
다음 날 지원계획</td><td>월</td><td>새로운 반에서의 첫날이어서 그런지, 놀잇감을 탐색하는 과정에 있는 유아들이 많았다.
○○반 친구들, 선생님과 인사를 나눠 보고, 하루일과에 대해 살펴보았다. 전반적으로 놀잇감의 일부 사용 방법 등에 대해 묻는 유아들이 많아 간단한 조작방법을 안내하거나 탐색할 수 있도록 충분한 시간을 주며 놀이를 관찰하였다. 적응을 어려워하는 유아는 특별한 관심을 주며 새로운 환경에 적응하도록 도왔다.</td></tr>
<tr><td>화</td><td>'○○반'의 놀이공간을 보면서 벽면에 게시된 ○○반의 사진을 보고 블록을 이용해 공간을 구성하거나 직접 눈으로 살펴보며 공간을 구성하는 유아들의 놀이 모습을 관찰할 수 있었다. 한편, 새로운 환경에 어색한 유아들이 있어 교사가 함께 교실을 돌아보며 적응할 수 있도록 도왔다.</td></tr>
</table>

놀이 평가 및 다음 날 지원계획	수	○○반의 새로운 놀잇감의 이름을 알아보고, 유아들이 서로 점원과 손님이 되어 놀잇감을 빌려주고 받는 '가게 놀이'의 형태로 놀이가 확장됨을 관찰하였다. 유아들은 "이걸로 계산하자."라고 하며 블록을 이용해 계산대 혹은 계산기를 만들어 놀이하였는데, 놀이에 필요한 계산기, 모형 화폐를 추가로 지원해 주니 유아들이 교구를 이용하며 적극적으로 가게 놀이를 진행할 수 있게 되었다. ○○반 구성원(교사/친구)에 대한 카드를 제공해 주었는데, 한 장씩 넘겨 보며 교사 및 친구의 이름을 발음해 보고 교사나 친구의 특징에 대해 살펴보는 시간을 가졌다. '우리 교실의 다양한 공간' 활동의 경우, 사진자료를 보며 위치, 생김새 등을 살펴보는 것에 흥미가 그쳐 시간의 축소가 일어났으며, 유아의 흥미를 보다 증진시키기 위한 방법을 고민해 봐야겠다.
	목	'우리 교실의 다양한 공간'의 놀이자료 '궁금 상자' 속에 교실의 실내 공간의 부분 카드를 넣어 제공하자 유아들이 궁금 상자 속 부분 카드를 꺼내 보고 공간이 어디에 위치해 있는지 손가락으로 가리키거나 언어로 표현하는 등의 놀이 모습을 보여 유아의 놀이를 격려해 주었다. 미세먼지 농도가 나빠서 바깥놀이 대체활동인 '○○원을 둘러보아요'를 진행하였다. 원을 둘러보면서 이동하는 과정에서 원 내 다양한 공간을 살펴보고, 유아와 긍정적인 상호작용을 통해 우리 원이 가지는 특징에 대해 알아보았다.
	금	악기가 있는 놀이공간에서 자유롭게 악기를 꺼내어 소리를 내어 보는 유아들은 각자 선호하는 노래를 불렀다. 유아들이 선호하는 노래를 피아노를 이용해 연주해 주니 리본막대를 흔들어 표현하며 음률, 동작 활동이 활발히 진행되었다. 리본막대의 끈이 갈라져 풀어지며 유아들의 옷에 붙어 버려 불편함이 생겨 자료를 견고히 다듬은 후 다시 제공해야겠다. 바깥놀이를 나가기 전에는, 간단한 안전수칙을 이야기한 뒤, 원 주변을 돌아보면서 우리 원에 대해 알아보았다.
주간평가	○○반으로 진급을 하게 된 첫 번째 주로, 우리 반에 대해 알아보고, 새로운 놀이공간을 살펴봄으로써 우리 반에 대한 긍정적인 인식을 할 수 있도록 지원하였다. 또한 달라진 하루일과에 대해 살펴보고 이 하루일과 속에서 우리가 할 수 있는 일, 해야 하는 일 등에 대해 알아보며 자조능력발달을 도모하였다. 전반적으로 아직은 새로운 환경 및 생활패턴 등에 익숙하지 않아 시간이 필요할 것으로 보이지만 유아들이 새로운 공간과 시간에 편안하게 적응하고 즐겁게 지낼 수 있도록 많은 지원을 해 주어야겠다.	

3. 학부모 면담

1) 면담의 목적 및 면담 유형

(1) 면담의 목적

면담을 통해 교사는 아동에 대한 정보를 얻게 되고, 유아교육기관에서 관찰한 것을 토대로 부모에게 아동에 대한 정보를 제공하게 된다. 학부모 면담은 교사와 부모가 서로의 정보를 교환하면서 아동에 대한 보다 더 정확하고 세부적인 정보를 공유하고, 부모가 자녀의 세계에 대하여 더욱 잘 이해할 수 있게 해 준다. 이를 통해 학부모들은 아동에 대한 올바른 이해를 갖고 유아교육기관과 교사, 기관의 철학, 교사의 교수방법에 대한 신뢰감을 갖게 된다. 따라서 교사는 아동을 지도하는 데 있어 방향을 설정하고, 유아교육기관과 가정의 연계를 통해 일관성 있는 교육을 이끌어 갈 수 있다.

(2) 면담의 유형

① 개인면담

개인면담은 교사와 부모가 대면하여 아동의 생활과 문제행동에 대해 상호 의견을 교환함으로써 아동이 바람직한 방향으로 성장할 수 있도록 돕는 활동이다. 가정과 기관의 자연스러운 연계 활동을 통하여 아동의 어려운 문제를 찾아내고 아동이 바르게 성장할 수 있도록 돕는다. 개인면담에서는 대부분 아동 발달에 대한 기록을 가지고 발달 정도와 특별한 사항에 대하여 학부모와 개별적으로 면담한다.

② 집단면담

집단면담에서는 학급에 따라 대집단과 소집단으로 나누어 학부모들과 함께 이야기를 나누고 의견을 교환한다. 유아교육기관의 공동 과제나 비슷한 문제에 대해 서로 이야기하면서 해결 방안을 찾고, 기관과 학부모 모두가 공동의 관심사가 잘 반영될 수 있도록 한다. 집단면담 실시 시 학부모 간에 긍정적인 분위기를 조성해 주고 기관 또는 학급에 대하여 간단하게 안내해 주는 것도 바람직하다. 집단면담을 하게 된 이유와 집단면담의 주제에 대해 설명한 후 진행하는 것이 좋다.

2) 면담 절차

(1) 사전준비

① 면담의 목적과 대상, 시기의 결정: 면담은 목적에 따라 개인면담과 집단면담, 정기면담과 비정기면담으로 구분할 수 있다. 개인면담은 상반기, 하반기로 나누어 연 2회 이상 실시하는 것이 바람직하며 아동의 부모와 기관에서 주로 상담이 이루어진다. 개인면담 시에는 가능한 한 많은 부모가 참여할 수 있도록 하는 것이 바람직하며, 면담 장소는 조용하고 편안한 분위기를 만들어 주어 대화에 방해가 되지 않도록 한다. 특히 상반기에는 자녀에 대한 이해와 유아교육기관의 교육방침 등을 이해할 수 있도록 함으로써 부모와 교사 모두가 서로에게 도움이 될 수 있도록 한다. 집단면담의 경우에는 여러 가지 문제행동, 또래관계, 연령별 적합한 놀잇감, 바람직한 습관 등 특수한 상황이 발생하였을 때 전문가에게 요청하여 실행하는 경우가 있는데 소집단 모임을 통해서 담임교사와 부모가 서로의 의견과 정보를 나누면서 바람직한 교육과 양육이 이루어질 수 있도록 협력한다. 또한 집단면담에서는 다양한 의견을 통해 자신의 문제와 어려움을 다른 부모와 공유하고, 함께 문제점을 찾아보면서 유아교육 방법에 대해 보다 깊이 이해하며 아동에게도 긍정적인 영향을 줄 수 있다. 정기면담은 기관에 따라 연중행사로 계획하여 정해진 시기에 이루어지며 주로 모든 아동의 객관적인 정보를 부모에게 제공한다. 비정기적인 면담은

일상생활 중 아동의 생활에 대해 수시로 면담하는 방법이다. 영유아의 특성이나 가정의 배경을 고려한 비정기적인 의사소통으로 아동이 특별한 행동문제를 보였을 경우나 부모의 요청에 의해 이루어지는 경우가 많다.

② 면담 자료 준비: 교사는 면담을 준비하기 위하여 아동에 대한 변화과정을 볼 수 있는 관찰기록, 활동 결과물 등을 준비한다.

③ 면담 시간 확인 및 장소 준비: 면담 날짜를 사전에 조사하고, 확정된 일정을 학부모에게 가정통신문, 스마트알림장, 개별 연락을 통해 사전에 알려 주어 면담 당일에 잊지 않도록 안내한다. 면담 장소는 대화에 방해받지 않도록 조용하고 아늑한 분위기를 조성하여 편안한 분위기에서 면담이 이루어지도록 준비한다.

(2) 면담 진행

① 부모와 인사 나누기: 밝고 긍정적인 표정으로 인사를 나누고 편안한 자세로 앉을 수 있도록 안내한다.

② 면담의 취지 안내: 면담을 통해서 아동에 대한 이해를 돕고 아동 지도에 도움을 얻고자 함을 알려 준다.

③ 면담 진행 및 교사의 태도: 면담 중 긍정적인 표현을 주로 사용한다. 학기 초에는 주로 부모의 이야기를 들어 주고, 학기말에는 교사가 주도적으로 이야기를 이끌어 간다. 부모의 이야기에 주의를 기울여 듣고 긍정적인 호응을 해 준다. 선택의 상황에서는 되도록 정답이나 결정을 해 주기보다는 부모가 스스로 결정하고 판단할 수 있도록 돕는다.

④ 마무리: 면담은 정해진 시간 안에 자연스러운 분위기에서 마치도록 하며, 시간이 지났다고 해서 너무 서두르지 않도록 한다. 특히 면담을 마무리하기 전에는 부모가 상담내용을 잘 이해했는지 확인하고, 교사에게 부탁하고 싶은 말이 있거나 아동에 대한 정보를 더 나누기를 원할 경우에는 면담 후에라도 전화면담, 등원 및 귀가 시간 등 자연스러운 분위기에서 아동에 대한 이야기를 나눌 수 있도록 한다.

3) 유형별 면담의 실제

(1) 개인면담

개인면담은 정기적으로 보통 연 2회 정도 실시한다. 특히 아동발달상 상담이 필요하다든지 특별한 경우에 수시로 부모와 교사 또는 원장이 개별적으로 면담을 진행한다. 대체로 학기 초 면담은 4월경에 이루어지는데, 아동의 발달 · 행동 특성, 성격 등 부모님의 이야기를 들어 보고 교육 시 도움을 받을 수 있도록 하며, 학기 말 12월경에 이루어지는 개인면담은 담임교사가 아동을 다양한 방법으로 관찰하고, 변화과정에 대한 평가를 통해 개별적인 상담이 이루어진다. 따라서 0~2세 영아의 경우 기본생활습관, 신체운동 영역, 의사소통 영역, 사회관계 영역, 예술경험 영역, 자연탐구 영역의 여섯 가지 영역별 발달 특성과 활동에 관한 관찰과 평가를 통해 면담이 이루어진다. 3~5세 유아의 경우는 신체운동 · 건강 영역, 의사소통 영역, 사회관계 영역, 예술경험 영역, 자연탐구 영역의 다섯 가지 영역별 발달 특성과 활동에 관한 관찰과 평가를 통해 구체적인 개인면담이 이루어진다. 특히 개인면담 시 부득이한 경우라도 아동을 면담 장소에 함께 데리고 오지 않도록 사전에 양해를 구한다.

(2) 직접면담

학부모가 직접 원으로 내원하여 담임교사와 면담이 이루어지는 형태를 말한다. 보통 20~30분 정도 얼굴을 보고 직접 면대면 상담이 이루어진다. 교사는 직설적이거나 지나치게 강한 표현을 하지 않도록 주의한다. 직접면담을 위해 사전에 아동에 대한 객관적인 자료를 정리하여 미리미리 준비한다. 특히 아동관찰 기록이나 신체검사 결과표, 개인별 포트폴리오, 활동 중 특별한 사진 자료 등을 준비하여 아동에 대한 정확한 정보를 제공해야 하며, 원과 가정이 협력하여 아동에 관한 어려운 상황을 해결해 나가도록 한다. 특히 아동은 같은 연령이라도 개인차가 있다는 것을 알려 주고, 다른 아이와 비교하기보다는 아동의 특성을 잘 파악하여 지도할 수 있도록 협력한다.

(3) 전화면담

직접면담이 부득이하게 어려운 경우 전화를 통한 면담이 이루어진다. 전화면담은 상대방의 표정을 읽을 수 없으므로 좀 더 신중해야 하고, 예의 바른 언어로 대화해야 한다. 교사는 전화 통화를 하는 데 주변 환경으로 인하여 방해받지 않는 시간과 장소를 선택한다. 사전에 전화할 내용을 준비하여 면담이 이루어질 수 있도록 하고, 학부모의 이야기 중 중요한 내용은 메모해 가면서 통화한다.

(4) 온라인 매체를 통한 면담

스마트알림장, 문자메시지, SNS, 홈페이지, 카페, 블로그 등을 통한 상담이 이루어질 수도 있다. 스마트알림장을 사용하면 미리 상담 내용을 준비하고 스마트폰이나 인터넷을 통하여 상담 내용을 작성할 수 있다.

(5) 집단면담

집단면담은 다양한 주제로 여러 부모가 함께 면담이 이루어질 수 있는 형태이다. 비슷한 행동 문제로 인하여 면담이 이루어지는 경우, 집단에서 부모는 자신의 아이만의 문제라고 생각했던 것이 다른 아동에게도 발견될 수 있는 평범한 행동임을 알고 위안을 받을 수도 있다. 반면, 자신의 아이는 지극히 정상이라고 생각하였지만 집단면담을 통하여 자녀에 대한 올바른 이해를 가지게 될 수도 있다. 집단면담에서는 각 가정에서 아동의 행동이라든지 또래관계, 놀이, 습관, 문제행동 등의 주제를 가지고 서로 의견을 나누고 해결 방안을 마련할 수 있다. 원에서는 집단면남 시 유아교육기관의 교육 이념, 교육과정, 교사의 지도방법 등을 학부모에게 안내할 수 있다. 또한 학기 말에 집단면담이 이루어질 경우, 학기 초에 비해 달라진 점이라든지 아동의 변화에 대해 학부모와 교사가 함께 정보를 공유할 수 있다.

평가인증 평가제에 따른 부모와의 개인면담에 관한 체크리스트는 다음과 같다.

평소 가정과 다양한 방법으로 소통하고 정기적인 개별면담을 통해 가족을 지원한다.

- 평소 두 가지 이상의 방법으로 가정과 소통하고 있음(기록)
  - –지면: 가정통신문, 알림장, 소책자, 게시판 등
  - –전화 및 온라인 매체: 문자 메시지, SNS, 스마트알림장, 홈페이지, 카페, 블로그 등
  - –수시면담: 영유아의 특성이나 가정의 배경을 고려한 비정기적인 면담 등
  - –집단모임: 소모임, 행사 등
  - –부모만족도조사: 기관의 서비스 전반 및 운영에 대한 만족도조사(연 1회 이상)
- 모든 영유아의 부모와 연 2회 이상(학기당 1회 이상) 개별면담하고 주요 면담내용을 기록, 관리함(기록)
  - –개별면담 실시 일시, 대상 및 면담자, 면담 내용에 대한 기록이 있음
  - –대면면담이 원칙이나, 대면면담이 어려운 경우 유선상담으로 진행 가능함
- 영유아나 가족의 문제를 파악하고 이해하고자 노력하고 있음(면담)
  - –영유아의 적응 문제나 가족이 당면한 문제를 영유아 관찰, 개별면담, 가정통신문 등을 통해 파악하고 있음
  - –보호자가 요청할 경우, 지역사회 내 전문기관에 대한 정보를 제공함

제5부

연령별 교육과정에 따른 현장연구 사례

제11장

표준보육과정에 기초한 영아평가[1]

학습목표

1. 표준보육과정의 각 영역별 목표 및 내용을 이해할 수 있다.
2. 표준보육과정의 범주별 내용 및 지도 원리에 관한 영아평가에 대해 이해할 수 있다.

학습개요

표준보육과정에 기초한 영아평가는 보육과정의 목표와 내용을 준거로 하여 영아의 특성과 변화 정도를 주기적으로 기록하여 하게 된다. 또한 일상생활과 보육과정 활동 전반에 걸쳐 관찰하고 그에 따른 평가가 이루어지는데 영아의 지식, 기술, 태도 등을 평가한다. 영아평가는 관찰, 활동, 결과물 등 다양한 방법을 통해 수집된 정보, 자료를 분석하고, 이후 가정과 연계하여 부모면담 등 다양한 방법으로 추가적인 정보를 수집하여 종합적인 평가에 활용한다. 따라서 이 장에서는 표준보육과정의 기본생활 영역, 신체운동 영역, 의사소통 영역, 사회관계 영역, 예술경험 영역, 자연탐구 영역의 목표 및 내용을 이해하고 내용범주, 내용, 세부내용에 따른 영아평가에 대해 살펴보고자 한다.

주요용어

표준보육과정, 영아평가, 기본생활, 신체운동, 의사소통, 사회관계, 예술경험, 자연탐구

1. 이 장은 개정된 제4차 어린이집 표준보육과정 해설서(보건복지부, 2020)를 활용함.

표준보육과정은 건강하고 안전한 일상생활을 경험하고, 감각 및 기본 신체운동 능력을 기르며 말소리를 구분하고 의사소통의 기초를 마련한다. 또한 친숙한 사람과 관계를 형성하고 아름다움에 관심을 가지며, 보고, 듣고, 만지면서 주변 환경에 관심을 가지도록 하는 목표가 있다. 표준보육과정은 기본생활, 신체운동, 사회관계, 의사소통, 자연탐구, 예술경험의 6개 영역으로 이루어진다.

표준보육과정에서의 영아평가는 다음과 같다.

① 표준보육과정의 목표와 내용에 근거하여 영아의 특성과 변화 정도를 평가한다.
② 지식, 기술, 태도 등을 평가한다.
③ 일상생활과 보육과정 활동 전반에 걸쳐 평가한다.
④ 관찰, 활동, 결과물 분석, 부모면담 등 다양한 방법을 사용하여 종합적으로 평가하고, 그 결과를 기록한다.
⑤ 평가 결과는 영아에 대한 이해와 표준보육과정 운영 개선 및 부모 면담 자료로 활용한다.

1. 0~1세 보육과정

1) 기본생활

기본생활 영역의 목표는 0~1세 영아가 건강하고 안전한 일상생활을 자연스럽게 경험하는 것이다. 0~1세 영아가 신체의 청결과 위생, 수유 및 이유식 등의 식사, 편안한 휴식과 배변을 통해 건강한 생활을 경험하며 놀이를 하고 교통수단을 이용하는 등 일상에서 안전한 생활을 경험하는 것을 목표로 한다.

건강하고 안전한 일상생활을 경험한다.

① 건강한 일상생활을 경험한다.
② 안전한 일상생활을 경험한다.

2) 신체운동

0~1세 영아의 신체운동 영역의 목표는 주변 자극에 반응하고 감각으로 주변의 사물과 환경을 인식하며 자신의 신체를 즐겁게 탐색해 보는 것에 중점을 둔다. 또한 영아의 기분 운동 능력을 발달시키기 위해 자신의 대소근육을 이용하여 기본 운동을 시도하고 실내외에서 신체를 이용한 활동을 즐기는 것에 중점을 둔다.

감각으로 탐색하고 신체활동을 즐긴다.

① 감각 탐색을 즐긴다.
② 신체활동을 즐겁게 경험한다.

3) 의사소통

의사소통 영역의 목표는 0~1세 영아가 의사소통 능력의 기조를 형성하는 경험을 하는 것이다. 0~1세 영아가 일상생활에서 다른 사람의 말이나 이야기를 듣고 말하기를 즐기며, 주변의 그림과 다양한 상징에 관심을 갖고 자유롭게 끼적이기에 관심을 갖는 것과 다양한 책과 이야기를 접하며 관심을 가지는 것을 목표로 한다.

의사소통 능력의 기초를 형성한다.

① 일상생활에서 듣기와 말하기를 즐긴다.
② 읽기와 쓰기에 관련된 관심을 가진다.
③ 책과 이야기에 관심을 가진다.

4) 사회관계

사회관계 영역의 목표는 0~1세 영아가 자신을 인식하고 주변의 친숙한 사람과 관계를 맺는 경험을 하는 것이다. 0~1세 영아가 다른 사람과 분리된 자신을 고유한 존재로 인식하고 친숙한 성인과 안정적인 애착을 형성하여 어린이집에서 또래, 교사와 편안하게 지내는 것을 목표로 한다.

나를 인식하고, 친숙한 사람과 관계를 맺는다.

① 나를 고유한 존재로 안다.
② 안정적인 애착을 형성하고, 또래, 교사와 함께 지낸다.

5) 예술경험

예술경험 영역의 목표는 0~1세 영아가 자연과 생활에서 아름다움을 느끼고 경험하며 표현하는 과정을 즐기는 것이다. 영아가 아름다움에 관심을 가지고 느끼는 것을 즐기며 자신의 경험과 느낌을 자연스럽게 표현하도록 한다.

아름다움을 느끼고 경험한다.

① 자연과 생활에서 아름다움에 관심을 가진다.
② 예술적 경험을 표현한다.

6) 자연탐구

자연탐구 영역의 목표는 0~1세 영아가 주변 환경과 자연에 관심을 가지는 경험을 하는 것이다. 0~1세 영아가 자신을 둘러싸고 있는 주변 세계와 자연에 호기심을 가지고 일상에서 탐색하기를 즐기며 주변의 동식물과 날씨의 변화에 관심을 가지는 것을 목표로 한다.

주변 환경과 자연에 관심을 가진다.

① 일상에서 탐색을 즐긴다.
② 주변 환경을 탐색한다.
③ 생명과 자연에 관심을 가진다.

7) 내용범주별 내용 및 지도 원리에 관한 평가

(1) 0~1세 기본생활 영역 평가

0~1세 표준보육과정 기본생활 내용 구성과 현장에서의 지도에 대한 이해를 위해, 내용범주별 내용 및 세부 내용에 따른 수준별 평가는 다음과 같다.

내용범주	내용		체크 Y	체크 N
건강하게 생활하기	영아가 신체의 청결과 위생, 즐거운 식사, 편안한 수면, 휴식과 배변경험 등을 통해 건강한 일상을 경험하는 내용이다.	도움을 받아 몸을 깨끗이 한다.		
		음식을 즐겁게 먹는다.		
		하루일과를 편안하게 경험한다.		
		배변 의사를 표현한다.		
안전하게 생활하기	영아가 안전한 상황에서 놀이하고, 위험하다고 알려 주면 주의할 수 있는 안전한 생활을 경험하는 내용이다.	안전한 상황에서 놀이하고 생활한다.		
		안전한 상황에서 교통수단을 이용해 본다.		
		위험하다는 말에 주의한다.		

(2) 0~1세 신체운동 영역 평가

0~1세 표준보육과정 신체운동 내용 구성과 현장에서의 지도에 대한 이해를 위해, 내용범주별 내용 및 세부 내용에 따른 수준별 평가는 다음과 같다.

내용범주	내용		체크 Y	체크 N
감각과 신체 인식하기	영아가 여러 가지 다양한 감각적 자극에 오감각으로 반응하고 동시에 감각기관으로 주변을 탐색하며 이와 함께 자신의 신체를 즐겁게 탐색하면서 스스로 신체를 인식하게 하는 내용으로 구성되어 있다.	감각적 자극에 반응한다.		
		감각으로 주변을 탐색한다.		
		신체를 탐색한다.		
신체활동 즐기기	영아가 자신의 몸을 움직이는 가운데 대근육과 소근육의 조절력을 키우고, 이를 기반으로 이동 운동이나 제자리에서 다양한 동작으로 몸을 움직여 보면서 실내외에서 이루어지는 여러 가지 신체활동을 즐기는 내용으로 구성되어 있다.	대소근육을 조절한다.		
		기본 운동을 시도한다.		
		실내외 신체활동을 즐긴다.		

(3) 0~1세 의사소통 영역 평가

0~1세 표준보육과정 의사소통 내용 구성과 현장에서의 지도에 대한 이해를 위해, 내용범주별 내용 및 세부 내용에 따른 수준별 평가는 다음과 같다.

내용범주	내용		체크	
			Y	N
듣기와 말하기	영아가 다른 사람의 표정, 몸짓, 말 등에 관심을 갖고 보고 들으며, 표정, 몸짓, 말소리로 자신의 의사를 표현하는 내용이다.	표정, 몸짓, 말과 주변의 소리에 관심을 갖고 듣는다.		
		상대방의 이야기를 들으면서 말소리를 낸다.		
		표정, 몸짓, 말소리로 의사를 표현한다.		
읽기와 쓰기에 관심 가지기	영아가 주변의 그림과 상징에 관심을 가지고, 자유롭게 끼적이기에 관심을 가지는 내용이다.	주변의 그림과 상징에 관심을 가진다.		
		끼적이기에 관심을 가진다.		
책과 이야기 즐기기	영아가 책과 이야기에 관심을 가지는 내용이다.	책에 관심을 가진다.		
		이야기에 관심을 가진다.		

(4) 0~1세 사회관계 영역 평가

0~1세 표준보육과정 사회관계 내용 구성과 현장에서의 지도에 대한 이해를 위해, 내용범주별 내용 및 세부 내용에 따른 수준별 평가는 다음과 같다.

내용범주	내용		체크 Y	체크 N
나를 알고 존중하기	영아가 자신을 인식하고 기본적인 욕구와 감정을 나타내며 자신에게 친숙한 것을 알아 가는 내용이다.	나를 인식한다.		
		나의 욕구와 감정을 나타낸다.		
		나와 친숙한 것을 안다.		
더불어 생활하기	영아가 교사와 안정적인 애착을 형성하고, 또래와 다른 사람에게 관심을 가지면서 반에서 편안하게 지내는 것을 경험하는 내용이다.	안정적인 애착을 형성한다.		
		또래에게 관심을 가진다.		
		다른 사람의 감정과 행동에 관심을 가진다.		
		반에서 편안하게 지낸다.		

(5) 0~1세 예술경험 영역 평가

0~1세 표준보육과정 예술경험 내용 구성과 현장에서의 지도에 대한 이해를 위해, 내용범주별 내용 및 세부 내용에 따른 수준별 평가는 다음과 같다.

내용범주	내용		체크 Y	체크 N
아름다움 찾아보기	영아가 자연과 생활 예술에서 아름다움을 느끼고 관심을 가지며 감상하는 경험을 반영한 내용이다.	자연과 생활에서 아름다움을 느낀다.		
		아름다움에 관심을 가진다.		
창의적으로 표현하기	영아가 자신의 느낌과 경험을 소리, 음악과 리듬, 미술경험, 모방행동 등을 통해 표현하는 과정을 즐기는 내용이다.	소리와 리듬, 노래로 표현한다.		
		감각을 통해 미술을 경험한다.		
		모방 행동을 즐긴다.		

(6) 0~1세 자연탐구 영역 평가

0~1세 표준보육과정 자연탐구 내용 구성과 현장에서의 지도에 대한 이해를 위해, 내용범주별 내용 및 세부 내용에 따른 수준별 평가는 다음과 같다.

내용범주	내용		체크	
			Y	N
탐구과정 즐기기	영아가 보고 듣고 만지면서 주변 세계와 자연에 호기심을 가지고 탐색을 즐기는 내용이다.	주변 세계와 자연에 대해 호기심을 가진다.		
		사물과 자연 탐색하기를 즐긴다.		
생활 속에서 탐구하기	영아가 일상생활과 놀이를 하면서 물체의 특성, 수량, 공간과 모양, 규칙성을 자연스럽게 경험하는 내용이다.	친숙한 물체를 감각으로 탐색한다.		
		물체의 수량에 관심을 가진다.		
		주변 공간과 모양을 탐색한다.		
		규칙성을 경험한다.		
자연과 더불어 살기	영아가 주변의 동식물에 관심을 가지고, 날씨의 변화를 감각으로 느끼는 내용이다.	주변의 동식물에 관심을 가진다.		
		날씨의 변화를 감각으로 느낀다.		

2. 2세 보육과정

1) 기본생활

기본생활 영역의 목표는 2세 영아가 건강하고 안전한 생활습관의 기초를 형성하는 것이다. 2세 영아가 신체의 청결과 위생, 즐거운 식사, 배변습관의 형성, 안전한 놀이와 생활, 위험한 상황에서의 대처 등 일상생활에서 건강하고 안전한 생활습관의 기초를 형성하는 것을 목표로 한다.

건강하고 안전한 생활습관의 기초를 마련한다.

① 건강한 생활습관의 기초를 경험한다.
② 안전한 생활습관의 기초를 경험한다.

2) 신체운동

신체운동 영역의 목표는 2세 영아가 감각을 활용하고 신체활동을 즐기는 경험을 하는 것이다. 신체운동 영역은 2세 영아가 감각을 활용하여 주변 사물과 환경을 탐색하고 자신의 신체를 인식하며, 대소근육을 조절하고 기본운동과 실내외 신체활동을 즐기도록 하는 데 중점을 둔다.

감각을 활용하고 신체활동을 즐긴다.

① 감각을 활용하고 신체를 인식한다.
② 신체활동을 즐긴다.

3) 의사소통

의사소통 영역의 목표는 2세 영아가 듣기, 말하기, 읽기, 쓰기의 의사소통 방식에 관심을 가지고 활용하며, 책과 이야기에서 상상하는 즐거움을 경험하기 위함이다. 2세 영아가 일상생활에서 듣고 말하기를 즐기고, 그림과 문자 상징을 읽고 쓰기에 관심을 가지는 것과 책과 이야기를 즐길 수 있는 경험을 하는 것을 목표로 한다.

의사소통 능력과 상상력의 기초를 기른다.

① 일상생활에서 듣기와 말하기를 즐긴다.
② 읽기와 쓰기에 관심을 가진다.
③ 책과 이야기에 재미를 느낀다.

4) 사회관계

사회관계 영역의 목표는 2세 영아가 자신에 대해 알아 가고, 다른 사람과 더불어 생활하는 경험을 통해 사회관계 형성의 기초를 기르는 것이다. 2세 영아가 자신이 다른 사람과 다르다는 것을 알고 자신을 긍정적으로 인식하며, 다른 사람과 생활하며 즐겁게 지내기 위한 태도를 기르는 것을 목표로 한다.

나를 알고, 다른 사람과 더불어 생활하는 경험을 한다.

① 나를 알고 긍정적으로 여긴다.
② 다른 사람과 즐겁게 지내기 위한 태도를 기른다.

5) 예술경험

예술경험 영역의 목표는 2세 영아가 일상에서 아름다움을 느끼고 즐기는 것이다. 영아가 마주하는 자연과 생활 속 경험에서 아름다움을 느끼고 관심을 가지며, 예술을 통해 자신의 느낌과 생각을 자유롭게 표현하도록 한다.

아름다움을 느끼고 즐긴다.

① 자연과 생활에서 아름다움을 느끼고 관심을 가진다.
② 예술을 통해 자유롭게 표현한다.

6) 자연탐구

자연탐구 영역의 목표는 2세 영아가 주변 환경과 자연에 관심을 가지고 탐색하는 과정을 즐기는 데 있다. 2세 영아가 자신을 둘러싸고 있는 주변 세계와 자연에 대해 호기심을 가지고 생활 속에서 주도적으로 탐색하기를 즐기며 주변의 동식물에 관심을 가지고 날씨와 계절의 변화에 관심을 가지는 것을 목표로 한다.

주변 환경과 자연을 탐색하는 과정을 즐긴다.

① 일상에서 탐색하는 과정을 즐긴다.
② 주변 환경에 관심을 가지고 탐색한다.
③ 생명과 자연에 관심을 가진다.

7) 내용범주별 내용 및 지도 원리에 관한 평가

(1) 2세 기본생활 영역 평가

2세 표준보육과정 기본생활 내용 구성과 현장에서의 지도에 대한 이해를 위해, 내용범주별 내용 및 세부 내용에 따른 수준별 평가는 다음과 같다.

내용범주	내용		체크	
			Y	N
건강하게 생활하기	영아가 신체의 청결과 위생, 급·간식, 배변습관의 형성, 즐거운 하루일과 등을 통해 건강한 생활습관의 기초를 형성하는 내용이다.	자신의 몸을 깨끗이 해 본다.		
		음식에 관심을 가지고 즐겁게 먹는다.		
		하루일과를 즐겁게 경험한다.		
		건강한 배변 습관을 갖는다.		
안전하게 생활하기	영아가 놀이와 일상생활에서 안전하게 지내고, 위험한 상황에서 어른의 지시에 따라 대피하여 자신의 안전을 지키는 경험을 해 보는 내용이다.	일상에서 안전하게 놀이하고 생활한다.		
		교통수단을 안전하게 이용해 본다.		
		위험한 상황에 대처하는 방법을 경험한다.		

(2) 2세 신체운동 영역 평가

2세 표준보육과정 신체운동 내용 구성과 현장에서의 지도에 대한 이해를 위해, 내용범주별 내용 및 세부 내용에 따른 수준별 평가는 다음과 같다.

내용범주	내용		체크	
			Y	N
감각과 신체 인식하기	영아가 자신의 감각을 활용하고 신체를 인식하며 움직이는 경험을 하도록 하는 내용이다.	감각 능력을 활용한다.		
		신체를 인식하고 움직인다.		
신체활동 즐기기	영아가 대소근육을 조절하고 기본 운동과 실내외 신체활동을 즐기도록 하는 내용이다.	대소근육을 조절한다.		
		기본 운동을 즐긴다.		
		실내외 신체활동을 즐긴다.		

(3) 2세 의사소통 영역 평가

2세 표준보육과정 의사소통 내용 구성과 현장에서의 지도에 대한 이해를 위해, 내용범주별 내용 및 세부 내용에 따른 수준별 평가는 다음과 같다.

<table>
<tr><th rowspan="2">내용범주</th><th rowspan="2" colspan="2">내용</th><th colspan="2">체크</th></tr>
<tr><th>Y</th><th>N</th></tr>
<tr><td rowspan="4">듣기와 말하기</td><td rowspan="4">영아가 다른 사람의 표정, 몸짓, 말에 관심을 갖고 듣고, 상대방의 이야기를 듣고 말하며, 표정, 몸짓, 단어로 자신의 의사를 표현하며, 자신의 요구와 느낌을 자유롭게 말하는 내용이다.</td><td>표정, 몸짓, 말에 관심을 갖고 듣는다.</td><td></td><td></td></tr>
<tr><td>상대방의 이야기를 듣고 말한다.</td><td></td><td></td></tr>
<tr><td>표정, 몸짓, 단어로 의사를 표현한다.</td><td></td><td></td></tr>
<tr><td>자신의 요구와 느낌을 즐긴다.</td><td></td><td></td></tr>
<tr><td rowspan="2">읽기와 쓰기에 관심 가지기</td><td rowspan="2">영아가 주변의 그림과 상징, 글자에 관심을 가지고, 이를 활용하여 자유롭게 끼적이며 표현을 즐기는 내용이다.</td><td>주변의 그림과 상징, 글자에 관심을 가진다.</td><td></td><td></td></tr>
<tr><td>끼적이며 표현하기를 즐긴다.</td><td></td><td></td></tr>
<tr><td rowspan="2">책과 이야기 즐기기</td><td rowspan="2">영아가 다양한 책과 이야기에 관심을 가지고 상상하기를 즐기며, 말놀이와 이야기 짓기에 재미를 느끼는 내용이다.</td><td>책에 관심을 가지고 상상한다.</td><td></td><td></td></tr>
<tr><td>말놀이와 이야기에 재미를 느낀다.</td><td></td><td></td></tr>
</table>

(4) 2세 사회관계 영역 평가

2세 표준보육과정 사회관계 내용 구성과 현장에서의 지도에 대한 이해를 위해, 내용범주별 내용 및 세부 내용에 따른 수준별 평가는 다음과 같다.

내용범주	내용		체크	
			Y	N
나를 알고 존중하기	영아가 자신을 다른 사람과 구별하고, 자신의 여러 가지 감정을 표현해 보며, 스스로 선택한 놀이를 즐겁게 해 봄으로써 자신을 긍정적으로 여기도록 하는 내용이다.	나와 다른 사람을 구별한다.		
		나의 감정을 표현한다.		
		내가 좋아하는 것을 한다.		
더불어 생활하기	영아가 가족에게 관심과 특별한 감정을 갖고, 또래와 함께 놀이하며, 다른 사람의 감정과 행동에 적절하게 반응하고, 반에서의 기본적인 규칙과 약속을 알고 지킬 수 있도록 하여 사회관계의 기초를 경험하는 내용이다.	가족에게 관심을 가진다.		
		또래와 함께 놀이한다.		
		다른 사람의 감정과 행동에 반응한다.		
		반에서의 규칙과 약속을 알고 지낸다.		

(5) 2세 예술경험 영역 평가

2세 표준보육과정 예술경험 내용 구성과 현장에서의 지도에 대한 이해를 위해, 내용범주별 내용 및 세부 내용에 따른 수준별 평가는 다음과 같다.

내용범주	내용		체크	
			Y	N
아름다움 찾아보기	영아가 일상에서 접하는 사물과 공간, 동식물과 사람, 자신과 또래의 표현 등에서 아름다움을 느끼고 즐기며, 아름다움에 관심을 가지고 찾아보는 내용이다.	자연과 생활에서 아름다움을 느끼고 즐긴다.		
		아름다움에 관심을 갖고 찾아본다.		
창의적으로 표현하기	영아가 노래와 리듬, 움직임과 춤, 미술 표현, 상상놀이의 다양한 방법으로 생각과 느낌을 자유롭게 표현하는 내용이다.	익숙한 노래와 리듬을 표현한다.		
		움직임과 춤으로 자유롭게 표현한다.		
		미술 재료와 도구로 표현해 본다.		
		일상생활 경험을 상상놀이로 표현한다.		

(6) 2세 자연탐구 영역 평가

2세 표준보육과정 자연탐구 내용 구성과 현장에서의 지도에 대한 이해를 위해, 내용범주별 내용 및 세부 내용에 따른 수준별 평가는 다음과 같다.

내용범주	내용		체크	
			Y	N
탐구과정 즐기기	영아가 주변 세계와 자연에 대해 호기심을 가지고 반복하여 탐색을 즐기는 내용이다.	주변 세계와 자연에 대해 호기심을 가진다.		
		사물과 자연을 반복하여 탐색하기를 즐긴다.		
생활 속에서 탐구하기	영아가 놀이와 일상에서 자연스럽게 물체의 특성, 수량, 주변 공간과 모양, 규칙성을 자연스럽게 경험하는 내용이다. 또한 영아가 주변 사물을 같고 다름에 따라 구분하며 자신이 사용하는 생활도구에 관심을 가지는 내용이다.	친숙한 물체의 특성과 변화를 감각으로 탐색한다.		
		물체의 수량에 관심을 가진다.		
		주변 공간과 모양을 탐색한다.		
		규칙성에 관심을 가진다.		
		주변 사물을 같고 다름에 따라 구분한다.		
		생활도구에 관심을 가진다.		
자연과 더불어 살기	영아가 주변의 동식물에 관심을 가지고, 날씨와 계절의 변화를 감각으로 느끼는 내용이다.	주변의 동식물에 관심을 가진다.		
		날씨와 계절의 변화를 감각으로 느낀다.		

제12장

누리과정에 기초한 유아평가[1)]

학습목표

1. 누리과정의 각 영역별 성격, 목표, 내용을 이해할 수 있다.
2. 누리과정의 범주별 내용 및 지도원리에 관한 유아평가에 대해 이해할 수 있다.

학습개요

개정 누리과정에서 평가는 유치원과 어린이집에서 유아가 중심이 되고 놀이가 살아나는 누리과정의 운영을 되돌아보고 개선해 가는 과정이다. 개정 누리과정은 유치원과 어린이집에서 유아 · 놀이 중심 교육과정을 운영하는 데 도움이 되고자 평가를 간략화하고 각 기관의 자율적인 평가를 강조하였다. 유치원과 어린이집은 평가의 목적, 대상, 방법, 결과의 활용을 바탕으로 누리과정 평가를 자율적으로 실시할 수 있다.

주요용어

누리과정, 유아평가, 신체운동 · 건강, 의사소통, 사회관계, 예술경험, 자연탐구

1. 이 장은 2019 개정 누리과정 해설서, 놀이이해자료, 놀이실행자료(교육부, 보건복지부, 2019a, 2019b, 2019c)를 활용함.

유아평가는 궁극적으로 개별 유아에 대한 이해를 높이고 유아의 전인적인 발달에 도움을 주기 위해 실시하는 것으로 유아가 얼마나 개별적으로 변화하고 있는가를 주기적으로 관찰하여 평가한다. 유아를 평가하고자 할 때는 특정 활동이나 영역에 초점을 맞추기보다 일과 전반에 걸쳐 관찰한 것에 기초하여 평가하는 것이 바람직하다. 개정 누리과정에서 평가는 유치원과 어린이집에서 유아가 중심이 되어 놀이가 살아나는 누리과정의 운영을 되돌아보고, 개선해 가는 과정이다. 개정 누리과정은 유치원과 어린이집에서 유아 · 놀이 중심 교육과정을 운영하는 데 도움이 되고자 평가를 간략화하고 각 기관의 자율적인 평가를 강조하였다. 따라서 유치원과 어린이집은 평가의 목적, 대상, 방법, 결과의 활용을 바탕으로 누리과정 평가를 자율적으로 실시할 수 있다.

누리교육과정에서의 유아평가는 다음 사항에 중점을 두고 실시한다.

① 누리과정 운영의 질을 진단하고 개선하기 위해 평가를 계획하고 실시한다

평가의 목적은 유아가 중심이 되고 놀이가 살아나는 누리과정 운영을 자체적으로 평가하여, 누리과정 운영의 질을 진단하고 누리과정 운영을 보다 나은 방향으로 개선하는 데 있다. 유치원과 어린이집에서는 지역 특성, 각 기관 및 학급(반)의 상황과 요구를 고려하여, 누리과정 운영을 개선할 수 있도록 자율적으로 평가 계획을 수립한다. 평가의 내용, 평가 주기 및 시기, 평가방법 등에 대한 계획은 각 기관 구성원들 간의 민주적인 협의를 통해 정한다.

② 유아의 특성 및 변화 정도와 누리과정의 운영을 평가한다

평가는 유아평가와 누리과정의 운영평가로 이루어진다. 유아평가는 궁극적으로 유아의 행복과 전인적 발달을 지원하는 데 그 목적이 있다. 교사는 유아의 놀이, 일상생활, 활동 속에서 유아의 고유한 특성이나 의미 있는 변화를 발견하고, 그것을 바탕으로 유아의 배움과 성장을 돕기 위하여 평가를 할 수 있다. 교사는 유아의 배움이 나타나는 놀이, 일상생활, 활동에서 유아가 가장 즐

기고 잘하는 것, 놀이의 특성, 흥미와 관심, 친구관계, 놀이를 이어 가기 위한 자료의 활동 등에 주목하여 유아 놀이를 관찰하고 이를 통해 유아의 특성과 변화를 이해하도록 한다.

누리과정 운영평가는 유치원과 어린이집의 교육과정이 유아 · 놀이 중심으로 적절하게 운영되고 있는지 평가하는 데 그 목적이 있다. 유치원과 어린이집의 누리과정 운영평가에서는 놀이시간을 충분히 운영하였는지, 유아 주도적인 놀이와 배움이 이루어지고 있는지, 놀이 지원이 적절한지 등을 평가할 수 있다. 이는 놀이 속에서 나타나는 유아의 특성 및 변화 정도와 연계하여 파악할 수 있다. 필요에 따라 부모와의 협력이나 행정적 · 재정적 지원이 적절하게 이루어지고 있는지 등을 평가할 수도 있다.

③ 평가의 목적에 따라 적합한 방법을 사용하여 평가한다

평가 방법은 평가의 목적과 대상에 따라 달라질 수 있다. 유치원과 어린이집은 평가 목적에 가장 적합한 평가 방법을 자율적으로 정하여 활용할 수 있다.

교사는 유아의 특성과 변화 정도를 파악하기 위하여 유아들의 실제 놀이 모습을 계획안에 기록할 수 있고, 놀이 결과물과 작품 등을 일상적으로 수집할 수 있다. 유아들의 놀이를 관찰할 때에는 유아의 말, 몸짓, 표정 등에서 드러나는 놀이의 의미와 특성에 주목하여 이 중 필요한 내용을 메모나 사진 등 교사가 할 수 있는 가장 용이한 방법으로 기록한다. 이러한 관찰기록 자료는 교실에서 자율적으로 수립한 계획안에 포함하여 유아의 특성과 변화 정도를 파악하는 데 활용할 수 있다.

유치원과 어린이집의 누리과정 운영에 대한 평가는 개선이 필요한 사항에 따라 자율적으로 실시할 수 있다. 기관별, 학급별 상황이나 필요성에 따라 적합한 방법을 선택하여 누리과정 운영을 평가한다.

개정 누리과정에서는 교사가 유아의 놀이 관찰기록, 유아평가와 누리과정 운영평가 등 평가 자료를 만들고 수집하는 데 과도한 노력을 기울이기보다는 유아의 놀이에 더 집중하고 지원하는 것이 중요함을 강조하고 있다. 교사는 개

별 유아를 정기적으로 관찰하기보다는 배움이 나타나는 또래 간의 놀이나 활동 등 유아들이 일상에서 놀이하며 배우는 자연스러운 상황에서 유아의 특성과 변화를 이해하는 평가를 하도록 한다. 또한 5개 영역 59개 내용을 성취 기준으로 잘못 인식하여 유아의 놀이에서 59개 내용이 나타나는지 여부만을 체크하지 않도록 유의한다.

④ 평가 결과는 유아에 대한 이해와 누리과정 운영 개선을 위한 자료로 활용할 수 있다

교사는 유아의 놀이, 일상생활, 활동을 통해 수집된 자료를 평가의 목적에 맞게 종합하여 평가의 결과를 얻을 수 있다. 유아평가의 결과는 유아가 행복감을 느끼고 전인적으로 발달하도록 도움을 주는 데 활용한다. 또한 누리과정이 추구하는 인간상과 목적 및 목표 등에 비추어 유아의 특성과 변화 정도를 이해하고 유아의 배움과 성장에 도움이 되도록 지원하는 데 활용한다. 수집된 모든 자료를 바탕으로 개별 유아의 특성과 변화 정도를 종합적으로 이해하여, 이를 부모와의 면담자료 및 유아의 생활지도 등에 활용할 수 있다. 한편, 유치원과 어린이집에서 자율적인 방식을 통해 실시한 누리과정 운영평가의 결과는 각 기관에서 유아・놀이 중심 교육과정의 운영을 보다 나은 방향으로 개선하는 데 활용할 수 있다.

1. 신체운동・건강 영역

신체운동・건강 영역은 유아가 자신의 신체를 긍정적으로 인식하고 신체 활동에 즐겁게 참여함으로써 유아기에 필요한 기본 운동 능력과 기초 체력을 기르고, 건강하고 안전한 생활을 실천하는 능력과 태도를 기르기 위한 영역이다.

유아가 신체운동 능력을 가지고 건강한 신체 및 정신을 유지하는 것은 자신에 대한 긍정적인 인식을 형성하는 것은 물론 대인관계에서도 자신감을 가질

수 있게 한다. 유아들이 긍정적인 신체 인식능력을 형성하기 위해서는 발달 수준이나 흥미에 적절한 신체운동 활동을 제공해 주는 것이 중요하다. 유아기 기초 체력은 신체 조절능력과 이동운동, 비이동운동을 통해 형성하는 근력, 근지구력, 민첩성, 유연성, 협응성 등을 포함하는 개념으로, 이후 아동기나 청소년기 체력과 운동능력에 영향을 미친다. 최근 생활 형태의 변화로 유아들의 신체운동 기회가 점차 줄어들어 기초체력이 저하되고 식습관의 변화로 비만 등의 문제가 발생하고 있으므로 유아기에 바른 식습관을 형성하는 것도 중요하다. 또한 생활 속에서 자연재해나 안전사고의 발생 위험 또한 증가하고 있으므로, 유아들이 다양한 신체운동 활동에 적극적이고 지속적으로 참여함으로써 기본 운동능력을 형성하고 건강하고 안전한 생활 습관을 기르도록 지원하는 것이 중요하다. 적절히 휴식하며 주변을 청결히 하고, 위생적이고 안전한 생활 습관과 위험한 상황으로부터 자신을 지킬 수 있는 방법과 태도를 자연스럽게 습득하도록 한다.

1) 목표 및 내용범주 이해하기

실내외에서 신체활동을 즐기고, 건강하고 안전한 생활을 한다.

(1) 신체활동에 즐겁게 참여한다.
(2) 건강한 생활습관을 기른다.
(3) 안전한 생활습관을 기른다.

'신체활동 즐기기' 유아가 스스로 신체를 움직이는 동안 자연스럽게 자신의 신체를 인식하고 조절하며, 실내외에서 다양한 신체활동에 자발적으로 참여하면서 신체활동을 즐기는 내용이다.

'건강하게 생활하기' 유아가 스스로 몸과 주변을 깨끗이 하고, 즐겁게 식사하며, 자신의 신체 리듬에 맞게 휴식을 취하고, 질병을 예방하는 다양한 방법을 실천하는 내용이다.

'안전하게 생활하기' 유아가 안전하게 놀이하고 생활하며, 자주 접하는 TV, 컴퓨터, 스마트폰을 바르게 사용하고, 안전하게 다닐 수 있도록 교통안전 규칙을 지키며, 안전사고, 화재, 재난, 학대, 유괴 등의 위험한 일이 발생하였을 때 도움을 요청하거나 대처할 수 있는 방법을 경험하는 내용이다.

2) 내용

내용 범주	내용 이해	유아 관찰 실제
신체활동 즐기기	**신체를 인식하고 움직인다.** 유아가 자신의 신체에 관심을 가지며 신체 각 부분의 특성을 알고 다양하게 움직이는 내용이다.	• 물놀이를 하기 전, 교사와 유아들이 함께 체조를 한다. 목을 오른쪽 왼쪽으로 번갈아 가며 돌리고, 어깨를 으쓱거리고, 허리에 손을 얹고 허리를 돌리고, 무릎을 구부렸다가 펴고, 손목과 발목을 돌린다. • 유아들은 얼음땡 놀이를 하면서, 술래가 천천히 걸으면 천천히 걷고, 술래가 빠른 걸음으로 걸으면 빠른 걸음으로 달아난다. 그리고 술래에게 잡힐듯 하면 몸의 방향을 재빨리 바꿔 달아나기도 하고, "얼음!" 하고 외치며 급히 멈춰 서서 즐겁게 웃는다.
	신체 움직임을 조절한다. 유아가 몸을 움직이며 균형을 잡고, 몸이나 도구의 움직임을 다양하게 조절하는 내용이다. 또한 눈과 손을 협응하며 소근육 움직임을 조절하는 내용이다.	
	기초적인 이동운동, 제자리 운동, 도구를 이용한 운동을 한다. 유아가 한 곳에서 다른 곳으로 몸을 움직이는 걷기 · 달리기 · 뛰어넘기 등의 이동운동, 구부리기 · 뻗기 · 돌기 등의 제자리 운동, 공 · 줄 · 후프 등의 도구를 이용한 운동을 하는 내용이다.	• 유아들이 후프 돌리기를 한다. 한 유아가 안정된 자세로 후프를 오랫동안 돌린다. 옆에서 지켜보던 다른 유아가 "나도 잘 돌려 이것 봐." 하며 후프를 허리에 놓고 손으로 힘껏 돌린다. 후프가 돌아가는 동안 유아의 허리도 빠르게 움직인다.

신체활동 즐기기	**실내외 신체활동에 자발적으로 참여한다.** 유아가 하루일과에서 실내외의 다양한 신체활동에 자발적으로 즐겁게 참여하는 내용이다.	• 유아가 바깥놀이터에서 친구들이 있는 쪽을 향해 "나랑 달리기 할 사람?" 하고 큰 소리로 외친다. 이 소리를 듣고 같이 하고 싶은 유아들이 "나도." "나도 같이하자."라고 말하며 달려와 달리기를 제안한 유아의 엄지손가락을 잡고 모여 선다.
건강하게 생활하기	**자신의 몸과 주변을 깨끗이 한다.** 유아가 손을 씻고 이를 닦는 등 몸을 깨끗이 하는 적절한 방법을 알고 실천하며, 자기 주변을 깨끗하게 정리 정돈하는 내용이다.	• 시금치 무침 요리 활동 중에, 교사는 유아가 데친 시금치를 맛보고 싶다고 하여 맛보게 한다. 유아들이 "맛있어?" "맛없지?" "난 시금치 안 좋아해. 안 먹을 거야."라고 말하며 인상을 찌푸린다. 교사가 "시금치에 양념 옷을 입혀 맛있게 변신시켜 줄까?" 하고 말한 후, 유아들에게 직접 깨소금, 참기름 등의 여러 양념을 넣고 손으로 무쳐 보게 한다. 유아들은 "우아! 좋은 냄새 난다." "맛있겠다!" "저도 주세요."라고 말한다.
	몸에 좋은 음식에 관심을 가지고 바른 태도로 즐겁게 먹는다. 유아가 몸을 건강하게 하는 음식에 관심을 가지고, 음식을 소중히 여기며, 제자리에 앉아서 골고루 즐겁게 먹는 내용이다.	
	하루일과에서 적당한 휴식을 취한다. 유아가 피곤하거나, 몸이 아프거나, 몸을 많이 움직여서 쉬고 싶을 때, 적절한 휴식을 취하는 내용이다.	• 유아들은 바깥놀이터에서 신나게 놀이한 후 교실로 들어오자마자, "선생님, 정말 더워요. 에어컨 틀어 주세요."라고 다급한 목소리로 요청한다. 교사는 "그래. 선풍기도 켜 놓을게. 그런데 땀을 많이 흘렸으니 얼굴이랑 팔을 씻는 것은 어떨까?" 하며 에어컨과 선풍기를 켠다. 유아들은 얼굴과 팔, 손을 씻고 들어와 "이젠 좀 쉬자!"라고 말하며 교실 바닥에 앉기도, 눕기도 한다.
	질병을 예방하는 방법을 알고 실천한다. 유아가 질병의 위험으로부터 건강을 유지할 수 있는 다양한 생활 방식(몸을 청결히 하기, 날씨와 상황에 알맞은 옷 입기, 찬 음식 적당히 먹기, 정해진 시간에 자고 일어나기, 따뜻한 물 마시기 등)을 경험하는 내용이다.	유아: 선생님, 나 감기에 걸렸어요. 교사: 어떡하니, 많이 아파? 유아: 네. 열도 났어요. 그래서 엄마가 따뜻한 물을 넣어 주셨어요. 교사: 그렇구나. 따뜻한 물이 감기에 좋지. 오늘은 따뜻한 물을 자주 마셔 봐. 감기가 금방 나을 거야.

안전하게 생활하기	**일상에서 안전하게 놀이하고 생활한다.** 유아가 일상에서 위험한 장소, 상황, 도구 등을 알고, 안전한 놀이 방법과 놀이 규칙을 지키며 놀이하고 생활하는 내용이다.	• 한 유아가 미끄럼틀을 내려오려고 한다. 다른 유아가 미끄럼틀 아래서 바라보다가 올라가려고 한다. 이때, 미끄럼틀을 타고 내려오던 유아가 "야, 비켜, 다쳐!" 하고 큰 소리로 외친다. 이 모습을 지켜본 교사는 유아들에게 다가와 안전하게 미끄럼틀을 타기 위한 약속을 정하자고 제안한다.
	TV, 컴퓨터, 스마트폰 등을 바르게 사용한다. 유아가 일상에서 자주 접하는 TV, 컴퓨터, 스마트폰 등을 필요한 상황에서 적절하게 사용하며, 바른 자세로 이용하는 내용이다.	• 유아가 색종이를 반으로 접어 한 면에는 모니터를 그리고, 다른 한 면에는 컴퓨터 자판 모양처럼 그린다. 다른 유아들에게 "나는 지금 컴퓨터로 공룡에 대해서 찾아보고 있어." 하며 색종이 자판을 두드린다. 그리고 옆에 있던 친구에게 "같이 찾아볼래?"라고 말한다.
	교통안전 규칙을 지킨다. 유아가 안전한 보행 및 도로횡단, 교통기관의 안전한 이용 등 교통안전 규칙을 알고 실천하는 내용이다.	• 3세 유아가 종이벽돌을 이어 길을 만들고, 그 위에 교통 표지판과 자동차를 일렬로 놓는다. 만들어진 길을 바라보다 갑자기 팔이 움직이는 사람 모형 두 개를 가져와 팔 한쪽을 반복적으로 들어 올리고 내리며 "조심, 조심 지나가요. 자동차들은 우리가 건너면 지나가세요."라고 흥얼거린다.
	안전사고, 화재, 재난, 학대, 유괴 등에 대처하는 방법을 경험한다. 유아가 안전사고, 화재, 재난, 학대, 유괴 등의 위험에 처한 상황을 알고, 주변에 도움을 요청하는 방법을 배우며, 평소 훈련에 따라 대피하는 연습을 하는 등의 안전교육과 관련된 내용이다.	• 화재경보기 소리와 함께 지진 대피 방송이 들리자, 유아들은 재빨리 책상 아래 벽 쪽으로 대피한다. 지진이 잠시 멈췄다는 안내 방송 후 유아들은 교사의 안내에 따라 침착하면서도 신속하게 바깥으로 대피한다.

2. 의사소통 영역

의사소통 영역은 언어의 기본 형태인 구어와 문어를 활용하여 나와 다른 사람의 느낌이나 생각, 경험을 상황과 상대방에 알맞게 소통할 수 있는 능력을 기르는 영역이다. 또한 말과 글의 관계를 알고 읽기와 쓰기에 흥미를 가져 언어 사용을 즐기도록 하는 영역이다.

유아기는 구어 사용능력이 급격히 확장되고, 문어 사용에 대한 흥미와 그것의 기초능력이 발달하는 시기이다. 영아기에 주로 많이 사용되었던 몸짓, 표정 등의 비언어적 표현이 줄어들면서, 유아기에는 주변 생활에서 경험한 다양한 사물이나 사건에 대한 이야기를 이해하고 또 그것을 적합한 어휘로 표현하는 것이 중요하다. 유아는 문장 내에 숨겨진 상대방의 의도를 해석할 수 있어야 한다. 또한 그림책이나 인쇄물처럼 철자로 이루어진 다양한 내용에 관심을 가지고 그 속에 담긴 의미를 파악할 수 있어야 한다. 의사소통 영역에서는 사회 구성원들이 약속한 복잡한 언어 체계를 가르치려 하는 것보다 언어 사용에 대한 자신감과 즐거움을 느끼며 다른 사람이 전달한 구어나 문어의 내용을 이해하는 데 중점을 두어야 한다.

1) 목표 및 내용범주 이해하기

일상생활에 필요한 의사소통 능력과 상상력을 기른다.

(1) 일상생활에서 듣고 말하기를 즐긴다.
(2) 읽기와 쓰기에 관심을 가진다.
(3) 책이나 이야기를 통해 상상하기를 즐긴다.

'듣기와 말하기' 유아가 다른 사람의 말이나 이야기를 관심 있게 듣고, 자신의 경험, 느낌, 생각을 상황에 적절한 단어를 사용하여 말하고, 고운 말을 사용하는 내용이다.

'읽기와 쓰기에 관심 가지기' 유아가 말과 글의 관계에 관심을 가지고, 주변의 상징, 글자 등을 읽으며, 자신의 생각을 글자와 비슷한 형태로 표현해 보는 내용이다.

'책과 이야기 즐기기' 유아가 다양한 책에 관심을 가지고 상상하며, 동화, 동시에서 말의 재미를 느끼고, 말놀이와 이야기 짓기를 즐기는 내용이다.

2) 내용

내용 범주	내용 이해	유아 관찰 실제
듣기와 말하기	**말이나 이야기를 관심 있게 듣는다.** 유아가 다른 사람이 하는 말과 흥미로운 주제, 익숙한 경험이 담긴 이야기에 관심을 가지며 듣는 내용이다.	• 유아가 친구들에게 동물원에 놀러갔던 이야기를 신나고 재미있게 들려준다. 유아는 "나는 호랑이다. 어흥!" 하며 눈을 크게 뜨고, 목소리를 굵고 거칠게 한다. 이어 원숭이에 대한 이야기를 할 때는 가늘고 날카로운 음성으로 바꿔 말한다. 옆에서 이야기를 듣던 유아들이 원숭이 동작과 목소리를 흉내 내며 웃는다. • 유아들이 병원 놀이를 한다. 의사 역할을 하는 유아는 "어디가 아파서 오셨어요?"라고 묻자 환자 역할을 하는 유아가 "의사 선생님, 배가 너무 아파요."라고 말하며 배를 움켜쥔다. 의사가 진찰을 한 후 옆에 있던 간호사 역할을 하는 유아가 "이쪽으로 오세요. 주사 맞아야 합니다."라고 말한다.
	자신의 경험, 느낌, 생각을 말한다. 유아가 상대방에게 자신의 경험, 느낌, 생각을 자유롭게 말하는 내용이다.	
	상황에 적절한 단어를 사용하여 말한다. 유아가 때와 장소, 대상과 상황을 고려하여 적절한 단어와 문장을 선택하여 말하는 내용이다.	

듣기와 말하기	**상대방이 하는 이야기를 듣고 관련해서 말한다.** 유아가 다른 사람이 이야기하는 내용을 듣고 말하는 사람의 생각, 의도, 감정을 고려하여 말하는 내용이다.	• 유아들이 자신이 가장 좋아하는 음식에 대해 서로 이야기를 나누고 있다. 수정이가 "나는 아이스크림이 좋아. 왜냐하면 시원하고 달콤…" 하고 말을 끝내기도 전에 옆에 있던 우진이가 "나는 짜장면!" 하며 끼어든다. 그때 수정이가 "야! 내가 말하고 있잖아. 내 말 아직 안 끝났거든. 기다려 봐."라고 말하며 "아이스크림은 달콤해. 딸기 아이스크림이 제일 좋아. 넌?"
	바른 태도로 듣고 말한다. 유아가 말하는 사람에게 주의를 기울이며 듣는 내용이다. 말을 끝까지 듣고, 자신의 의견을 말하는 내용이다.	• 유아가 선생님에게 웃음참기놀이를 하자고 제안한다. 선생님이 유아에게 웃음참기놀이의 방법을 물어보자, 유아는 자신이 생각한 웃음참기놀이의 방법을 또박또박 설명한다.
	고운 말을 사용한다. 유아가 일상생활에서 자주 쓰는 유행어, 속어, 신조어, 상대방을 비난하는 말을 사용하지 않고, 우리말을 바르게 사용하는 내용이다.	유아: 그건… 음… 서로 웃기게 해서 안 웃으면 되는 거예요. 교사: 어머. 정말 재미있겠는데! 여기 친구도 함께해도 될까? 유아: 네. 같이 하면 더 재밌어요. 교사: 그럼 친구에게 웃음참기놀이를 어떻게 하는지 설명해 줄래? 유아: 준서야, 서로 웃기게 해서 안 웃으면 되는 거야. 웃음을 참아야 돼. 알겠지? 선생님, 이제 우리 시작해요.
읽기와 쓰기에 관심 가지기	**말과 글의 관계에 관심을 가진다.** 유아가 일상에서 말이 글로, 글이 말로 옮겨지는 것에 관심을 갖는 내용이다.	• 유아들이 음식점놀이를 하고 있다. 유아가 "선생님, 우리 지금 가게 만들 건데 '김밥가게' 어떻게 적어요?" 하고 선생님께 도움을 요청한다. 교사는 유아가 잘 볼 수 있도록 보드판에 천천히 '김밥가게' 글자를 크게 적는다. 유아는 보드판의 글자를 보며 천천히 따라 적는다.
	주변의 상징, 글자 등의 읽기에 관심을 가진다. 유아가 일상에서 자주 보는 상징(표지판, 그림문자 등)이나 글자 읽기에 관심을 가지는 내용이다. 유아가 상징이나 글자에는 사람들의 생각과 감정, 정보가 담겨 있다는 것을 이해하는 내용이다.	

읽기와 쓰기에 관심 가지기	**자신의 생각을 글자와 비슷한 형태로 표현한다.** 유아가 자신의 생각이나 말을 끼적이거나 글자와 비슷한 선이나 모양, 글자와 비슷한 형태로 표현하는 내용이다.	• 유아가 교실 입구의 비상구 표시등을 가리키며 "저것 봐! 사람이 초록 색깔이야. 이렇게 하고 있어." 하며 비상구 사람의 모습을 흉내 낸다. 함께 이야기를 나누던 유아는 "나 저거 알아. 저거는 불날 때 저쪽으로 빨리 피하라는 말이야."라고 말한다.
책과 이야기 즐기기	**책에 관심을 가지고 상상하기를 즐긴다.** 유아가 책에 흥미를 가지며 책 보는 것을 즐기고 상상하는 즐거움을 경험하는 내용이다.	• 유아가 여러 책을 한꺼번에 쌓아 두고 읽는다. 다른 유아가 와서 "내가 좋아하는 공룡책 여기 있어?" 하며 책을 찾는다. 유아가 책장을 넘기며 공룡 이름 맞히기를 하다가 브라키오사우루스가 나오자 "와! 정말 길다. 여기서 여기 끝까지 미끄럼 타면 진짜 재미있겠다." "그런데 여기까지는 어떻게 올라가지?" 하며 낄낄낄 웃는다.
	동화, 동시에서 말의 재미를 느낀다. 유아가 동화와 동시를 자주 들으며 우리말의 재미와 아름다움을 느끼는 내용이다.	서은이가 친구들에게 이야기를 한다. 서은: 그 공주님이 사는 성에는 아~주 유명한 사다리가 있어. 그런데 그 사다리는 하늘까지 올라가고, 또 하늘을 넘어 가지고~ 하영: 우주도 넘어? 서은: 어. 우주에 우주까지도 넘는대. 유아들: 헤엑~
	말놀이와 이야기 짓기를 즐긴다. 유아가 끝말잇기, 수수께끼, 스무고개 등 다양한 말놀이를 즐기는 내용이다. 자신의 경험, 생각, 상상을 기초로 새로운 이야기를 만드는 과정을 즐기는 내용이다.	• 3세 반에서 교사가 동시를 읽어 주자 유아들이 서로 "꼬불꼬불?"이라고 말하며 까르르 웃는다. 그리고 유아들은 리본 막대를 휘두르며 "꼬불꼬불" 하며 서로 까르르 웃는다.

3. 사회관계 영역

사회관계 영역은 유아가 자신을 알고 소중하게 여기며 가족, 또래와 함께 원만하게 지내는 방법뿐 아니라 공동체에서 함께 살아가는 방법을 익히고 사회에 관심을 가지며 적응해 나갈 수 있는 기초능력과 인성을 기르기 위한 영역이다.

유아가 자신을 알고 존중하는 태도를 기르는 것은 긍정적인 자아존중감을 형성하는 데 기초가 되며, 자신과 타인의 감정을 알고 조절하는 능력을 갖추는 것은 유아가 타인과 원활한 관계를 형성하기 위한 바탕이 된다. 가족을 소중하게 여기는 마음은 자신의 가족 배경과 구성원에 대하여 편견 없는 태도를 형성하는 데 필요하다. 유아가 타인을 존중하고 배려하고 협력하며 갈등을 조절하고 문제를 해결할 줄 아는 능력을 배워 나가는 것도 중요하다. 한편, 유아기부터 우리나라의 전통 문화에 자부심을 갖고 나아가 세계의 다양한 문화에 관심을 갖는 것은 유아가 사회 구성원으로서의 정체감을 갖고 성장해 가는 데 필요한 부분이다.

1) 목표 및 내용범주 이해하기

자신을 존중하고 더불어 생활하는 태도를 가진다.

(1) 자신을 이해하고 존중한다.
(2) 다른 사람과 사이좋게 지낸다.
(3) 우 리가 사는 사회와 다양한 문화에 관심을 가진다.

'나를 알고 존중하기' 유아가 자신을 나타낼 수 있는 것과 자신의 감정을 알고 상황에 맞게 적절하게 표현하며, 자신이 할 수 있는 일을 스스로 해 봄으로써, 긍정적인 자아존중감과 자율성을 경험하는 내용이다

'더불어 생활하기' 유아가 가족의 의미와 소중함을 알며, 친구와 서로 돕고 양보, 배려, 협력하며 사이좋게 지내고, 사람들마다 감정, 생각, 행동이 각기 다름을 알고 존중하여, 친구와의 갈등을 여러 가지 긍정적인 방법으로 해결하는 내용이다. 또한 친구와 어른께 예의 바른 태도로 말하고 행동하며, 사회 공동체의 일원으로서 약속과 규칙의 필요성을 알고 지키는 내용이다.

'사회에 관심가지기' 유아가 사회 구성원으로서 자신이 사는 지역에 관심을 가지고 탐구하며, 우리나라의 상징, 언어, 문화를 알아 가면서 대한민국 국민으로서 긍지와 자부심을 가지는 내용이다. 그리고 다른 나라의 다양한 문화에 관심을 가지고 존중하는 경험을 담고 있다.

2) 내용

<table>
<tr><th>내용
범주</th><th>내용 이해</th><th>유아 관찰 실제</th></tr>
<tr><td rowspan="3">나를
알고
존중하기</td><td>나를 알고 소중히 여긴다.
유아가 자신을 나타내는 나이, 성별, 모습 등에 대해 알고, 자신을 소중히 여기며 가치 있는 존재로 느끼는 내용이다.</td><td rowspan="3">• 5세 반 유아들이 숨바꼭질을 하려고 모여든다. 유아가 "나는 진짜 잘 숨을 수 있어."라고 말하자, 다른 유아들이 "나도 잘하거든. 나는 몸이 작아서 아무 데나 숨을 수 있어." "나도 잘 숨거든!"이라고 말한다.
이때 다른 유아가 "나도 할래." 하며 다가온다. 먼저 숨바꼭질을 하던 유아가 "너는 늦게 왔으니까 먼저 술래 해!"라고 말한다. 늦게 온 다른 유아는 "그런 게 어디 있어! 네가 하기 싫어서 그런 거잖아. 가위 · 바위 · 보로 정해. 나도 술래하기 싫다고!"라고 말한다.
• 유아가 등원하자마자 선생님에게 오늘 자신이 도우미인 것을 확인하며 말한다. "저는 도우미하는 날이 좋아요. 저는 화분에 물 주는 것도 잘하고, 친구들에게 간식을 나눠 주는 것도 잘할 수 있어요."라고 말한다. 선생님이 "그럼 오늘의 도우미는 제일 먼저 무엇을 할 생각이야?"라고 웃으며 묻자, "화분에 물 주러 가야지."라고 말하며 물을 뜨러 화장실 쪽으로 간다.</td></tr>
<tr><td>나의 감정을 알고 상황에 맞게 표현한다.
유아가 자신의 감정에 대해 알고 다양한 상황에서 자신의 감정을 적절하게 표현하는 내용이다.</td></tr>
<tr><td>내가 할 수 있는 것을 스스로 한다.
유아가 자신이 할 수 있는 일을 알고 자신감을 가지며 자율적으로 실천해 가는 내용이다.</td></tr>
</table>

더불어 생활하기	**가족의 의미를 알고 화목하게 지낸다.** 유아가 자신의 가족 구성원을 알고, 가족과 함께 생활하며, 가족은 서로 돕고 살아간다는 것을 경험하는 내용이다. 가족의 구성원이 다양함을 이해하고 존중하는 내용이다.	• 4세 유아는 가족과 지냈던 일에 대해 그림을 그리며 웃으면서 말한다. "엄마, 아빠랑 캠핑 갔는데 정말 재미있었어요. 아빠가 밥하고 고기를 구웠고, 엄마는 식탁을 차렸어요. 저는 물컵을 꺼냈어요. 밥을 다 먹고 나서, 같이 공놀이도 하면서 놀았어요."
	친구와 서로 도우며 사이좋게 지낸다. 유아가 친구들과 함께 놀이하는 즐거움을 느끼고 친구와 서로 도우며 배려하고 협력하며 더불어 살아가는 내용이다.	• 유아들이 도화지에 물감을 흘리면서 무늬를 만들고 있다. 4세 수연이가 높은 위치에서 물감을 흘러내리게 하다가 물감이 현우의 팔에 튄다. 현우가 얼굴을 붉히며 "야! 내 팔에 물감이 튀었잖아!"라고 말하자 수연이는 "미안해, 이제 작게 뿌릴게."라고 말하며 아까보다 낮은 위치에서 물감을 흘러내리게 한다.
	친구와의 갈등을 긍정적인 방법으로 해결한다. 유아가 친구와 갈등이 생겼을 때 자신의 감정과 생각을 제대로 표현하고, 배려, 양보, 타협 등을 통해 해결하는 내용이다.	• 유아들이 고무줄뛰기를 하고 있다. 고무줄뛰기를 하고 싶은 유아들이 많아지자 서로 먼저 뛰겠다고 큰 소리로 이야기한다. 5세 유아들이 누가 먼저 할지 순서를 정해야 한다고 말한다. 이때, 우재가 "우리 먼저 온 순서대로 여기 이름을 적으면 되잖아."라고 말하더니 3세 도하 손을 잡아 이끈다. "도하야, 아까 네가 제일 먼저 왔지? 여기에 네 이름 적어 봐. 못 적으면 형이 적어 줄까?"라고 말한다.
	서로 다른 감정, 생각, 행동을 존중한다. 유아가 다른 사람들의 감정, 생각, 행동에 관심을 갖고 감정, 생각, 행동이 서로 다를 수 있음을 이해하고 존중하는 내용이다.	• 5세 유아가 '가위바위보' 하여 이긴 사람이 한 계단씩 올라가는 놀이를 한다. 먼저 계단을 올라간 두 유아가 계단을 다 오르지 못한 유아를 남겨 두고 미끄럼틀로 뛰어간다. 혼자 남은 유아가 "나 혼자만 여기 있잖아." 하며 울먹이자, 미끄럼틀로 뛰어가던 유아가 되돌아와 친구의 어깨를 두어 번 토닥이며 "같이 가자."라고 말한다. 그리고 손을 잡고 함께 계단을 올라 미끄럼틀 쪽으로 달려간다.

더불어 생활하기	**친구와 어른께 예의 바르게 행동한다.** 유아가 친구와 어른께 배려, 존중, 공경하는 마음을 담아 예절을 실천하는 내용이다.	• 실내 놀이를 마친 뒤 5세 반의 몇몇 유아가 놀이할 때 불편한 점이 있었다고 말한다. 하선이가 "우리끼리 약속 좀 만들어야겠다."라고 말하자 유아들이 매트에 모여 앉았고, 진지하게 이야기를 나누며 놀이 약속을 정한다. 다음날, 유아들끼리 정한 약속을 교사는 색종이에 적어 칠판에 붙여 준다. 한 유아는 놀이 약속 옆에 손가락 도장을 찍으며 "내가 지킬 수 있는 약속이 이거야."라고 말한다.
	약속과 규칙의 필요성을 알고 지킨다. 유아가 다른 사람과 더불어 살아가기 위해 필요한 약속과 규칙이 있음을 이해하는 내용이다. 상황에 따라 필요한 약속과 규칙을 의논하여 정하고 지키는 내용이다.	
사회에 관심 가지기	**내가 살고 있는 곳에 대해 궁금한 것을 알아본다.** 유아가 자주 접하는 가까운 주변 지역과 이웃에 대해 관심을 가지고, 궁금한 것을 알아보며, 지역 구성원으로서 유대감과 소속감을 느끼는 내용이다.	• 유아들이 함께 블록으로 동네를 만든다. 유아들은 도서관을 만들면서 이야기를 나눈다. "여기는 도서관! 우리 도서관 가 봤지? 우리 동네 도서관이 있으니까 좋다. 그렇지?" "응, 선생님한테 내일 또 도서관 가자고 말씀드리자." 바깥놀이터에서 유아들과 선생님이 이야기를 나눈다. 우재: 너희들은 우리나라에서 누가 제일 좋아? 유아들: 이순신 장군! 세종대왕! 교사: 왜 좋아하는데? 시연: 한글을 만들었잖아요. 나는 한글을 진짜 잘 쓰는데, 한번 보세요(모래 바닥에 나뭇가지로 자신의 이름을 쓴다). 유아들: 나도 내 이름 써야지. 아! 맞다. 내일 한글날이라 했지.
	우리나라에 대해 자부심을 가진다. 유아가 우리나라의 전통에 친숙해지고, 우리나라의 상징, 언어, 문화 등을 경험하면서, 우리나라에 대해 자랑스러운 마음을 가지는 내용이다.	
	다양한 문화에 관심을 가진다. 유아가 다른 나라의 다양한 문화와 생활양식에 대해 관심을 가지고, 문화의 다양성을 이해하며 존중하는 내용이다.	

4. 예술경험 영역

예술경험 영역은 유아가 친근한 주변 환경에서 발생하는 소리, 음악, 움직임과 춤, 모양과 색 등의 미술 요소에서 아름다움을 느끼고, 또래와 교사, 부모, 지역사회의 주민이나 작가가 표현한 예술 작품을 가까이 접하면서, 이를 탐색하고 창의적으로 표현하는 것을 즐기며 감상하기 위한 영역이다.

인간은 아름다운 것을 보고 듣고 느끼는 경험을 통해 아름다움을 추구하고 그에 대한 기쁨을 알아 간다. 인간은 이러한 아름다움을 표현하고자 하는 기본적 욕구를 가질 뿐 아니라 아름다움을 다른 사람과 공유하고 소통하고자 하는 예술적 존재이다. 예술 경험은 주변의 아름다움을 매개로 다른 사람과 소통도 가능하게 하므로 개인적이면서도 사회적인 활동이다. 이 영역에서는 유아가 아름다움을 찾아보고, 그 아름다움을 표현하며, 자신의 창의적 표현을 즐기고 감상하도록 하는 것이 중요하다. 또한 다른 사람의 예술적 표현을 존중하고, 우리 문화에 내재된 아름다움을 찾아보며 느낌을 나눌 수 있도록 하는 경험에 중점을 둔다. 예술경험 영역은 개인의 자유로운 감성과 표현이 존중되는 영역인 만큼 각 유아가 가진 느낌을 편안하고 자유롭게 표현하고 즐길 수 있도록 분위기를 조성하는 것이 필요하다.

1) 목표 및 내용범주 이해하기

아름다움과 예술에 관심을 가지고 창의적 표현을 즐긴다.

(1) 자연과 생활 및 예술에서 아름다움을 느낀다.
(2) 예술을 통해 창의적으로 표현하는 과정을 즐긴다.
(3) 다양한 예술 표현을 존중한다.

'아름다움 찾아보기' 유아가 자연과 생활에서 아름다움을 느끼며 예술적 요소에 관심을 가지고 찾아보는 내용이다.

'창의적으로 표현하기' 유아가 노래를 즐겨 부르고, 간단한 소리와 리듬을 만들어 보며, 자유롭게 움직이며 춤추고, 다양한 미술 재료와 도구를 활용하여 표현하며, 경험과 이야기를 극 놀이로 표현하는 내용이다.

'예술 감상하기' 유아가 자신과 또래의 작품뿐만 아니라 다양한 예술을 감상하며 상상하기를 즐기고, 서로 다른 예술 표현을 존중하며, 우리 고유의 전통 예술에 친숙해지는 내용이다.

2) 내용

내용 범주	내용 이해	유아 관찰 실제
아름다움 찾아보기	**자연과 생활에서 아름다움을 느끼고 즐긴다.** 유아가 자신의 주변에서 만나는 자연, 공간, 사물 등의 아름다움을 풍부하게 느끼며 즐기는 내용이다.	• 벚꽃이 바람을 타고 눈처럼 휘날린다. 유아들이 "저것 봐! 눈이 오는 것 같아. 분홍색 눈이야. 정말 예쁘다!" 하며 감탄한다. 유아들은 하늘을 향해 고개를 들고 두 팔을 벌리며 흩날리는 벚꽃 잎을 맞기도 하고, 바람결에 날아가는 벚꽃 잎을 쫓아 다니기도 한다. 그리고 땅에 떨어진 벚꽃 잎을 조심스럽게 다루며 한 잎 한 잎 줍기도 한다. • 유아는 바깥놀이터에서 스카프를 재빠르게 높이 올렸다 내리기를 반복하며 바람에 스카프를 날려 보기도 한다. 스카프가 펄럭이고 날아가는 모습을 보며 "바람 따라 춤추는 것 같아." "파도같이 움직여." 하며 즐거워한다.
	예술적 요소에 관심을 갖고 찾아본다. 유아가 주변의 자연과 생활에서 다양한 소리나 리듬 등의 음악적 요소, 색이나 형태 등과 같은 미술적 요소를 발견하고, 사물이나 동식물의 움직임에서 아름다움을 경험하는 내용이다.	

창의적으로 표현하기	**노래를 즐겨 부른다.** 유아가 흥얼거리거나 친구들과 함께 소리와 박자 등을 느끼고 노랫말을 바꾸어 불러 보며 노래 부르기를 즐기는 내용이다.	• 유아가 바깥놀이터의 소꿉놀이 그릇을 모두 뒤집어 펼쳐 놓고 숟가락으로 여기저기 두드린다. 이때 교사가 지나가자, "선생님, 들어 보세요. 소리가 모두 달라요. 저는 지금 피아노 치고 있어요." 하며 최근에 배운 새 노래 '유리창에 예쁜 은구슬'을 흥얼거린다. 선생님은 "오! 정말 소리가 다르네. 정말 피아노 치는 것 같네." 하며 유아의 곁에서 함께 노래한다.
	신체, 사물, 악기로 간단한 소리와 리듬을 만들어 본다. 유아가 자신의 신체, 주변의 사물, 리듬 악기 등을 사용하여 소리와 리듬을 창의적으로 만들어 보는 내용이다.	
	신체나 도구를 활용하여 움직임과 춤으로 자유롭게 표현한다. 유아가 자연과 생활에서 발견한 다양한 움직임을 자유롭게 표현하고 나아가 자신의 생각과 느낌을 자신의 신체나 다양한 도구를 활용하여 움직임과 춤으로 표현하는 내용이다.	• 유아가 창문 밖으로 나뭇잎이 바람에 날리는 모습을 보며 큰 소리로 "와! 저것 봐. 나뭇잎이 데굴데굴 잘도 굴러가고 있어!"라고 말한다. 잠시 후 유아는 교실에 있는 리본 막대를 들고 동그랗게 흔들면서 "나뭇잎이 동글동글 굴러가고 굴러가고"라고 흥얼거린다. • 유아가 친구들에게 꿀벌놀이를 하자고 제안한다. 수진: 나는 여왕벌 할래. 너희들은 모두 일벌 해. 아이 배고파. 일벌들아, 꽃에게 가서 꿀을 가져와. 유찬: (날갯짓하며 교실을 한 바퀴 돌아와 수진에게 손을 내밀며) 이건 꿀이야. 자, 먹으세요! 승민: 나는 말벌이야. 너희들은 꿀벌이니까 도망가야 돼. 웽웽. • 꿀벌 역할을 맡은 두 유아가 "으악!" 하며 달아난다. 이 모습을 보고 있던 희원이와 민이가 "얘들아, 잠깐 기다려 봐. 우리가 꿀벌 집 만들어 줄게."라고 말하며 상자, 사인펜, 물감 등을 가지고 모인다.
	다양한 미술 재료와 도구로 자신의 생각과 느낌을 표현한다. 유아가 자연과 생활에서 발견한 다양한 재료와 도구를 활용하여 여러 가지 방법으로 표현하는 내용이다. 자신의 경험, 느낌, 생각 등을 창의적으로 표현하는 과정을 즐기는 내용이다.	
	극놀이로 경험이나 이야기를 표현한다. 유아가 자신의 경험, 다양한 상황, 이야기를 자유롭게 상상하며 극놀이로 표현하는 과정을 즐기는 내용이다.	

예술 감상하기	**다양한 예술을 감상하며 상상하기를 즐긴다.** 유아가 자신과 또래의 작품이나 음악, 춤, 미술 작품, 극 등 다양한 예술을 감상하고 자유롭게 상상하기를 즐기는 내용이다.	• 유아들이 분홍색 한지를 구기고 찢어서 꾸민 봄꽃 작품을 감상하며 "와! 예쁘다. 어! 이건 어떻게 했지? 이렇게 하니까 진짜 꽃 같다. 꽃냄새 맡아 보자. 흠, 꼭 봄꽃 요정이 나타날 것 같아, 그렇지?" 하며 친구와 마주 보고 웃는다. • 유아들이 '밀양 아리랑'을 들으며 장구를 자유롭게 두드린다. 한 유아가 "얘들아! 날 좀 보소." 하고 노래를 흥얼거리며 두 손으로 장구를 두드린다. 옆에 있던 유아가 장구를 세운 후 두드리며 "나는 세워서 두드려야지. 두 개로도 할 수 있어."라고 말한다. 그러니까 옆에서 바라보던 유아가 "어? 세워서도 할 수 있네. 그렇게 쳐도 좋은 것 같다."라고 말한다.
	서로 다른 예술 표현을 존중한다. 유아가 자신과 또래의 작품, 음악, 춤, 미술작품, 극 등에 포함된 다양한 표현을 존중하는 내용이다.	
	우리나라 전통 예술에 관심을 갖고 친숙해진다. 유아가 우리나라 고유의 전통 음악, 춤, 미술, 건축물, 극 등에 관심을 가지고 전통 예술을 감상하며 우리나라 문화에 친숙해지는 내용이다.	

5. 자연탐구 영역

자연탐구 영역은 유아가 자신을 둘러싸고 있는 주변 세계에 대해 호기심을 가지고 궁금한 것을 해소하기 위해 적극적으로 탐구하고, 생활 속의 문제를 수학적, 과학적으로 탐구해 보면서, 생명과 자연환경을 존중하는 태도를 기르기 위한 영역이다.

유아기는 무엇이든 알고 싶어 하는 지적 호기심과 탐구심이 왕성한 시기로, 무언가 의문을 가지고 관찰하고 실험하면서 새로운 것을 알아 가는 탐구 활동은 유아가 세상을 이해하는 방법이 된다. 궁금한 것을 적극적으로 탐구하는 태도는 유아기부터 시작하여 평생 동안 지속되어야 할 중요한 삶의 태도이다. 유아는 일상 속의 의문과 경험에서 많은 수학적, 과학적 탐구의 기회를 갖게 되며, 이를 통해 수학적, 과학적 기초 지식과 탐구과정을 익히게 된다. 수학적, 과학적으로 탐구하는 과정은 유아의 논리적, 합리적 사고력을 육성하는 데 중요하며, 이는 궁극적으로 일상의 문제를 논리적이며 합리적으로 해결하는 능력의 토대가 된다.

자연탐구 영역에서는 다양한 실물 자료와 자연 체험의 기회를 유아에게 풍부하게 제공하여 교사의 개입 없이 이뤄지는 자발적 학습, 우연히 발생하는 학습 기회를 포착하여 가르치는 비형식적 학습, 그리고 교사가 계획하고 의도한 형식적 학습이 모두 원활히 이루어질 수 있도록 한다. 유아는 일상생활 경험에서 구성한 지식을 바탕으로 다양한 시도를 하고 추론하는 활동을 통해 수학적, 과학적 방식으로 탐구해 나간다.

1) 목표 및 내용범주 이해하기

탐구하는 과정을 즐기고, 자연과 더불어 살아가는 태도를 가진다.

(1) 일상에서 호기심을 가지고 탐구하는 과정을 즐긴다.
(2) 생활 속의 문제를 수학적, 과학적으로 탐구한다.
(3) 생명과 자연을 존중한다.

'탐구과정 즐기기' 유아가 주변 세계와 자연에 대해 지속적으로 호기심을 가지고, 궁금한 것을 탐구하는 과정에 적극적으로 참여하면서 서로 다른 생각에 관심을 갖는 내용이다.

'생활 속에서 탐구하기' 유아가 물체의 특성과 변화를 여러 가지 방법으로 탐색하고, 물체를 세어 수량을 알아보고, 물체의 위치와 방향, 모양을 알고 구별하며, 길이와 무게 등의 속성을 비교하고, 반복되는 규칙을 찾아보고, 모은 자료들을 기준에 따라 분류하며, 도구와 기계에 관심을 가지고 생활 속의 문제를 다양하게 탐구하는 내용이다.

'자연과 더불어 살기' 유아가 주변의 동식물에 대해 관심을 가지고, 생명과 자연환경을 소중히 여기며, 날씨와 계절의 변화를 생활과 관련짓는 내용이다.

2) 내용

내용 범주	내용 이해	유아 관찰 실제
탐구 과정 즐기기	**주변 세계와 자연에 대해 지속적으로 호기심을 가진다.** 유아가 물질, 물체, 동식물, 자연현상 등에 호기심을 가지고, 놀이에서 지속적으로 궁금한 것을 찾아가거나 표현하는 내용이다.	• 유아들의 모래 구덩이 만들기가 계속되고 있다. 오늘은 유아들이 모래 속으로 물을 붓는다. 한 유아가 "물이 자꾸 없어져."라고 말한다. 옆에 있던 유아들도 함께 "왜 자꾸 없어지지?" "땅을 더 파야 해" "아니야, 빨리 물을 부어야 해."라고 이야기 나누며 물이 스며드는 것에 호기심을 가진다. • 어제는 메뚜기를 발견하여 관찰하던 유아들이 오늘은 방아깨비를 이리저리 살펴보며 이야기를 나눈다. 수연: 방아깨비 발밑이 찐득찐득해. 너도 해 볼래? 가현: 약간 간지러운데, 찐득해. 풀에 붙으려고 그런가 봐. 규리: 음……. 먹이를 잡아먹으려고 그런 거야. 수연: 이것 봐. 찐득한 발로 내 손을 잡으려고 하는 것 같아.
	궁금한 것을 탐구하는 과정에 즐겁게 참여한다. 유아가 궁금한 것을 알아보기 위해 관찰, 비교, 분류, 예측, 실험 등의 다양한 탐구과정을 자발적으로 즐기는 내용이다.	
	탐구과정에서 서로 다른 생각에 관심을 가진다. 유아가 탐구하는 과정에서 자신의 생각을 또래나 교사와 함께 공유하고, 서로 다른 생각에 관심을 가지는 내용이다.	
생활 속에서 탐구하기	**물체의 특성과 변화를 여러 가지 방법으로 탐색한다.** 유아가 주변에서 쉽게 발견할 수 있는 친숙한 물체나 물질의 크기, 모양, 색, 냄새, 소리, 질감과 같은 기본적 특성에 관심을 갖는 내용이다. 나아가 그 물체나 물질을 자르고 섞는 등 다양한 방법으로 변화시켜 보며, 변화되는 특성과 변화되지 않는 특성이 무엇인지 탐색해 보는 내용이다.	• 우리 밀 과자를 만드는 과정에서 유아들은 버터와 계란, 밀가루를 순가락으로 휘저으며 놀라운 표정으로 말한다. "어? 이것 봐! 반죽이 점점 갈색으로 변하고 있어." "색깔이 진하게 변한다." "점점 찐득찐득해지고 있어." "섞는 게 힘들어. 이제 네가 해 봐."

생활 속에서 탐구하기	**물체를 세어 수량을 알아본다.** 유아가 일상에서 수에 관심을 가지고, 수량을 세어 많고 적음 및 수량의 변화를 알아보는 내용이다.	• 유아들이 모여 하고 싶은 놀이에 대해 자유롭게 이야기를 나누고 있다. 민지: 야, 우리 같이 놀자. 뭐 할까? 현우: 나는 술래잡기. 민지: 나는 꼬마야 줄넘기 할래. 현우: 우리 손 들어서 정하자. 술래잡기 하고 싶은 사람 손! 한 명, 두 명, 세 명, 그러면 줄넘기 하고 싶은 사람 손! 민지: 똑같잖아. 술래잡기도 세 명이고, 줄넘기도 세 명이잖아.
	물체의 위치와 방향, 모양을 알고 구별한다. 유아가 자신과 물체를 기준으로 앞, 뒤, 옆, 위, 아래 등 공간 안에서 위치와 방향을 알아 가는 내용이다. 유아가 주변 환경에서 네모나 세모, 둥근 기둥, 상자 모양 등을 찾고 다양한 모양에서 공통점과 차이점을 알아 가는 내용이다.	
	일상에서 길이, 무게 등의 속성을 비교한다. 유아가 일상에서 길이나 무게 등 측정 가능한 속성을 알고, 이 속성을 기준으로 물체를 비교하여 순서 지어 보는 내용이다. 이 과정에서 유아는 자신의 신체를 비롯하여 다양한 물체를 활용하고, 다양한 비교 어휘를 사용하면서 순서를 지어 보는 내용이다.	• 유아들이 숨바꼭질을 한다. 한 유아가 "선생님, 쉿! 나 여기 밑에 숨어 있다고 말하면 안 돼요."라고 말하곤 미끄럼틀을 올라가는 계단 아래쪽으로 들어가 숨는다. "내 앞에 계단이 있으니까 친구들에게 난 잘 안 들키겠지? 하하."라고 혼잣말을 하며 웃는다. • 복도에서 5세 수진이가 3세 승우와 4세 민석이를 만난다. 수진이가 "내가 키 재 줄게. 너희 둘이 여기에 서 봐."라고 말한다. 승우와 민석이가 등을 마주 대고 서자 수진이는 "네가 좀 더 큰데. 내가 누가 무거운지도 봐 줄게." 하며 두 유아를 차례로 뒤에서 두 팔로 안고 들어 올린다. 수진이는 "너보다 얘가 좀 더 무거워." 하며 웃는다.
	주변에서 반복되는 규칙을 찾는다. 유아가 생활 주변에서 사물이나 사건의 양상이 일정한 순서로 반복 배열되는 것에 관심을 갖고 즐기며, 반복되는 배열에 숨어 있는 질서와 규칙을 발견하여 다음에 올 것이 무엇인지를 예측하는 내용이다.	• 바깥놀이터에서 유아가 친구들에게 "우리 이 열매 모으자. 개미는 이걸 좋아하거든." 하며 제안하자, 유아들이 "여기 많다."라고 말하며 바닥에 떨어진 작은 열매를 줍기 시작한다. 한 유아가 솔방울을 내밀자, "아니야. 솔방울은 너무 커, 좀 작은 게 필요해. 동그랗게 이거

생활 속에서 탐구하기	**일상에서 모은 자료를 기준에 따라 분류한다.** 유아가 일상생활에서 흥미와 관심에 따라 필요한 자료를 다양한 방법으로 모으고, 수집한 자료의 공통점과 차이점을 탐색하며, 이를 하나 또는 그 이상의 다양한 기준(예: 모양, 크기, 색깔 등)에 따라 정리하고 조직해 보는 내용이다.	랑 똑같이 생긴 것만." 하고 말한다. 잠시 후 유아들이 주운 열매를 모으고, "이것 봐, 진짜 다 똑같은 열매다." "그런데 여기 빨간 건 잘 익은 건가?" "내일 오면 개미가 빨갛게 익은 건 다 먹었겠지?"라고 말하며 빨간 열매와 초록 열매를 골라낸다. • 유아들이 선생님과 함께 콩나물무침 요리를 하고 있다. 작은 절구를 보던 한 유아가 "와! 맷돌이다."라고 말하자, 다른 유아들이 "저건 콩콩 찧는 거야." "맷돌이 아니고?" 하며 선생님을 쳐다본다. 선생님은 "이건 절구인데."라고 말하자, 유아들이 "오늘 콩나물무침에 쓰려고요?" 하고 묻는다. 선생님은 "그래. 이걸로 깨소금을 만들어 볼까?"라고 말하며 절구 안에 깨를 넣는다.
	도구와 기계에 대해 관심을 가진다. 유아가 일상생활에서 사용하는 다양한 도구와 기계에 관심을 가지고 직접 사용해 보면서, 도구와 기계가 우리의 생활에 어떠한 도움을 주는지에 대해 관심을 가지는 내용이다.	
자연과 더불어 살기	**주변의 동식물에 관심을 가진다.** 유아가 등 · 하원, 산책, 바깥놀이터, 교실에서 접할 수 있는 동식물을 관찰하거나 직접 길러 보면서, 동식물의 특성에 관심을 가지고 탐구하는 내용이다.	성민: 저, 도토리 엄청 주웠어요. 교사: 벌써 도토리가 떨어져 있었어? 성민: 네. 다람쥐들이 도토리를 많이 먹으라고 조금만 주웠어요. 교사: 어머! 네가 주워 온 도토리를 보니까 정말 가을이 온 걸 알겠구나. 네 말대로 다람쥐들은 맛있는 도토리를 먹는 가을이라서 신나겠다. 성민: 저는요, 가을이 제일 좋아요. 교사: 아~ 그렇구나. 왜? 성민: 가을은 진짜 시원하잖아요. 난 더운 날씨가 싫어요.
	생명과 자연환경을 소중히 여긴다. 유아가 동식물뿐만 아니라 동식물이 살아가기에 좋은 환경에 대해 관심을 가지고, 이들을 생명체로서 소중히 여기는 내용이다.	
	날씨와 변화를 생활과 관련짓는다. 유아가 낮과 밤, 날씨, 계절의 변화를 느끼고, 자연의 변화가 자신의 옷차림, 놀이 등 일상생활에 영향을 준다는 것을 이해하고 적절하게 대처하는 내용이다.	• 유아가 개미를 발견하고 모두 놀란다. "야, 개미다." "여기 봐." "으~악." "무서운 거 아니야." 한 유아가 "열매 같은 걸 가져가나 봐. 무겁겠다." "배가 고픈가 봐." "어디로 가지?" "밟지 마."라고 이야기하며 개미가 지나갈 수 있도록 몸을 옆으로 비키며 개미를 쳐다본다.

* 이 부분은 2019년 개정 누리과정 놀이실행자료(교육부, 보건복지부, 2019a)를 활용함.

6. 누리과정에 기초한 유아 평가하기

개정 누리과정에서는 기관 및 학습 수준 교육과정 운영의 자율성이 강화됨에 따라 평가 역시 그 방법과 시기에 대해서도 자율성을 가지도록 하고 있다. 교사는 관찰과 기록, 수집, 부모 설문지 등의 다양한 방법을 이용하여 유아와 누리과정에 대한 평가를 실시한다.

1) 평가를 위한 자료 모으기

교육과정은 유아의 놀이와 일상생활, 활동 속에서 이루어지므로 교사는 유아의 놀이와 일상을 관찰하여 기록한다. 교사는 특히 유아의 놀이 과정을 관찰하여 평가에 필요한 자료를 모을 수 있다. 이때 평가 자료의 수집과 기록 때문에 교사가 유아를 지원하는 데 어려움을 갖지 않도록 유의한다. 교사는 많이 기록해야 한다는 부담에서 벗어나 유아관찰기록 중 유아 이해 및 놀이지원에 중요하고 의미 있다고 판단되는 자료를 선별한다. 자료를 수집할 때에는 효과적으로 내용을 조직할 수 있고, 기록을 쉽게 활용할 수 있으며 관리하는 데에도 시간이 덜 드는 방법을 활용하는 것이 좋다.

(1) 다양한 방식으로 기록해 본다

놀이 중심 교육과정이 잘 운영되기 위해서는 유아의 놀이를 중심으로 일과를 관찰하고 기록할 필요가 있다. 일과 중 관찰한 내용을 메모지에 핵심 단어 위주로 짧게 기록을 남기고 일과 후 상세한 내용을 보완할 수 있다. 이때 짧은 메모를 그대로 활용할 수 도 있고, 유아명, 시간, 장소, 상황, 관련 누리과정 내용 등을 수기로 간단히 작성할 수 있다. 혹은 일일계획안의 평가 란이나 일지 양식을 변형하여 관찰 및 평가 내용을 기록할 수도 있다.

2) 자료 활용하여 평가하기

평가는 유아평가와 누리과정 운영평가로 나누어 볼 수 있다. 유아평가는 유아의 고유한 특성과 시간의 흐름에 따른 변화를 이해하고자 하는 것이다. 누리과정 운영평가는 놀이, 일상생활, 활동이 잘 연계되어 유아에게 의미 있는 통합적 경험의 내용으로 운영되었는지를 알아보는 것이다. 유아평가와 누리과정 운영평가는 유치원과 어린이집의 상황이나 필요에 따라 가장 적합한 방법을 선택하여 자율적으로 실시한다.

(1) 유아의 특성 및 변화 정도를 평가한다

유아평가는 일상생활 및 놀이 과정에서 이루어질 수 있다. 유아의 놀이에 대한 기록(예: 계획안 또는 일지에 기록한 유아들의 실제 놀이 모습, 유아의 놀이 결과물, 작품, 사진이나 동영상 등)을 통해 유아의 흥미와 관심, 놀이 선호, 또래와의 상호작용 등 유아의 특성과 변화 정도를 평가할 수 있다. 이때 누리과정 5개 영역의 내용이 놀이에서 어떻게 경험되고 어떤 배움이 일어났는지 살펴본 후 이를 추후 놀이지원에 반영할 수 있도록 한다.

(2) 누리과정 운영을 평가한다

교사는 누리과정 운영의 질을 개선하기 위하여 기관과 학급의 특성을 반영하여 자율적으로 누리과정 운영을 평가하여야 한다. 누리과정 운영평가는 일과구성이 적절하였는지, 일상생활이나 활동이 놀이를 지원하는 방식으로 진행되었는지, 놀이를 통해 어떤 경험이 어떻게 일어났는지 등에 대해 반성적으로 들여다보는 과정이다. 교사는 학습 내 놀이의 내용, 놀이를 통해 학습에서 일어나고 있는 유아들의 배움과 참여 등에 대한 기록을 바탕으로 교육과정을 평가하고 교육과정 개선 계획에 이를 반영할 수 있다.

(3) 놀이에서 누리과정 5개 영역을 경험하였는지 돌아본다

누리과정의 5개 영역은 유아가 놀이를 통하여 경험해야 할 내용이므로 교사는 놀이상황에서 5개 영역과 관련한 경험이 어떻게 이루어졌는지 연계할 수 있다. 이는 5개 영역의 내용을 유아가 달성해야 할 성취의 기준으로 삼는다는 것은 아니다. 매일 일과를 5개 영역에 따라 연계할 필요는 없다. 일과(놀이, 일상생활, 활동) 후 혹은 하나의 놀이흐름이 마무리 되었을 때 5개 영역의 경험이 어떻게 나타났는지 검토하고 지원을 계획해 볼 수 있다.

〈표 12-1〉 유아의 경험을 누리과정 5개 영역의 내용과 연계하여 이해한 예

신체운동 · 건강	• 신체를 움직이며 힘을 조절하고, 도구를 이용하면서 안전하게 놀이하는 방법을 경험함
의사소통	• 자신의 생각을 말하고 다른 사람의 의견을 듣는 기회가 많아 바르게 말하고 듣는 태도 형성에 도움이 됨 • 교사의 도움으로 탐구 결과를 기록하는 방법에 관심을 가지고 이름과 숫자를 글로 표현하는 경험을 함
사회관계	• 게임으로 함께 놀이하는 상황이 많아 친구들의 서로 다른 감정과 행동을 존중하고 소통하면서 문제를 해결해 봄
예술경험	• 지렛대 관련하여 그림으로 표상하는 유아도 일부 있었으나, 예술경험과 관련한 경험이 다소 부족하게 이루어짐. 다른 놀이에서 음률 및 조형 관련 경험을 충분히 할 수 있도록 지원해야겠음
자연탐구	• 물체의 길이와 무게, 받침대와 받침점의 위치 및 방향, 거리에 대한 탐구과정에 즐겁게 참여하고 풍부하게 경험함

〈표 12-2〉 교사저널 형식으로 누리과정 운영을 평가한 예

놀이가 마무리되던 넷째 날: 흙 인형으로 시작된 상상놀이
바짝 마른 광목을 털어 내니 책 속에서 본 흙 인형을 만들자며 신이 났다. 몇몇 유아는 처음과 색깔이 달라졌다며 신기해했다. 바깥놀이에서 수집한 나뭇잎, 가지, 열매, 돌멩이를 재료로 인형을 만들었다. 유아들은 각자의 생각대로 인형의 머리카락을 붙이고 옷에 단추를 달아 주며 즐거워하였다. 유아들이 만든 재미있는 흙 인형을 카펫으로 갖고 모이니 상상놀이가 시작되었다.
다섯째 날: 아이들에게 새로운 관심사가 생겼다.
어제 인형 만들기 재료를 찾으러 나간 정원에서 유아들이 가장 관심 있게 찾았던 재료는 '돌'이었다. 정원에 있는 벤자민 화분 속 색깔 돌들과 정원의 크고 작은 돌들이 그것이었다. 여기저기 주머니 가득 주워 온 돌은 다른 유아들에겐 부러움의 대상이 되었다. 귀가 전 가방 속에도, 주머니 속에도, 유아들의 작은 손 안에도 한 두 개씩 돌이 들려 있었다. 유아들이 함께할 수 있는 새로운 놀이가 시작된 듯하다. 다음 주, 유아들과 바깥놀이에 나가서 돌을 좀 더 수집하고 자료실에 있는 화분 돌도 제시해 보면 어떨까 싶다.
놀이가 마무리되던 여섯째 날: 투명한 통으로 관심이 옮겨 가다.
오늘은 비가 왔다. 원래는 아침에 바깥놀이 하면서 돌을 조금 더 주워 오려고 했는데……. 어제 유아들이 모아온 돌과 기관에 있는 화분용 돌을 유아들에게 주기로 했다. 돌을 보면 담아 가고 싶어 할 것 같아서 준비해 둔 투명통도 함께 주기로 했다. 일찍 온 유아들이 투명 통을 갖고 놀이를 시작했다. 계획한 일과 대신 유아들의 놀이를 좀 더 허용해 주기로 했더니 길게 줄 세우기, 높이 쌓기 등 신나게 놀이했다.

〈표 12-3〉 유아 놀이관찰 내용과 누리과정 운영평가를 함께 기록한 예

구분	내용
유아 놀이관찰 내용	주현이가 봄나물로 가방을 만들었다. 서진: 이거 가방! 가방이야 가방! 서진이 거야. 주현: 서진아, 너도 만들래? 주현이가 서진이에게 지퍼 백을 준다. 서진이가 가방 만들기를 어려워하자 주현이, 교사가 도움을 주어 완성한다. 가방이 완성되자 서진이는 주현이에게 가방을 보여 준다. 교사: 이거 가방이야. 서진: 이거 가방이야. 교사는 서진이가 주현이에게 언어로 표현할 수 있도록 지원한다.

누리과정 운영평가	• 친구의 놀이를 관심 있게 지켜보는 장애유아를 관찰하던 중, 일반유아가 장애유아의 놀이참여를 유도하는 상호작용이 일어났고, 긍정적인 통합놀이의 모습을 관찰할 수 있었음 • 장애유아가 어려워하는 부분에 대해서는 교사가 신체적 촉진, 언어적 모델링 등을 통해 지속적인 놀이지원을 하였음 • 놀이 전반에서 장애유아와 일반유아의 놀이가 즐겁게 이루어졌으며 친구의 이야기에 집중하고 모방하여 표현하는 장애유아를 관찰할 수 있었음 • 바깥놀이에서 할 수 있는 통합활동을 계획해 보고자 함

제6부

행동수정의 이해

제13장

행동수정이론

학습목표

1. 행동수정이론의 기초에 대해 안다.
2. 행동수정의 정의와 실행에 대해 안다.

학습개요

요즘 교육 현장에서 아동들의 문제행동이 매우 흔하게 발견되어 관심이 집중되고 있다. 아동기의 문제행동은 언제 어디서든 나타날 수 있으며 이것이 초기에는 현상으로 나타나지만 적절한 중재를 하지 않으면 장래에 발달장애를 초래할 수 있다. 아동들의 문제행동이나 병리 현상을 그대로 방치하지 않고 교사가 초기에 발견하여 적절한 교정과 치료적 개입을 연결할 수 있으려면 행동수정에 관한 이론적 기초와 더불어 적절한 중재방법에 대해 살펴볼 필요가 있다. 그러므로 이 장에서는 아동의 문제행동의 변화를 기대할 수 있는 중재방법인 행동수정의 기초 개념과 정의 및 실행과정에 대해 학습하고자 한다.

주요용어

고전적 학습이론, 조작적 학습이론, 사회학습이론

1. 행동수정이론의 기초

1) 파블로프의 고전적 학습이론

Ivan Petrovich Pavlov
(1849~1936)

파블로프는 소화계통에 관한 연구를 통해 노벨 의학상을 받은 인물로서, 자극과 반응 간의 관계를 최초로 연구하여 인간 행동에 관한 연구를 하나의 과학으로 완성하는 데 매우 중요한 공헌을 하고 고전적 학습이론을 발전시킨 러시아의 생리학자이다. 고전적 학습이론에서는 먼저 고전적 조건형성(classical conditioning)에 대한 이해가 필요한데, 이것은 동물의 소화액 실험을 통해 밝혀낸 파블로프의 대표적 이론이다. 파블로프는 [그림 13-1]과 같이 개를 실험 대상으로 하여 침의 분비량이 자동으로 기록되도록 장치한 실험실에서 침의 분비와 연관된 무조건자극과 함께 다른 자극(조건자극)을 계속해서 반복적으로 제시하면 그 자극이 선천적인 무조건반응을 유발하는 것을 관찰하였다. 즉,

[그림 13-1] 고전적 학습이론 실험

유기체의 노력이 없어도 환경 속에서 반복해서 출현하는 자극에 따라 자연스럽게 학습이 이루어지는 것이다. 여기에서 무조건자극은 학습하지 않고도 자연적으로 반응하게 하는 자극을 말하며, 무조건반응은 음식이 입 안에 있을 때 타액이 분비되는 것과 난로에서 손이 갑자기 움츠러드는 것과 같이 무조건자극에 대해 자연적으로 행해지는 학습되지 않은 반응을 의미한다.

또한 파블로프는 실험을 통하여 자극과 반응의 무조건적 반응과정에서 조건자극을 포함시키면 무조건적인 반응이 조건자극으로 전이될 수 있음을 증명하였다. 쉽게 말해, [그림 13-2]와 같이 종소리는 처음에는 중립자극으로서 개에게 침을 흘리게 하지 못하지만, 무조건자극인 고기를 줄 때마다 중성자극인 종소리를 반복적으로 들려주게 되면 개가 고기 없이 종소리만 들려주어도 침을 흘리게 된다. 이 상황에서 종소리는 중립자극이 아닌 조건자극으로 작용하며, 이렇게 종소리만으로도 침을 흘리게 되는 것을 조건반응이라고 한다. 이와 같

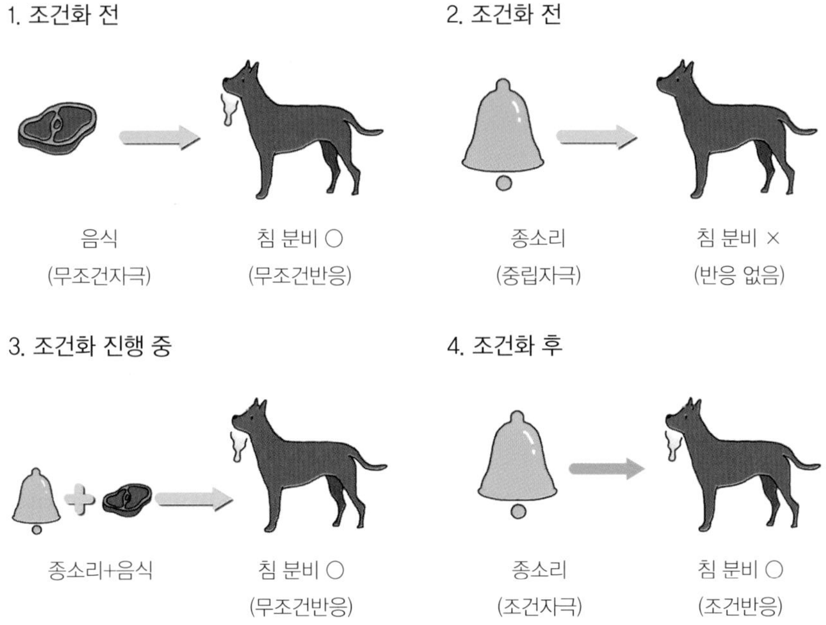

[그림 13-2] 고전적 학습이론의 모형

이 파블로프는 조건화 과정을 통해 행동수정이 이루어질 수 있다고 보았다.

결론적으로 음식물에 본능적인 반사 반응인 침의 분비가 무관했던 종소리에 연합되는 것을 고전적 조건형성이라고 한다. 고전적 조건형성이론은 먼저 무조건반응에서부터 시작하지만, 바람직한 반응에 대해 자연스러운 자극이나 보상을 주게 되면 주어진 환경 안에서 일어나는 반응이 더 잦아지거나 반응의 가능성이 더 높아지게 된다. 파블로프의 조건형성에 영향을 미치는 요인들에 대해 살펴보면 다음과 같다.

(1) 강화

조건자극과 무조건자극을 연이어 제시하면 조건반응이 성립되므로, 이 두 자극을 짝지어서 반복하여 제시할수록 반응은 더욱 강력해진다. 이와 같이 무조건자극과 조건자극을 함께 제시하는 것을 강화(reinforcement)라고 하며 자주 강화하면 할수록 반응의 강도는 커진다. 다시 말해, 강화는 한 행동에 뒤따르는 자극 사건이 그 행동을 다시 일으킬 가능성(확률)을 증가시킨다는 것을 의미한다.

(2) 소거

무조건반응은 선천적인 것이고 조건반응은 후천적으로 획득되는 것이기 때문에 소거(extinction)할 수 있다. 따라서 무조건자극 없이 조건자극만 계속 제시하면 결국에는 학습된 반응이 소멸하게 된다. 고전적 조건형성에서 학습된 반응을 감소시키기 위해서는 다음과 같은 절차가 사용된다. 우선 새로운 반응이 이전에 학습되었던 반응과 양립될 수 없고 한 가지의 반응만 일어날 수 있다면 강하게 조건 형성된 새로운 반응은 남게 되고 이전에 학습되었던 반응은 점차 소멸하게 되는 것이다. 예를 들면, 종소리를 타액 분비를 위한 조건자극으로 만들 수는 있으나, 만약 음식 없이 종소리만 몇 번 제시하면 종소리는 그 효과를 잃게 된다. 다시 말해, 조건형성이 한 번 이루어졌다고 해서 조건자극이 계속해서 영원히 작용하는 것은 아니다.

(3) 일반화

일반화(generalization)는 원래의 자극과 유사한 조건자극에 대해 조건반응을 하는 것을 의미한다. 조건반사의 형성이나 소거 현상은 원래의 자극에 따라서만 이루어지는 것은 아니고 유사한 자극에도 반사가 일어날 수 있다. 예를 들면, 어떤 음조의 종소리에 타액을 분비하도록 조건이 형성된 개는 유사한 다른 음조의 종소리에도 같은 반응을 하는데 이것이 일반화이다. 또한 악몽을 꾼 아이가 어두운 장소를 싫어하는 경우, '자라 보고 놀란 가슴 솥뚜껑 보고 놀란다.' 라는 속담도 자극 일반화의 예이다. 즉, 한번 학습된 반응은 그와 유사한 자극에도 반응하게 되는 일반화 현상이 나타난다고 할 수 있다. 물론 이때의 반응 강도는 원래 자극에 대한 것보다는 약하며, 약화의 정도는 원래 자극과의 차이에 비례한다.

(4) 변별화

일반화에 대한 보완적인 과정으로, 자극에 대한 강화 여부에 따라 구별해서 반응하는 것을 변별화(differentiation)라고 한다. 예를 들면, 어두운 곳에서 공포를 느끼는 아동이 극장과 같은 어떤 특정한 어두운 장소에서는 공포를 느끼지 않는 것이다. 또 다른 예로, 개에게 소리의 분별을 위해 300사이클의 음에서는 음식으로 강화하고, 400사이클의 음에서는 음식으로 강화하지 않으면 두 음을 구별해서 반응하게 된다.

2) 스키너의 조작적 학습이론

행동수정이론의 아버지라고 불리는 스키너의 조작적 학습이론(operation learning theory)은 행동에 대한 기능적 분석을 통해 실생활에 적용할 수 있는 기본적인 법칙을 찾기 위한 것으로, 행동분석을 포함한 다양한 행동치료의 이론적 근거가 되고 있다. 특히 유기체의 반응을 도출하여 환경을 조작할 수 있다는 조작적 학습이론은 행동수정에 막대한 영향을 주었다(강경미, 2006). 그는

F. Skinner(1904~1990)

미국 펜실베이니아주의 조그만 마을에서 태어나 대학에서 영문학을 전공한 후 심리학으로 박사 학위를 받았다. 그는 행동주의자로서 대단한 명성을 얻었지만, 문학에 대한 열정을 가지고 자신의 조작적 조건형성 원리에 기초하여 이상사회를 묘사한 『월든 투(Walden Two)』라는 소설을 1948년에 출간하였다(정옥분, 2004).

스키너의 대표적인 업적은 조그마한 실험 상자를 통해 조작적 조건형성의 원리를 발견한 것이다. 이 상자는 [그림 13-3]과 같이 동물이 지렛대를 누르면 먹이통에 먹이가 나오도록 설계되어 있다. 실험 상자 안의 동물은 지렛대를 누르는 것과 먹이가 나오는 것의 연관성을 학습하게 되고, 점차 지렛대를 누르는 횟수가 잦아지게 된다. 이것을 조작적 조건형성(operant conditioning)이라고 한다. 행동은 결과에 의해서 결정되며, 긍정적인 결과에 따라 발생 빈도는 점차 늘어난다는 것이다. 다시 말해, 어떤 행동에 긍정적인 강화를 받게 되면 그 행동은 다시 발생할 빈도는 점점 높아지고, 어떤 행동에 대해 처벌을 받게

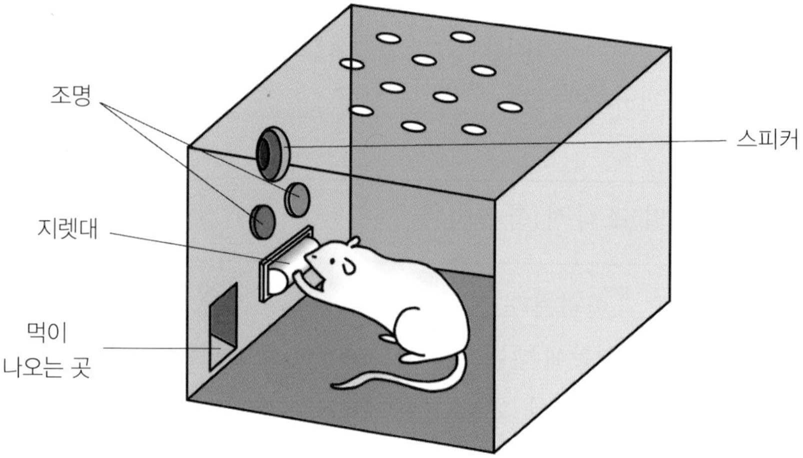

[그림 13-3] 스키너 상자

되면 그 행동이 다시 발생하는 빈도는 점점 낮아진다. 그러므로 강화와 처벌이 조작적 조건형성에서는 매우 큰 영향을 주는 역할을 한다. 스키너는 습관을 조작적 학습 경험의 결과라고 하였다. 예를 들어, A라는 소년이 친구들에게 공격적인 행동을 하였을 때 친구들이 굴복하는 모습을 보이면 그 소년의 공격적인 행동은 강화된다. B라는 소년은 친구들에게 공격적인 행동을 하였을 때 자신보다 더 힘이 센 친구가 역공을 하게 되면 더 이상 공격적인 행동을 하지 않게 된다. 이 두 소년은 강화와 처벌이라는 두 요인에 기초해서 전혀 다른 방향으로 공격적 성향이 발달하게 된다. 스키너는 아동 발달에서 '공격적 단계'라는 것은 없으며, 인간에게 '공격적 본능'이라는 것도 없다고 주장한다. 대신 아동이 습득하게 되는 대부분의 습관은 자신의 행동의 결과에 따라 형성된다고 한다. 따라서 스키너의 조작적 조건형성이론에서는 아동 발달이 본능, 욕구 또는 생물학적 성숙과 같은 내적 요인보다는 강화 또는 처벌이라는 외부 자극에 달려 있다고 본다(정옥분, 2019). 정리하면, 인간의 행동은 긍정적 강화를 받게 되면 그로 인해 학습이 이루어지게 되고, 학습된 행동은 반복하는 경향이 있으며, 긍정적 강화가 아닌 처벌을 받게 되면 그 행동은 다시 나타날 확률이 감소하게 된다.

다음으로 조작적 조건형성에 대한 이해를 위해 중요한 개념인 강화에 대해 알아보고자 한다.

(1) 강화의 유형

강화(reinforcement)란 행동의 직접적인 영향을 주는 요인으로, 목표한 행동의 발생 빈도를 증가시키는 역할을 한다. 강화에는 정적 강화(positive reinforcement)와 부적 강화(negative reinforcement)가 있다. 먼저, 정적 강화란 어떤 행동 후에 칭찬과 같은 긍정적인 보상이 제공될 때 그 행동이 다시 나타날 확률이 높아지는 것을 말한다. 스키너의 실험 상자와 같이 쥐가 지렛대를 누르면 먹이가 나와서 지렛대를 누르는 횟수를 높이게 하는 것, 학습 태도가 좋은 학생을 칭찬하여 지속적으로 올바른 수업 태도를 보이게 하는 것을 말한다. 이와 같이 정적 강화는 행동을 하는 대상이 원하는 보상을 주어야 하며, 긍정적이고 유쾌한 것이 제공되어야 한다. 부적 강화란 어떤 행동 후에 자신이 싫어하는 대상이나 자극 등이 제거될 때 그 행동이 다시 나타날 확률이 높아지는 것을 말한다. 예를 들면, 늘 숙제를 하지 않아 벌로 청소를 하던 아동에게 숙제를 하면 청소를 면제해 주는 것, 비만 아동에게 인스턴트 식품을 먹지 않으면 운동 시간을 줄여 주는 것 등이다.

(2) 벌

벌(punishment)은 원하지 않는 행동을 감소시키고자 하는 의도를 가지고 있는 것으로 두 가지로 나눌 수 있다. 벌 I은 부정적인 자극을 제공하는 것이고, 벌 II는 긍정적인 자극을 박탈하는 것이다(〈표 13-1〉 참조).

벌 I(수여성 벌)은 행동 후에 부적 자극이 주어지는 경우를 말한다. 아동의 문제행동에 대해 꾸중이나 처벌을 주게 되는데, 이러한 벌을 사용하는 데에는 많은 위험이 따른다. 대상이 느끼기에 벌의 강도가 너무 약하면 문제행동에 대한 감소 효과가 낮아질 수 있고, 벌을 주면서 교사의 감정이 반영되어 상황에 따라 강도가 달라질 수도 있다. 이러한 문제로 인해 벌이 효과적으로 사용되려면 먼저 억제되어야 할 행동이 일어난 직후에 주어져야 하며, 가능한 한 대상이 느끼

〈표 13-1〉 강화와 벌의 유형

	제공되거나 박탈되는 자극의 유형	
	긍정적 자극	부정적 자극
반응 후에 무엇이 제공되는 경우	정적 강화	벌 I (수여성 벌)
반응 후에 무엇이 박탈되는 경우	벌 II (박탈성 벌)	부적 강화

기에 강한 벌이 주어져야 하고, 벌을 피할 수 있는 상황이 제공되지 않아야 한다. 또한 벌과 함께 바람직한 행동(대안)이 제시되어야 한다.

(3) 강화계획

행동에 대한 학습이 이루어질 때마다 강화를 받게 되면 새로운 행동을 더 빨리 학습하게 된다. 하지만 그 행동을 지속적으로 유지하기 위해서는 얼마나 자주 강화하여야 하는지 고민하게 될 것이다. 목표행동이 나타나는 빈도가 점점 높아지고 그 행동이 꾸준히 지속되고 있을 때에는 처음 행동이 나타났을 때와는 달리 간헐적으로 강화하는 것이 더 바람직하다. 그래서 목표행동이 지속적으로 유지되기 위해서는 상황에 따른 적절한 강화가 필요한데, 강화의 조건을 상황에 따라 조절하는 것을 강화계획(schedules of reinforcement)이라고 한다. 강화계획은 크게 계속강화(연속강화)와 간헐강화(부분강화)로 구분된다. 계속강화는 행동이 발생한 모든 상황에 강화가 제공되는 것을 말하며, 간헐강화는 정해진 계획에 따라 강화가 제공되는 것을 말한다. 간헐강화는 특별한 시간 간격 또는 특별한 반응 비율을 바탕으로 네 가지 강화계획으로 분류할 수 있는데, 구체적인 내용은 다음과 같다.

① 고정간격 강화계획(FI)

고정간격 강화계획(Fixed Interval schedule: FI)은 일정한 시간 간격 후의 반응을 강화하는 것이다. 만약 정해진 시간 간격이 되기 전에 행동이 나타났다면 그 행동은 강화를 받지 못하며, 미리 정해진 시간이 경과한 후에 행동이 발생하였을 때에는 강화를 받게 되는 것이다. 만약 시간 간격을 5분으로 정하였을 때에는 FI-5 계획이라고 하고 5분 후에 행동이 나타나게 되면 강화를 받게 된다. 여기서 특징은 5분마다 보상이 주어지면 다음 보상의 시간을 예측하게 되어 강화가 주어진 직후에는 반응을 보이지 않는 경우를 볼 수 있다. 예를 들면, 자율학습 시간에 담임교사가 30분 간격으로 교실에 온다면 학생들은 교사가 교실에 오는 시간을 예측하여 그 시간에 임박하였을 때에만 조용히 자습을 하

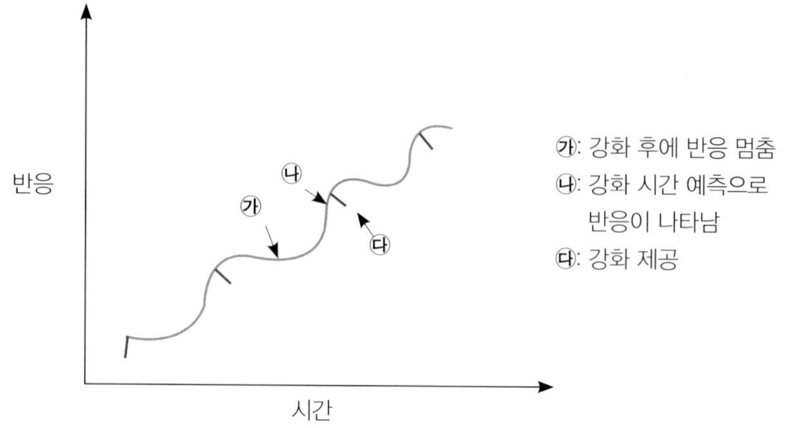

[그림 13-4] **고정간격 강화계획을 사용하는 경우**

는 것이다. 하지만 근로자들이 일주일 또는 월 간격으로 급여를 받는 것과 같이 고정간격 강화계획이 적절하게 사용되는 경우도 있다.

② 변동간격 강화계획(VI)

변동간격 강화계획(Variable Interval schedule: VI)은 전체적으로 강화가 주어지는 시간 간격의 평균은 일정하지만, 그 간격은 강화마다 다르다. 그래서 고정간격 강화계획과는 달리 한 강화에서 그다음 강화가 일어날 시기를 예측하기 어렵다는 특징을 가지고 있다. 만약 강화의 시간 간격이 평균 10분이면, 첫 번째 강화는 5분에, 두 번째 강화는 17분, 세 번째 강화는 15분, 네 번째 강화에서는 3분이 경과되어 평균 10분에 한 번씩 강화가 주어지게 된다. 이와 같이 평균 10분 간격으로 강화가 주어질 때 VI-10 계획이라고 한다. 구체적인 예로, 교사가 3시간의 자율학습 시간 동안 평균 6번 교실에 들르지만 그 간격이 일정하지 않는 경우를 생각해 볼 수 있다. 학생들은 교사의 방문을 예측할 수 없기 때문에 조용히 하는 행동을 지속하게 될 것이다. 그래서 고정간격 강화계획에서 시간 간격에 따라 휴식 상태가 발생했던 것에 비하여 반응을 많이 얻을 수 있는 것이 변동간격 강화계획의 유리한 조건이다.

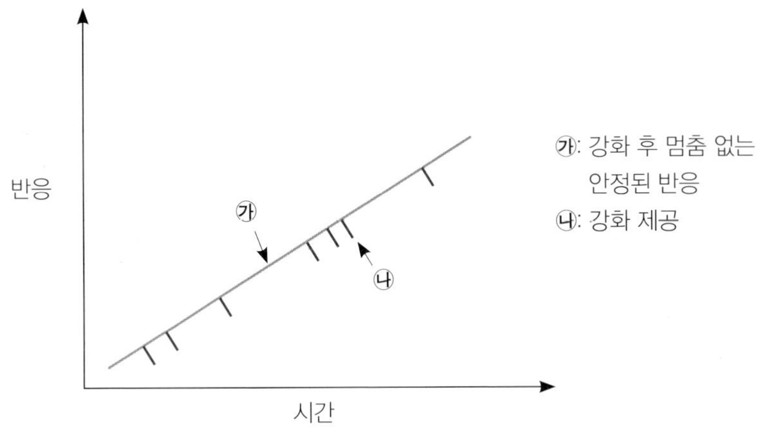

[그림 13-5] **변동간격 강화계획을 사용하는 경우**

③ 고정비율 강화계획(FR)

고정비율 강화계획(Fixed Ratio schedule: FR)이란 일정한 반응 비율에 따라 강화가 주어지는 것으로, 시간과는 관계없이 반응의 수에 근거한 강화계획이다. 다시 말해, 특정한 행동이 일어난 수만큼 강화를 주는 것이다. 만약 고정비율 강화계획 10(FR-10)이라면 10번의 반응이 일어났을 때마다 강화를 제공하는 것이다. 예를 들어, 교사가 아동에게 수학 문제 10문제를 모두 풀면 15분의 휴식 시간을 주는 경우가 해당된다.

이와 같은 이유로 행동수정 프로그램에서 계속강화보다는 고정비율 강화계획을 주로 사용하게 되는데, 그 이유는 다음과 같다. 첫째, 간헐강화는 부분적으로 강화를 운영하기 때문에 계속강화보다 반응 비율이 높다. 둘째, 간헐강화는 포화가 서서히 일어나서 계속강화보다 강화물이 오래 유효하기 때문에 소멸 역시 천천히 진행된다. 셋째, 고정비율 강화계획에 따라 훈련을 하게 되면 훈련 상황 밖에서 일어나는 간헐강화에 따라 표적행동이 유지될 수 있다. 따라서 고정비율 강화계획으로 훈련을 할 경우 인내성이 길러진다. 그러나 주의할 점은 고정비율 강화계획은 강화를 받기 위하여 지나치게 정확한 반응을 요구하지 않는다는 것이다. 이는 반응의 요구가 증가하면 처음에는 증진되지만 비

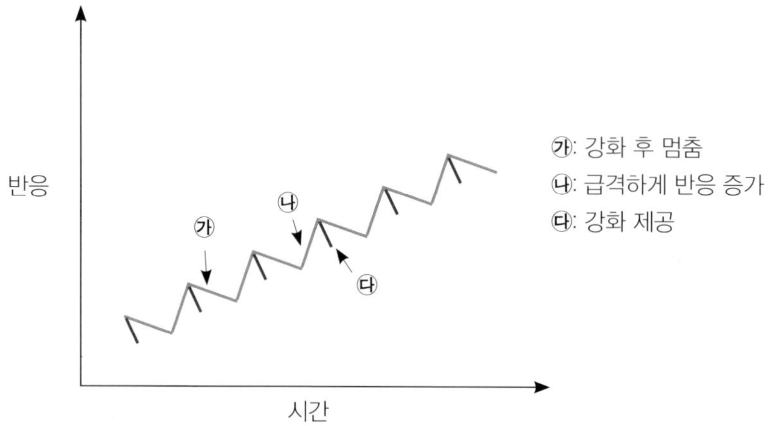

[그림 13-6] **고정비율 강화계획을 사용하는 경우**

율강화에 따른 긴장 상태가 나타나기 때문이다. 그리고 적절한 반응의 요구량은 아동마다 달라서 일반적으로 각 아동에게 적합한 행동 요구량은 시행착오를 거쳐야만 알 수 있다(강경미, 2006).

④ 변동비율 강화계획(VR)

변동비율 강화계획(Variable Ratio schedule: VR)은 강화를 받기 위해 요구되는 반응 수가 매번 다른 경우로, 언제 강화를 받게 될지 모르기 때문에 반응을 많이 해야 하고 꾸준히 해야 한다. 이것은 고정비율 강화계획과 비슷한 방법이지만 각 강화에 요구되는 반응 수가 각각 다르다는 점에 차이가 있으며, 요구되는 반응의 수는 일정한 평균치를 중심으로 변화한다. 예를 들어, 변동비율 강화계획의 평균이 10이라고 하면, 첫 번째 강화는 세 번째 반응에서 강화하고, 두 번째 강화는 일곱 번째 반응에서 강화하고, 세 번째 강화는 열세 번째에서 강화하고, 네 번째 강화는 열일곱 번째에서 강화한다. 이와 같이 변동비율에 의해 강화받게 되는 것은 자발적으로 반응이 많이 일어나게 되며, 꾸준히 지속하는 데에도 도움이 된다.

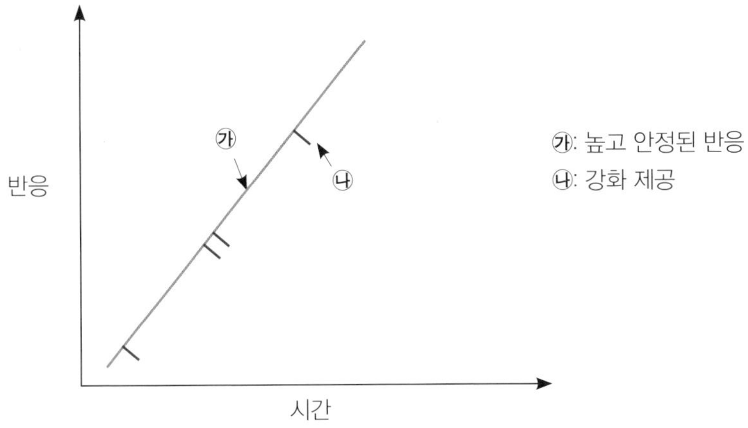

[그림 13-7] **변동비율 강화계획을 사용하는 경우**

3) 반두라의 사회학습이론

Albert Bandura(1925~)

반두라(Bandura)는 캐나다의 작은 시골 마을에서 태어나 브리티시 컬럼비아 대학교에서 심리학을 전공하였다. 미국 아이오와 대학교에서 박사 학위를 받았으며 그 후 스탠퍼드 대학교에서 교수로 재직하였다. 반두라의 사회학습이론에서는 행동과 환경뿐만 아니라 인지도 인간 발달에 있어서 중요한 요인이 된다고 말한다. 또한 사회적 환경과 아동의 인지능력이 학습과 발달에 미치는 중요성을 강조하며, 아동 행동의 갑작스러운 변화는 고전적 조건형성 또는 조작적 조건형성을 통해서가 아니라 다른 사람의 행동을 관찰함으로써 학습되어 나타난다고 주장한다. 사회학습이론은 관찰학습(observational learning), 즉 다른 사람의 행동을 관찰함으로써 발생하는 학습에 초점을 맞추는데, 이것을 모방(imitation) 또는 모델링(modeling)이라고도 한다. 반두라의 대표적인 연구는 공격적 모델이 등장하는 비디오를 본 아이들의 행동에 관한 것으로, 인형을 발로 차는 공격적인 모델을 본 아이들이 아무 모델도 보지 않은 통제집단의 아이보다 더 공격적으로 행동한다는 것을 발견한 것이다. 또 다른 연구에서는 세 집단의 아동에게 각각 다른 내용의 비디오를 보여 주었는데, 첫 번째 집단은 공격적 모델이 공격성을 보이고 상을 받는 비디오를, 두 번째 집단은 공격성을 보이고 벌을 받는 내용의 비디오를, 세 번째 집단은 공격적 행동 후에 상도 벌도 주어지지 않는 내용의 비디오를 각각 보게 하였다. 실험의 결과는 모델이 상을 받는 것을 본 첫 번째 집단의 아이들이 가장 공격적으로 행동했고, 벌을 받는 것을 본 두 번째 집단의 아이들이 가장 덜 공격적이었다. 이 연구에 의해서 강화란 수행변인이지 학습변인은 아니며, 학습과 수행은 구분되어야 함이 확인되었다(신명희, 박명순, 권영심, 강소연, 1998).

(1) 관찰학습의 과정

반두라는 관찰학습의 본질을 분석한 결과, 주의집중 단계, 파지 단계, 재생 단계, 동기화 단계의 네 단계에 의해 관찰학습이 이루어진다는 것을 발견하였다. 이 중 한 과정이라도 빠지면 관찰학습의 모형은 불완전해지며, 성공적인 모방이 이루어지지 않는다고 하였다.

① 주의집중 단계(attentional phase)

학습이 이루어지기 위해서는 우선 모델에게 관심을 기울여야 한다. 단순히 모델을 보는 것만으로는 학습이 어려우며, 모델을 모방하기 위해서 필요한 정보 획득을 위해 정확하게 모델을 지각해야 한다. 모델의 행동에 주의를 기울일수록 행동을 모방할 가능성이 커진다. 주의집중을 하는 데에는 여러 변인이 영향을 준다. 모델의 성별, 나이와 더불어 존경을 받는지, 지위가 높은지, 유능한지, 학습자와 모델 간의 유사성이 있는지 등의 변인들은 모델을 얼마나 세밀하게 관찰하게 하는지에 영향을 준다. 일반적으로 관심을 끌게 하는 특성을 많이 지닌 모델들이 주의를 더 얻게 될 확률이 높고, 결과적으로 모방될 확률도 높아진다.

② 파지 단계(retention phase)

주의집중을 통해 얻은 정보를 사용하기 위해서는 언어적 방법이나 심상을 사용하여 머릿속에 기억해야 한다. 즉, 주의를 기울여 관찰했던 행동을 유지하기 위해서 학습자는 관찰했던 내용을 어떤 식으로라도 부호화하고 상징적으로 마음에 새겨야 한다.

③ 재생 단계(reproduction phase)

많은 정보를 파지 단계를 통해 기억했지만 그것을 모두 자연스럽게 행동으로 바꾸기 어려운 경우가 많다. 관찰한 행동을 적절하게 재생하기 위해서는 많은 연습과 더불어 자신의 행동을 유심히 관찰하고 기억하고 있는 모델의 행동과 자신의 행동을 비교하면서 자신의 행동을 수정해 가는 과정을 거쳐야 한다. 다시 말해, 완벽한 모델링을 위해서 재생과정을 통해 시행착오를 거치면서 서투른 행동을 수정하는 단계를 거듭하여 점차 정교한 행동으로 만들어 나가게 된다.

④ 동기화 단계(motivational phase)

모델의 행동을 습득하고, 기억하고, 능숙하게 수행할 수 있게 되었다 하더라도 그 행동이 바로 일어나지 않는다. 행동은 충분한 동기가 있어야 실제적인 수행을 야기한다. 예를 들면, 어떤 학생이 TV에 나오는 가수의 춤을 보고 완벽히 그것을 습득하였다고 가정하면, 그 춤을 소풍이나 장기자랑 시간이 아닌 학교의 수업 시간에 추지는 않게 된다. 즉, 동기가 작동될 때 비로소 행동으로 옮겨진다는 것이다.

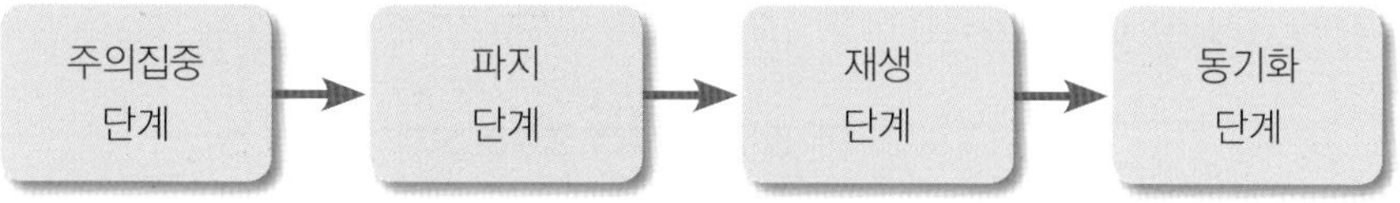

[그림 13-8] 관찰학습의 과정

(2) 상호결정론

사회학습이론에서는 행동의 원동력이 본질상 환경이라는 초기 행동주의의 기본 가정에서 벗어나, 발달과정을 개인과 환경 간의 상호성으로 보는 양방향성을 가정한다. 반두라는 이러한 견해를 상호결정론(reciprocal determinism)이라고 불렀다(정옥분, 2019). 상호결정론에서는 행동이 내적 과정과 환경의 복잡한 상호작용의 결과로 일어나며, 환경 자극이 인간의 행동에 영향을 주는 것과 더불어 개인이 가진 신념, 성격 등의 개인적 요인 역시 인간의 행동에 영향을 준다고 한다. [그림 13-9]에서 보듯이 상호결정론의 모형은 상호작용의 삼각형을 구성한다.

정리하면, 사회학습이론에서는 인간의 행동이 개인과 환경 간의 지속적인 상호작용에 의해 이루어진다고 말한다. 또한 인간이 경험하고 있는 환경이 개인에게 영향을 주고, 개인의 행동 또한 환경에 영향을 주기 때문에 환경 조성에 적극적으로 관심을 기울여야 한다.

[그림 13-9] 반두라의 상호결정론 모형

2. 행동수정의 정의와 실행

1) 행동수정의 필요성

현대 사회에서 아동으로 하여금 정서 · 행동 문제로 고통을 받고 있어 어른들의 도움을 필요로 하는 사례가 점차 늘고 있다. 핵가족, 한부모 가정, 맞벌이, 조부모 양육 등 다양한 이유로 유아기의 애착 형성이 온전히 이루어지지 않아 불안, 우울, 분노, 폭력 등 문제행동으로 직결되는 경우가 많다. 이때 아동의 행동 문제를 조기에 발견하여 예방하고 수정하며 그에 따른 적절한 치료 환경을 마련함으로써 신속한 처치가 이루어져야 할 것이다.

일반적으로 행동 문제는 주어진 과제에 대한 실패의 경험이 많고 칭찬보다는 처벌의 경험이 많은 아동에게서 주로 나타난다. 또한 부모 또는 교사로부터 관심을 받지 못하거나 또래와의 관계에서 어려움을 겪고 있어 장기간 소외감을 느낀 아동들 또한 행동 문제가 나타날 수 있다. 문제행동은 처음부터 눈에 띄게 나타나지 않는 경우도 있는데, 이를 방치하게 되면 아동 스스로 노력해도 회복할 수 없는 상황에 이를 수 있다. 문제행동이 계속되어 심각한 수준에 이르게 되면 아동의 정상적인 발달에 부정적인 영향을 미치게 되어 발달지연과 함께 이상행동이나 기타 부적응 행동을 유발하는 경우가 발생한다. 이러한 악순환의 결과를 사전에 예방하기 위해 많은 학자가 아동의 문제행동을 초기에 해결하는 방안을 연구를 통해 끊임없이 입증하고 있다. 그중 아동에게 쉽게 접근하고 비교적 간단한 방법으로 효과가 뛰어난 행동수정 기법이 현장에서 많이 사용되고 있다. 과거에는 행동수정 기법이 자폐나 지적장애를 가지고 있는 중증의 장애아동의 학습 지도방법으로 사용되어 왔다. 하지만 현재에는 일반 아동의 행동 교정의 목적으로도 폭넓게 활용되고 있다.

2) 행동수정의 정의

행동수정이란 사람들의 일상적 기능을 높이기 위하여 개인의 내현적 · 외현적 행동을 평가하고 증진시키는 데 학습 원리와 기법을 체계적으로 적용하는 것을 말한다(Martin & Pear, 2010). 이것은 아동에게 부적응 행동과 결손행동이 발견되면 그것이 환경에서 학습되었다는 것을 전제로 행동의 변화가 학습을 통해 이루어질 수 있다고 간주한다. 그래서 아동이 가지고 있는 부적응 행동을 대체할 수 있는 행동을 찾아 그것을 강화함으로써 부적응 행동과 결손행동을 소멸하고 아동이 환경에 적응하기 위한 바람직한 행동을 학습시키는 것을 행동수정이라고 한다.

3) 행동수정의 목표

학습된 부적응 행동을 소거하고 바람직한 적응행동을 학습시키는 행동수정의 주요 목표는 크게 세 가지로 다음과 같다(강경미, 2006).

① 자신의 감정이나 생각, 행동을 일상생활에서 자유롭게 표현할 수 있도록 훈련한다.
② 사회적인 관계나 일상의 활동을 방해하는 비현실적인 불안이나 공포, 문제행동을 제거한다.
③ 장기적으로 자신이나 타인에게 해를 주는 행동이나 잘못된 습관을 제거한다.

4) 행동수정의 실행 계획

행동수정의 목표를 달성하기 위해서는 아동에게 적합한 행동수정의 절차를 선택해서 수정과정 초기에 구체적으로 제시해야 하며, 수정과정에서 지속적인 평가와 목표 달성 정도를 확인하는 등 구체적인 실행 계획을 세워야 한다. 그 내용은 다음과 같다(공진항, 1997).

① 치료사는 행동수정의 목표를 세우는 이유를 설명한다.
② 아동이 행동수정의 결과로 얻고 싶은 긍정적 변화와 목표행동을 구체화 한다.
③ 아동과 치료사는 진술된 목표들이 아동 자신의 변화인지를 확인한다.
④ 설정한 수정 목표들이 현실적인지에 대해 확인한다.
⑤ 수정 목표를 이룬 후에 얻을 수 있는 장점의 여부를 검토한다.
⑥ 수정 목표를 이룬 후에 나타날 수 있는 불이익이나 문제에 대해 점검한다.

5) 행동수정의 실시과정

행동수정은 행동의 변화를 목적으로 개인의 특성에 따라 현재 행동과 목표 행동을 세분화하여 그 행동의 변화과정을 객관적으로 평가하고 관찰·측정하는 과정이다. 또한 이와 같은 절차를 통해 아동의 변화된 행동을 유지하기 위한 전략과 방법에 대해 끊임없이 검토하고 수정해 나가야 한다. 구체적인 행동수정의 실시과정을 나타내면 [그림 13-10]과 같다(강경미, 2006).

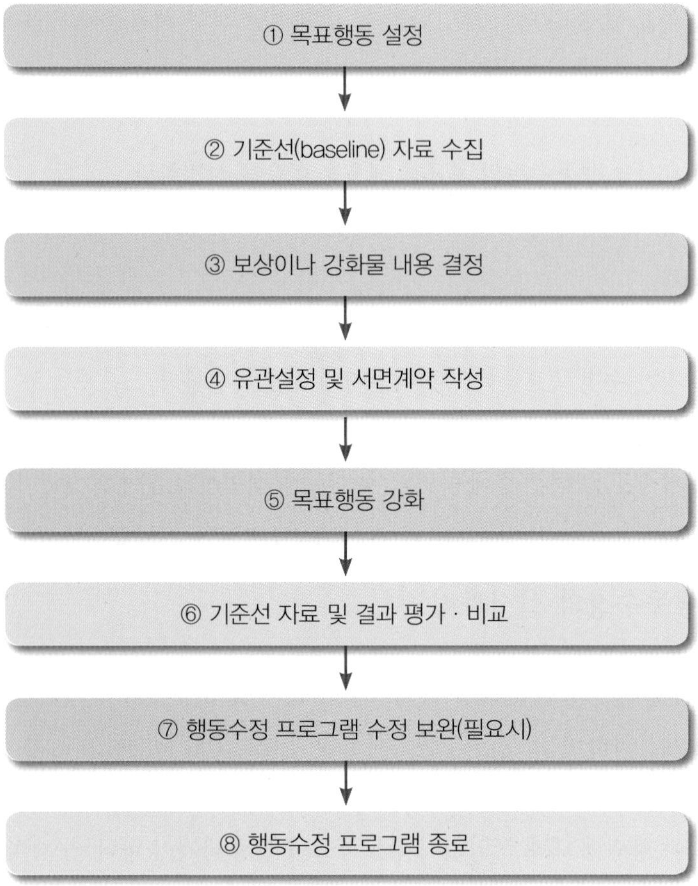

[그림 13-10] **행동수정 실시과정**

제14장

행동수정 기법

학습목표

1. 바람직한 행동 증가 기법에 대해 안다.
2. 문제행동 감소 기법에 대해 안다.

학습개요

행동주의 이론에서는 아동의 모든 행동은 학습을 통해 이루어진 것이며, 문제행동 또한 잘못된 학습을 통해 발생한 것이라고 이야기하고 있다. 그만큼 개인의 학습 경험은 매우 중요하며, 이미 획득된 문제행동도 앞으로의 올바른 학습 경험으로 인해 얼마든지 수정할 수 있다고 믿고 있다. 이에 따라 학습이론에 근거하여 행동수정 기법으로 다양한 문제행동을 소거하거나 수정하는 과정을 통해 바람직한 행동으로 바꿀 수 있다고 강조한다. 아동의 문제행동을 수정하기 위해서는 먼저 문제되는 행동이 어떻게 학습되었는지를 파악한 다음, 아동의 문제행동에 영향을 주는 환경을 변화시키고, 아동의 문제행동 감소와 수정을 위해 적절한 행동수정 기법을 실행한다. 그러므로 이 장에서는 아동이 바람직한 행동을 증가시키고 문제행동을 감소시키기 위해 필요한 행동수정 기법에 대해 구체적으로 살펴보고자 한다.

주요용어

정적 강화, 보조법, 용암법, 모델링, 타임아웃

1. 바람직한 행동 증가 기법

1) 정적 강화(보상)

아동의 행동 변화는 부정적인 행동에 대한 처벌보다는 바람직한 행동에 대한 칭찬과 보상을 제공하였을 때에 훨씬 효과적이다. 보상은 칭찬과 아이가 좋아하는 음식, 물건, 스킨십, 상장 등 아동이 원하는 특혜를 주는 것을 말하며, 이러한 보상을 통해 아동의 바람직한 행동을 증가시키는 과정을 정적 강화(positive reinforcement)라고 한다. 정적 강화는 특정한 행동을 다시 일어나게 하는 강력한 힘이 있으며, 그 효과를 더욱 높이기 위해서는 행동이 나온 즉시 신속하게 보상을 해 주어야 한다. 구체적으로 정적 강화의 종류로는 소모강화(사탕, 초콜릿, 캐러멜 등을 먹을 수 있는 것), 활동강화(게임하기, TV 보기, 놀이터 가기 등), 조작강화(장난감 가지고 놀기 등 조작할 수 있는 것), 소유강화(인형, 로봇, 옷 등 소유할 수 있는 것), 사회적 강화(칭찬, 미소, 스킨십 등 언어적 자극이나 신체적 접촉) 등이 있다. 이 중 물질적인 강화는 강화력이 강하기 때문에 처음 단

[그림 14-1] 보상의 예

계에서 사용하는 것이 효과적이고, 시간이 지나면서 점차 사회적 강화를 사용하도록 해야 한다.

2) 토큰경제

토큰경제(token-economy)는 토큰과 같은 상징적인 강화물을 사용하여 아동의 바람직한 행동을 증가시키고 바람직하지 않은 행동을 감소시키기 위한 기법이다. 이것은 바람직한 행동이 나타났을 때 토큰을 주고, 추후에 다른 보상으로 교환해서 아동이 원하는 것으로 획득할 수 있도록 하는 것이다. 토큰으로는 스티커, 별표, 쿠폰, 기타 상징적인 물건을 사용할 수 있고, 마켓을 열거나 일정한 수량에 도달하면 그에 상응하는 물건으로 교환해 줌으로써 자신이 모은 토큰에 대한 대가를 얻을 수 있도록 한다. 토큰경제는 다른 강화방법과는 달리 토큰으로 교환할 수 있는 보상물이 다양하기 때문에 효과의 제한 및 포화 현상을 줄일 수 있다. 또한 아동의 행동을 강화할 때 간편하게 사용할 수 있으며, 강화의 지연을 예방해 준다.

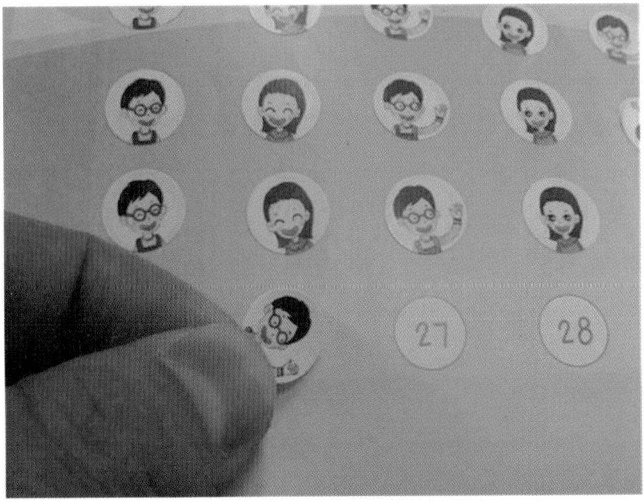

[그림 14-2] 칭찬 스티커

3) 행동형성

행동형성(behavioral shaping)은 아동이 획득하지 못한 목표행동에 대하여 체계적으로 단계를 나누어 점진적으로 목표행동에 도달할 수 있도록 하는 기법이다. 예를 들면, 걸음마를 목표행동으로 선택하였다면, 처음에는 '한 걸음 걷기 후 보상', 그다음에는 '세 걸음 걷기 후 보상', 그다음에는 '다섯 걸음 걷기 후 보상'과 같이 행동에 대한 단계를 좀 더 높여 가면서 최종적인 목표행동에 도달할 수 있도록 하는 것이다. 단계가 넘어갈수록 보상도 점진적으로 기준을 높여 나가는 것이 효과적이다. 이 기법은 아동이 부담을 크게 느끼지 않으면서 거부 반응을 보이지 않고 사용할 수 있다.

행동형성을 실행하기 위한 첫 번째 절차로는 먼저 목표행동을 선택하여야 한다. 이것은 최종적으로 아동이 획득하여야 하는 종결행동을 구체적이고 정확하게 세우는 단계이다. 두 번째로는 적절한 강화물을 선택하여야 한다. 목표행동까지 도달하기 위해서는 점진적으로 강화해 가는 과정이 필요하며, 아동이 긍정적으로 반응할 수 있는 효과적이고 매력적인 강화가 제공되어야 한다. 강화물을 제공할 때에는 가급적이면 목표행동에 도달하지 않더라도 근접한 결과를 보였을 때에는 강화물을 허용하는 것이 좋으며, 보다 적극적인 반응을 유발할 수 있도록 내담자의 욕구에 부합되는 강화물을 적절하게 사용하는 것이 필요하다. 목표행동과 강화물이 결정되면 초기 단계에 들어서게 된다. 그 이후로 개입 단계와 종결 단계를 거치면서 최종적으로 아동이 목표행동을 획득하게 되는데, 이와 같은 과정의 성공은 교사의 철저한 계획과 일관성이 큰 영향을 미친다.

4) 보조법과 용암법

보조법(prompting)과 용암법(fading)은 아동을 지도할 때, 특히 장애아동을 지도할 때 자주 쓰이는 행동수정 기법이다. 보조법이란 말 그대로 아동이 주어진 과제를 스스로 할 때에 어려움이 있거나 과제를 수행함에 있어서 방법을 잘 모를 때에 필요한 만큼의 도움을 주는 것을 말한다. 도움을 줄 수 있는 방법으로는 교사가 시범을 보이거나, 언어적으로 설명을 해 주거나, 신체적으로 직접 도움을 주거나, 아동에게 필요한 주위 환경을 조성해 주는 것 등 다양한 방법이 있다. 이때 주의해야 할 점은 아동이 도움을 필요로 하는 적절한 때와 도움을 필요로 하는 양을 정확하게 파악하는 것이다. 아동이 보조법을 통해 행동을 성취하였다면, 용암법을 이용하여 보조의 양을 점진적으로 줄여 나가 최종적으로는 아동 혼자서 성취할 수 있도록 해야 한다. 용암법은 초기에는 보조법을 많이 사용하다가 점차적으로 도움을 주는 범위를 점점 좁혀 나가서 최종적으로는 아동 스스로 목표행동에 도달할 수 있도록 하는 기법이다. 보조법은 목표행동을 학습시킬 때 필요하고, 용암법은 일단 학습된 환경이 일반 환경에서 잘 유지되고 전이되도록 도와줄 때 필요하다. 그래서 이 두 가지 방법은 병행해서 사용하는 경우가 많다. 보조법과 용암법을 사용할 때에는 몇 가지 주의해야 할 사항이 있는데, 그 내용은 다음과 같다(강경미, 2006).

- 아동의 행동을 자세히 관찰해서 목표행동 수행에 방해가 되는 요인을 모두 제거한다.
- 목표행동을 자세히 관찰한 후에 어느 정도의 도움이 필요한지를 결정한다. 이때 아동이 충분히 보상받아서 성공할 수 있는 기회를 마련해야 한다.
- 아동이 변별할 수 있도록 보조 신호를 명확하게 하는 것이 중요하지만 보조가 지나치면 의존적이고 타성이 생기기 쉽다. 또한 일단 한 조건에 익숙해지면 다른 조건에서는 과제를 수행하지 않거나 못할 수 있기 때문에 도움을 점차 줄여 나가는 일이 중요하다.
- 현재의 도움으로 어느 정도 안정된 상황에서 과제를 수행할 수 있게 되면 도움을 점진적으로 줄여 나간다. 안정적인 과제의 기준은 보통 5회 연속 수행에서 4회 이상 성공하거나 또는 10회 연속 수행에서 8회 이상 성공할 경우로 한다.

- 보조를 적절히 줄이고 늘리는 과정에서 보조 없이 혼자 독립적으로 수행할 수 있을 정도로 익숙할 때까지 보상을 계속해서 제공하고, 마지막 단계에서 보상의 양이나 빈도를 줄이는 것이 바람직하다.

5) 모델링

모델링(modeling)은 아동이 다른 사람의 행동을 관찰하고 모방하면서 다양한 행동을 학습하거나 수정하도록 돕는 행동수정 기법이다. 아동이 모델을 통해 획득해야 할 목표행동의 예를 보게 되면 그것을 관찰한 아동은 그와 유사하거나 같은 행동을 하게 된다. 대개 어린 아동의 경우는 부모를 중심으로 한 성인의 행동을 모방하게 되며, 교육기관에 다니게 되면서 점차 또래관계를 형성하게 되면 또래 아이들의 행동을 모방하게 된다.

모델링의 한 예를 들자면, 수업 시간에 집중하지 못하고 과제를 수행하는 데에 있어서 늘 어려움을 겪고 있는 아동 A가 있었다. 이 아동에게 교사는 지속적으로 주의를 주기도 하고 벌을 주기도 하였지만 아무런 변화가 없었다. 그래서 교사는 비교적 과제 수행에 성공적인 아동인 B를 A의 옆자리에 앉게 한 후 과제 성공 시 칭찬을 아끼지 않았다. 그 모습을 본 A는 과제를 수행하려는 시도를 조금씩 하게 되었다. 이때 교사는 A가 과제를 수행할 때마다 즉각적으로 많은 칭찬을 해 주었고, 이로 인해 A의 과제 수행 행동은 증가하였다. 이 예와 같이, 모델링의 가장 중요한 부분은 아동으로 하여금 자신이 수행해야 하는 행동을 관찰을 통해 정확하게 인지할 수 있도록 하는 것이다. 더불어 행동을 수행하고 나서 받게 되는 강화에 대해 아동이 기대를 하게 되면 그 행동은 더욱 촉진된다.

그러나 모델링을 실행할 때에는 지켜야 할 몇 가지의 지침이 있다. 먼저, 아동이 느끼기에 의미 있고 가치가 있는 행동을 선정해야 한다. 또한 아동에게 적합한 모델을 선정하여야 효과적이며, 아동이 모델의 행동에 관심을 갖고 관찰할 수 있도록 주의력을 촉진시켜야 한다. 또한 모델링하는 행동을 보이도록 격려하고, 그 행동을 확장시켜 여러 상황에서도 나타날 수 있도록 촉진해야 하며, 행동이 나타날 때에는 적절한 강화를 반드시 제공해야 한다.

6) 3단계 지시 따르기 훈련

이 기법은 교사의 지시에 전혀 따르지 않거나 과제 수행에 있어서 큰 어려움을 겪고 있는 아동을 대상으로 언어적 보조와 시각적 보조, 물리적 보조의 세 가지 단계를 거쳐 과제를 수행할 수 있도록 하는 기법이다.

구체적으로 설명하자면, 첫 번째 단계에서는 교사가 목표행동에 대해 아동에게 말로 설명을 하여 언어적 지시를 내린다. 지시를 한 후 3~5초 정도 관찰하며, 그 안에 아동이 행동을 수행하지 않는다면 두 번째 단계인 시각적인 보조를 하게 된다. 시각적 보조 단계에서는 교사가 아동에게 손짓을 하거나 시범을 보여 좀 더 쉽게 이해할 수 있도록 한 후 행동을 수행하도록 지시를 내린다. 그다음 3~5초 정도 기다리며, 그 안에 아동이 목표행동을 수행하지 않는다면 교사는 마지막 단계인 물리적 보조(직접적으로 아동의 손을 잡고 행동을 지시함) 단계를 실행한다.

이 3단계 지시 따르기 훈련은 단순하고 간단하여 누구나 수행할 수 있는 쉬운 과제일 경우에 사용하면 효과적이며, 아동과 교사의 일대일 상황에서 아동이 과제를 회피할 수 없는 경우 적용할 수 있다. 3단계 지시 따르기 훈련을 하는 초기에는 3단계에서 수행하였을 경우에 보상을 하지만 점차적으로 지시 따르기에 익숙해지면 1~2단계에서 수행하였을 경우에 보상을 준다. 이 기법을 실행할 때에 주의해야 할 점은 1~3단계의 지시 외에 다른 요인은 배제하여야 한다는 것이다. 예를 들면, 교사가 훈계를 한다거나 3~5초간 기다려 주는 사이에 재촉을 하는 것과 같은 불필요한 요인들이 작용하지 않도록 주의해야 한다.

2. 문제행동 감소 기법

[그림 14-3] 문제행동의 예

1) 상황적 변화 유도

가정 및 교육환경 등 아동을 둘러싸고 있는 환경은 아동에게서 나타나는 문제행동과 밀접한 관련이 있다. 이로 인해 환경의 변화를 통해서 아동의 문제행동은 감소될 수 있으며, 특별히 교사는 아동의 문제행동과 관련된 환경을 적극적으로 변화시킬 자세를 갖추어야 한다. 예를 들어, 옆자리의 친구를 괴롭히거나 싸우는 일이 빈번하다면 자리를 옮겨 주고, 체육 시간에 달리기를 하지 않겠다는 아동에게는 좋아하는 친구와 손을 잡고 달리기를 하게 함으로써 아동이 행동을 할 수 있도록 유도하는 것이다. 이와 같은 상황적 변화 유도(environmental change inducement) 기법은 문제행동을 감소시키는 기법 중의 하나이다.

2) 소거

소거(extinction)는 아동이 문제행동을 보일 때에 관심을 보이지 않는 방법이다. 예를 들면, 수업 시간에 지속적으로 혼잣말을 하며 떼를 쓰는 아동을 보고 교사는 아무런 주의도 주지 않고 아동에게 시선을 주지 않으며, 문제행동을 무시하는 일관된 반응을 보인다. 이런 경우 그 아동은 관심을 끌기 위해 더 폭발적으로 행동이 증가할 수 있는데, 이는 관심을 잃어버린 데에서 오는 반동 현상이다. 반동 현상이 나타나도 교사가 일관적인 태도로 무관심을 보인다면 시간이 경과할수록 아동은 관심을 끄는 행동을 포기하게 되고 이러한 문제행동은 소거가 된다.

3) 과잉정정

과잉정정(overcorrection)은 문제행동을 지나칠 정도로 반복하게 함으로써 문제행동의 발생을 예방하는 방법이다. 과잉정정의 구체적인 실행방법으로는 원상회복과 긍정적 연습의 두 가지 방법이 주로 쓰인다. 원상회복은 아동이 지속적으로 쓰레기를 함부로 버리는 경우 그 쓰레기를 모두 주워서 쓰레기통에 버리도록 하는 것과 같이, 아동의 문제행동에 따른 결과를 스스로 책임지게 하는 방법이다. 또한 긍정적 연습은 야뇨증을 보이는 아동에게 잠자리에 들기 전에 화장실을 여러 차례 다녀오도록 지시하고, 수십 회 이상 반복연습을 통해 아동의 문제행동이 발생하지 않도록 예방하는 방법이다. 과잉정정 기법을 사용할 때에는 반드시 행동의 반복연습 이외에 다른 요인들은 배제해야 하는데, 행동과 관련이 없는 언어적인 지시를 하거나 제재를 가하지 않도록 주의해야 한다.

4) 타임아웃

타임아웃(time out)은 아동의 문제행동을 감소시키기 위해 현재 속해 있는 물리적 공간에서 벗어나 다른 곳으로 격리시키는 것을 말한다. 아동이 만약 친구들과 장난감을 가지고 놀다가 친구에게 장난감을 던지는 문제행동을 보였다면, 친구들과 놀던 상황에서 벗어나 교실 뒤편에 혼자 서 있도록 한다. 이때 아동이 서 있는 행동 외의 다른 행동을 하지 않도록 엄격하게 통제하여야 하며, 타임아웃 이외에 다른 요인으로 스트레스를 받지 않도록 주의해야 한다. 타임아웃 시간은 연령에 따라 짧게는 30초에서 길게는 5분 정도가 적당하다. 만약 타임아웃의 시간이 10분 이상으로 길어지게 된다면 문제행동의 감소 효과가 떨어질 수 있으며, 아동이 심리적으로 큰 상처를 받을 수 있으므로 주의하여야 한다. 이 외에도 타임아웃을 할 때에는 다음 몇 가지 원칙을 고려해야 한다(김명희, 이현경, 2011).

- 아동에게 타임아웃에 대해 말하고 구체적으로 어떻게 그것을 적용할 것인지 말한다. 필요하다면 개인적으로 역할 시연을 하여 타임아웃의 전 과정을 가르친다. 만약 타임아웃을 거부할 경우 어떤 일이 일어날지를 알게 한다.
- 잘못된 행동을 할 때 "한 번 더 문제행동을 보이면 타임아웃을 시킨다."라고 한 번 정도 경고한다.
- 지속적으로 잘못된 행동을 할 경우, 아이를 조용히 타임아웃 시킬 장소로 데리고 간다. 만약 격리된 장소에서 아동이 문제행동을 멈춘다면 타임아웃을 하는 이유에 대해 설명하고, 그와 반대로 떼를 쓰고 반항을 하는 경우에는 무시한다.
- 만일 아동이 타임아웃을 하는 동안 소리치거나 떠든다면 반응을 보이지 않고 무시한다.
- 타임아웃 동안 적절한 행동을 하고 조용히 있는 경우, 시간이 다 되면 나

[그림 14-4] 타임아웃의 예

오도록 한다. 그러나 타임아웃 동안 문제행동을 보이는 등 부적절한 행동이 발견되면 추가로 시간을 연장한다.

- 제자리로 돌아오면 교사는 아동이 수치심을 갖지 않도록 격려한다.

5) 포만

포만(satiation)은 문제행동을 금지하지 않고 오히려 싫증이 날 정도로 많이 시키거나 강제로 하게 해서 문제행동이 감소될 수 있도록 유도하는 방법이다. 이 방법은 비록 문제가 되는 행동일지라도 그것이 더 이상 하고 싶지 않을 만큼 실컷 할 수 있도록 환경을 조성해 주는 것인데, 이때 아동에게 크게 위협적이지 않는 행동에 국한해서 적용해야 한다. 예를 들면, 종이를 찢는 문제행동을 보이는 아동에게 종이가 가득 채워진 큰 상자를 주고 싫증이 날 때까지 종이를 찢게 하거나, 심한 욕을 자주 하는 아동에게 조용한 장소에서 정해진 시간 동안 욕을 반복하게 하는 것이다.

6) 권리박탈

권리박탈(response cost)은 아동이 약속을 지키지 않았을 때 아동이 가지고 있는 권리를 빼앗는 방법이다. 다시 말해, 아동의 권리를 박탈하면서 다음번엔 약속을 이행할 수 있도록 유도하는 것이다. 예를 들면, 아동의 귀가 시간을 정해 놓고 그 시간에 맞춰 들어오면 계속 외출을 허용하고, 귀가 시간을 어기고 늦게 오면 며칠간 외출을 금지시키는 것이다. 또 다른 예로는 문제행동이 나타났을 경우 용돈을 줄이거나 TV 프로그램 시청 시간을 줄이는 방법 등이 있다.

7) 조건부 운동

조건부 운동(contingent exercise)은 문제행동이 일어날 때마다 문제행동과 비슷한 행동을 강제로 반복하게 하는 것으로, 문제행동에 대한 직접적인 벌이 아닌 간접적인 소거 방법이다. 예를 들면, 다리를 심하게 떠는 아동의 행동을 소거하기 위해서 다리를 떨 때마다 앉았다 일어나기를 20회씩 하도록 지시한다. 이때 아동이 앉았다 일어나기를 피하기 위해 점차 다리를 떨지 않게 되면서 문제행동의 감소를 확인하게 되는 방법을 조건부 운동이라고 할 수 있다.

8) 이완훈련

근육이 긴장하는 것과 불안은 서로 관계가 있으며, 불안은 아동의 문제행동을 유발한다. 다시 말해, 긴장된 근육이 이완되면 아동이 느끼는 불안감이 낮아지면서 문제행동이 감소할 수 있다는 것이다. 이완훈련은 신체의 중요한 근육들을 긴장-이완하는 방법을 번갈아 가며 반복하면서 신체적인 이완을 통해 심리적으로 안정을 얻을 수 있다. 또한 자세를 편안하게 하여 자신에게 안정을 줄 수 있는 따뜻하고 행복한 장면을 떠올리게 하여 잠시나마 명상을 할 수 있도록 시간을 준다. 이와 같은 이완훈련(relaxation exercise)은 특별한 기술이 없어도 누구나 실행할 수 있으며, 부모나 교사 외에도 고학년의 아동의 경우에는 스스로 실행하여 문제행동을 감소시킬 수 있다.

9) 체계적 둔감법

체계적 둔감법(systematic desensitization)은 아동의 부적응적인 불안을 감소시키기 위한 방법으로, 특정 사물이나 대상에 대해 불안을 느끼는 경우 그것을 이완으로 대치하는 절차를 말한다. 예를 들면, 토끼에 대한 두려움을 가진 아동에게 자신이 좋아하는 아이스크림과 연결 지어 주면서 그 두려움을 점차 제거하는 것이다. 실험에서는 아동이 두려워하는 토끼를 바라보면서 충분한 양의 아이스크림을 제공하여 먹게 하였다. 처음에는 토끼와의 거리를 멀리 두고, 실험이 반복될수록 점차 토끼와의 거리를 좁혀 나갔는데, 아동의 두려움(토끼)과 즐거움(아이스크림)을 동시에 제공함으로써 점차적으로 두려움이 줄어들었다. 이와 같은 체계적 둔감법은 여러 공포증과 더불어 언어장애, 수면장애, 멀미 등과 같은 장애에도 사용된다.

10) 홍수법

홍수법(implosive technique)은 불안이나 공포 등 정서적인 문제행동을 유발시키는 자극들에 계속적으로 노출시키는 방법이다. 이 기법은 아동이 공포를 일으키는 자극에 긴 시간 동안 여러 차례 회피하지 못하고 그대로 노출됨을 경험하면서 아동의 두려움이 소거되는 결과를 갖게 되는 것이다. 예를 들면, 고소공포가 있는 사람에게 높은 곳에서 오랜 시간 머물러 있게끔 통제하면서 불안이 감소할 때까지 그 상황에 노출하게 하다 보면 자연스럽게 공포가 소거되는 것이다.

11) 처벌

처벌(punishment)은 행동을 약화시키거나 제거하기 위해 혐오스럽거나 고통스러운 자극을 주는 기법이다. 아동이 스스로 긍정적인 행동을 하도록 강화하는 방법이 아니라 처벌을 경험하고 난 후에 그것이 주는 신체적 · 심리적 고통을 더 이상 경험하지 않기 위해 문제행동을 하지 않도록 유도하는 것이다. 이러한 처벌은 문제행동을 감소시키는 데에 어느 정도 효과는 있으나, 여러 부작용으로 인해 효과적인 행동수정 기법으로 인정을 받지 못한다.

참고문헌

강경미(2006). 아동행동수정(2판). 서울: 학지사.

고미영(2012). 초보자를 위한 질적연구 방법. 서울: 청목출판사.

공진항(1997). 과잉행동 아동의 학교생활 적응력 향상을 위한 행동수정 방안 연구. 건국대학교 교육대학원 석사학위논문.

곽금주(2002). 아동 심리평가와 검사. 서울: 학지사.

교육과학기술부(2013). 3~5세 연령별 누리과정 운영을 위한 교사연수 자료집.

교육부(1998). 유치원 교육과정 해설.

교육부(2000). 유치원 교육활동 지도 자료 1. 총론.

교육부, 보건복지부(2019a). 2019 개정 누리과정 놀이실행자료.

교육부, 보건복지부(2019b). 2019 개정 누리과정 놀이이해자료.

교육부, 보건복지부(2019c). 2019 개정 누리과정 해설서.

국립특수교육원(2009). 특수교육학 용어사전. 서울: 도서출판 하우.

김남진, 김정은, 최희승(2012). 장애아 진단 및 평가. 경기: 양서원.

김명희, 이현경(2011). 행동수정과 치료. 경기: 교문사.

김미나, 조유경(2015). [장애아동복지지원법] 시행에 따른 원장의 역할 및 장애아전문어린이집 운영변화와 개선방향. 특수아동교육연구, 17(2), 207-232.

김석우, 최태진(2007). 교육연구방법론. 서울: 학지사.

김승옥, 이경옥(2005). 유아교육기관의 온라인 콘텐츠 사용 실태 및 요구. 어린이미디어연구, 4, 226.

김이영, 김태인, 김현정, 송명숙, 이지민, 한석실(2015). 아동관찰 및 행동연구. 경기: 정민사.

김정미(2009). 주제접근방법의 사례연구: 꽃을 중심으로. 성균관대학교 생활과학대학원 석사학위논문.

김지은(2008). **아동관찰 및 행동연구**. 경기: 학현사.

김지은(2014). **영유아 행동관찰의 이해**. 경기: 정민사.

김지은, 김진숙(1999). **아동행동관찰**. 서울: 양서원.

김지은, 김진숙(2008). **유아관찰 및 평가**. 경기: 양서원.

김현주(2010). 유아교육기관 일과운영에서 전이의 내용과 의미. 전남대학교 대학원 박사학위논문.

김혜금(2008). 부모의 양육태도와 유아의 상해위험행동과의 관계. **아동학회지, 29**(3), 47-48.

김희진, 박은혜, 이지현(2012). **영유아교육기관에서의 관찰**. 서울: 창지사.

남미경(2001). 발달에 적합한 실제에 대한 유치원 원장의 교육신념 및 교사의 교육신념과 교수실제. 부산대학교 교육대학원 석사학위논문.

노안영, 강영신(2018). **성격심리학**(2판). 서울: 학지사.

류창열(1998). **교사를 위한 교육연구기법**. 서울: 배영사.

문수백, 여광응, 조용태(2003). **한국판 시지각 발달검사 사용자 매뉴얼**. 서울: 학지사 심리검사연구소.

문혁준(2010). 취학전 남아와 여아의 리더십에 영향을 미치는 변인: 기질, 또래상호작용, 어머니의 언어통제유형, 가정환경을 중심으로. **아동학회지, 31**(1), 40.

보건복지부(2020). **제4차 표준보육과정 해설서**.

보건복지부, 교육과학기술부(2013). **3~5세 연령별 누리과정 해설서**.

서울대학교 교육연구소(1998). **교육학 대백과사전**. 서울: 하우동설.

성미영, 전가일, 정현심, 김유미, 정하나(2017). **아동관찰 및 행동연구**. 서울: 학지사.

성태제(2019). **교육평가의 기초**(3판). 서울: 학지사.

성태제, 시기자(2020). **연구방법론**(3판). 서울: 학지사.

신경림, 장연집, 조영달, 김남선(2003). **질적용어사전**. 서울: 현문사.

신명희, 강소연, 김은경, 김정민, 노원경, 서은희, 송수지, 원영실, 임호용(2018). **교육심리학**(4판). 서울: 학지사.

신명희, 박명순, 권영심, 강소연(1998). **교육심리학의 이해**. 서울: 학지사.

심성경(2015). **아동관찰 및 행동연구**. 경기: 공동체.

심성경, 함은숙(2015). **유아교육기관의 현장관찰 및 평가**. 경기: 공동체.

심성경, 함은숙, 변길희, 박수경(2012). **유아평가 바로 알기**. 서울: 창지사.

안선희, 문혁준, 김양은, 김영심, 안효진, 이경옥(2013). **아동관찰 및 행동연구**. 서울: 창지사.

안선희, 문혁준, 김양은, 김영심, 안효진, 이경옥, 신혜원(2015). **아동관찰 및 행동연구**(개정판). 서울: 창지사.

안연경, 홍정선, 박유미(2008). 장애유아 교류프로그램이 일반유아의 장애수용태도에 미치는 영향. **열린유아교육연구, 13**(6), 361.

양병화(2013). **조사와 통계분석**. 서울: 학지사.

여성가족부(2007). **표준보육과정 해설서-영역별 목표와 내용-**. 서울: 육아정책개발센터.

유희정(2007). 유아미술교육에 대한 교사의 인식 및 실태-광주, 전남지역을 중심으로-. **열린유아교육연구, 12**(3), 219.

육아정책연구소(2012). **3~5세 연령별 누리과정 운영을 위한 교사연수 자료집**.

이경미(2009). 유아교육기관에서 유아가 경험하는 하루일과에 대한 연구. 이화여자대학교 대학원 박사학위논문.

이근(1987). 서울 아동의 덴버 발육 선별검사 및 한국판 DDST. **소아과, 30**(9), 1210-1215.

이미화, 이정림, 여종일, 김경미, 김명순, 이경옥, 이완정, 이정욱, 최일선, 최혜영(2012). **5세 누리과정 유아평가척도개발**. 서울: 육아정책연구소.

이상복, 이효신, 김정일(2001). **유 · 아동기 행동관리**. 경북: 대구대학교 출판부.

이상욱, 정희영, 강종명, 김미애(2016). **아동권리와 복지**. 경기:파워북.

이순형, 이혜승, 권혜진, 이영미, 정윤주, 한유진, 성미영, 권기남, 김정민(2014). **아동관찰 및 아동연구**(2판). 서울: 학지사.

이영철(2006). 사회과학에서 사례연구의 이론적 지위: 비판적 실재론을 바탕으로. **한국행정학보, 40**(1), 71-90.

이은해(1996). **아동연구방법**. 서울: 교문사.

이은해, 이미리, 박소연(2006). **아동연구방법의 이해**. 서울: 학지사.

이정환, 박은혜(2009). **교사들을 위한 유아관찰 워크북**. 서울: 아이코리아.

이정환, 박은혜(2011). **유아관찰워크북**. 서울: 한국어린이육영회.

이종숙, 신은수, 박은혜, 김영애, 유영의, 최일선, 유홍옥(2009). 영유아 언어, 인지, 사회, 정서 발달 평가도구 개발. **유아교육논집**, 13(4), 269-290.

이종승(2009). **연구방법론**. 경기: 교육과학사.

이종원(2002). 관찰연구에서 질적 접근과 양적 접근의 불가공약성. **초등교육연구**, 15(2), 365-386.

이지영, 이경옥(2008). 남녀 유아의 거친 신체 놀이와 또래유능성 및 또래 인기도와의 관계. **열린유아교육연구**, 13(3), 103.

이지훈(2000). **사례연구방법**. 충남: 대경.

전남련, 황연옥, 이혜배, 강은숙, 권경미(2014). **아동관찰 및 행동연구**. 경기: 양서원.

정옥분(2018). **영유아발달의 이해(3판)**. 서울: 학지사.

정옥분(2019). **발달심리학(3판)**. 서울: 학지사.

조성연, 이정희, 황혜정(2008). **아동관찰 및 행동연구**. 서울: 신정.

조윤경(2010a). **아동관찰 및 행동연구**. 경기: 공동체.

조윤경(2010b). **행동연구기초**. 경기: 공동체.

조윤경, 김경해(2013). **아동관찰 및 행동연구**. 경기: 공동체.

중앙육아종합지원센터(2020a). **놀면서 자란다(영아)**. 서울: 중앙육아종합지원센터.

중앙육아종합지원센터(2020b). **놀면서 자란다(유아)**. 서울: 중앙육아종합지원센터.

한국보육진흥원(2011). **보육교사 승급교육 교재**. 서울: (재)한국보육진흥원.

한국보육진흥원(2016). **어린이집 평가인증 안내(3차 지표 시범사업용)**.

한국보육진흥원(2020). **2021 어린이집 평가 매뉴얼**.

한국유아교육학회(1994). **유아교육사전**. 경기: 한국사전연구사.

홍순정, 최석란(2010). **아동관찰 및 행동연구**. 경기: 교문사.

황해익(2010). **아동연구방법**. 경기: 정민사.

황해익, 김미진, 탁정화(2013). 유아교사의 개인 특성 근무환경 변인에 따른 임파워먼트 인식 연구. **열린유아교육연구**, 18(2), 221-246.

황해익, 송연숙, 정혜영, 유수경(2013). **영유아 행동관찰법**. 서울: 창지사.

황해익, 최혜진, 정혜영, 권유선(2016). **아동관찰 및 아동연구**. 경기: 공동체.

황혜정, 문혁준, 안선희, 안효진, 이경옥(2014). **아동연구방법**. 서울: 창지사.

Adler, P. A., & Adler, P. (1994). Observational techniques. In N. K. Denzin, & Y. S. Lincoln (Eds.), *Handbook of qualitative research* (pp. 377-392). Thousand Oaks, CA: Sage.

Arter, J. A.(1990). *Using Portfolios in instruction and assessment*. Portland, OR: Northwest Regional Educational Laboratory.

Barbour, A., & Desjean-Perrotta, B. (1998). The basics of portfolio assessment. In S. C. Wortham. A. Barbour, & B. Desjean-Perrotta (Eds.), *Portfolio assesment: A handbook for preschool and elementary educators* (pp. 15-30). Olney, MD: Association for childhood Education International.

Barclay, W.(1993). **고대세계의 교육사상**. (유재덕 역). 서울: 기독교문서선교회.

Best, J. W., & Kahn, J. V.(2006). *Research in education* (10th ed.). Needham Heights, MA: Allyn & Bacon.

Brandt, R. M. (1972). *Studying behavior in natural Settings*. New York: Holt, Rinehart and Winston, Inc.

Buschman, D. L., & Ballard, R. (1993). Progressive massive fibrosis associated with idiopathic pulmonary hemosiderosis. *CHEST Journal, 104*(1), 293-295.

Creswell, W. J. (2010). **질적연구방법론**. (조홍식, 정선욱, 김진숙, 권지성 역). 서울: 학지사. (원저는 2007년에 출판).

Farr, R. C. (1994). *Portfolio assessment teacher's guide grades r-8*. Orlando, FL: Harcourt Brace Jovanovich.

Gilkerson, D., & Hanson, M. F. (2000). Family portfolios: Involving families in portfolio documentation. *Early Childhood Education Journal, 27*(3), 197-201.

Goodwin, W. L., Driscoll, L. A. (1980). *Handbook of measurement and evaluation in early childhood education*. San Francisco, CA: Jossey-Bass.

Grace, C. C. & Shores, E. F. (1991). The portfolio and its use: Developmentally appropriate assessment of young children. LitueRock, AR: Southern.

Graue, M. E., & Walsh, D. J. (2014). **어린이 연구를 위한 질적연구방법론**. (홍용희, 이경화, 배지희, 정혜욱 역). 경기: 파워북. (원저는 1998년에 출판).

Green, S. B., & Neil, J. S. (2003). *Using SPSS for windows and macintosh: Analyzing and understanding data.* Upper Saddle River, NJ: Prentice Hall.

Gronlund, N. E. (1998). *Assessment of student achievement* (6th ed.). MA: Allyn & Bacon Publishing.

Harcourt Educational Measurement. (1990). *Integrated system.* San Antonio, TX: Author.

Hebert, E. A., & Schultz, L. (1996). The Power of Portfolios. *Educational Leadership, 53*(7), 70-71.

Lacroix, G., & Lescher-Moutoué, F. (1995). Spatial patterns of planktonic microcrustaceans in a small shallow lake. *Hydrobiologia, 300*(1), 205-217.

Leary, M. R. (1995). *Self-presentation: Impression management and interpersonal behavior.* Madison, WI: Brown & Benchmark Publishers.

Martin, G. L., & Pear, J. (2010). *Behavior modification: What it is and how to do it* (9th ed.). Upper Saddle River, NJ: Prentice Hall.

McAfee, O., & Leong, D. J. (2008). **발달과 학습에 대한 유아의 평가.** (*Assessing and guiding young children's development and learning*). (김경철, 이진희, 최미숙, 황윤세 역). 서울 : 학지사. (원저는 2007년에 출판).

Merriam, S. B. (1991). *Case study research in education: A qualitative approach.* San Francisco, CA: Jossey-Bass.

Merriam, S. B. (2002). *Qualitative research in practice.* San Francisco, CA: Jossey-Bass.

Micklo, S. J. (1997). Math portfolio in the primary grades. *Child Education, 97*, 194-199.

Nicolson, S., & Shipstead, S. G. (1994). *Though the looking glass: Obseruation in the early childhood classroom.* New York, NY: Macmillan Publishing Company.

Nilsen, B. (2001). *Week by week: Plans for observing and recording young children* (2nd ed.). Albany, New York: Delmar.

pellegrini, A. D. (1995). **교육현장에서 본 아동발달연구.** (*Applied child study: A developmental approach*). (이은화, 조은진 역). 서울: 이화여자대학교 출판부.

Pellegrini, A. D., & Bjorklund, D, F. (1998). *Applied cbild study: A developmental approach* (3rd ed.). Mahwah, NJ: Lawrence Erlbaum.

Puckett, M. B., & Black, J. K. (2000). Authentic assessment of the young child:

Celebrating development and learning. Prentice-Hall Order Processing Center, PO Box 11071, Des Moines, IA 50336-1071.

Pulverman, R., Hirsh-Pasek, K., Golinkoff, R. M., Pruden, S., & Salkind, S. (2006). Conceptual foundations for verb learning: Celebrating the event. *Action Meets Word: How Children Learn Verbs*, 134-159.

Robert K. Y. (2005). **사례연구방법.** (*Case study research*). (신경식, 서아영 역). 서울: 한경사.

Salkind, A. J., Singh, P., Cannone, A., Atwater, T., Wang, X., & Reisner, D. (2003). Impedance modeling of intermediate size lead-acid batteries. *Journal of Power Sources, 116*(1), 174-184.

Salkind, C., Fulco, W., & Geaga, J. (2003). U.S. Patent Application No. 10/443, 301.

Salkind, N. J., & Rainwater, T. (2003). *Exploring research.* Upper Saddle River, NJ: Prentice Hall.

Shaffer, D. R. (2005). **발달심리학.** (송길연, 정유경, 이지연, 정윤 역). 서울: 시그마프레스. (원저는 2002년에 출판).

Smith, L. M. (1978). An evolving logic og participant observation, educational ethnography and other case studies. In L. Shulman (Ed.), *Review of research in education.* Itasca, IL: Peacock.

Stake, R. E. (2000a). **질적사례연구.** (*The art of case study research*). (홍용희, 노경주, 심종희 역). 서울: 창지사. (원저는 1995년에 출판).

Stake, R. E. (2000b). Qualitative case studies. In N. K. Denzin & Y. S. Lincoln (Eds.), Handbook of *qualitative research* (3rd ed., pp. 443-466). Thousand Oaks, CA: Sage.

Valencia, S. (1990). Assessment: A portfolio approach to classroom reading assessment: The whys, whats, and hows. *The Reading Teacher, 43*(4), 338-340.

Vasta, R., Haith, M. M., & Miller, S. A. (1995) *Child psychology: The modern science.* New York: John Wiley & Sons.

Wortham, S. C. (1998). Introduction. In S. C. Wortham, A Barbour, & B. Dejean-Perrotta (Eds.), *Portfolio assessment: A handbook for preschool and elementary educators* (pp. 7-13). Olney, MD: Association for childhood Education

International.

Wrigth, H. F. (1960). Observational child study. In Paul H. Musses (Ed.), *Handbook of research methods in child development*. New York: John Wiley & Sons.

Yin, R. (2005). **사례연구방법.** (*Application of case study*). (신경식, 서아영 역). 서울: 한경사. (원저는 1984년에 출판).

Yin, R. (2011). **사례연구방법 4판.** (*Case study research: Design and methods*). (신경식, 서아영 역). 서울: 한경사. (원저는 1984년에 출판).

Yin, R. K. (1989). *Case study research: Design and methods* (2nd ed.). Newbury Park, CA: Sage.

Yin, R. K. (2013). *Case study research: Design and methods* (5th ed.). Newbury Park, CA: Sage.

아동발달연구학회(Society for Research in Child development). http://srcd.org/

위키백과. http://ko.wikpedia.org

인싸이트. http://inpsyt.co.kr

찾아보기

인명

A

B

C

D

F

G

내용

ㅇ

저자 소개

전정민 Jun Jungmin

성균관대학교 대학원 아동학 박사

성균관대학교 대학원 교육학 박사

현 한국복지사이버대학교 아동복지학과 교수

김정미 Kim Joungmi

한세대학교 대학원 사회복지학 박사

전 한국아동교육연구소 소장

현 한국복지사이버대학교 영유아보육학과 교수

박성애 Park Seongae

성균관대학교 대학원 교육학 박사

현 국공립 샛별어린이집 원장

숭의여자대학교 유아교육과 겸임교수

유혜정 Yu Hyejeong

단국대학교 대학원 유아특수교육전공 박사수료

전 강남푸른하늘어린이집 원장

현 에이블대학 주임교수

이은주 Lee Eunju

한세대학교 대학원 사회복지학 박사

현 국제사이버대학교 아동복지상담학과 겸임교수

2019 개정 누리과정을 반영한

아동관찰 및 행동연구(2판)

Child Observation & Behavioral Research, 2nd ed.

2018년 8월 30일 1판 1쇄 발행
2020년 3월 20일 2판 1쇄 발행
2021년 8월 20일 2판 2쇄 발행

지은이 • 전정민 · 김정미 · 박성애 · 유혜정 · 이은주
펴낸이 • 김진환
펴낸곳 • ㈜학지사
04031 서울특별시 마포구 양화로 15길 20 마인드월드빌딩
대표전화 • 02-330-5114 팩스 • 02-324-2345
등록번호 • 제313-2006-000265호

홈페이지 • http://www.hakjisa.co.kr
페이스북 • https://www.facebook.com/hakjisabook

ISBN 978-89-997-2074-1 93370

정가 21,000원

저자와의 협약으로 인지는 생략합니다.
파본은 구입처에서 교환해 드립니다.

이 책을 무단으로 전재하거나 복제할 경우 저작권법에 따라 처벌을 받게 됩니다.

이 도서의 국립중앙도서관 출판시도서목록(CIP)은 서지정보유통지원시스템 홈페이지(http://seoji.nl.go.kr)와 국가자료공동목록시스템(http://www.nl.go.kr/kolisnet)에서 이용하실 수 있습니다.
(CIP 제어번호: CIP2020007751)

출판 · 교육 · 미디어기업 학지사

간호보건의학출판 **학지사메디컬** www.hakjisamd.co.kr
심리검사연구소 **인싸이트** www.inpsyt.co.kr
학술논문서비스 **뉴논문** www.newnonmun.com
교육연수원 **카운피아** www.counpia.com